História dos feminismos na América Latina

© El Colegio de México, A.C. Carretera, 2020
© desta edição, Bazar do Tempo, 2022

Todos os direitos reservados e protegidos pela Lei nº 9.610, de 12.2.1998.
É proibida a reprodução total ou parcial sem a expressa anuência da editora.

Este livro foi revisado segundo o Acordo Ortográfico
da Língua Portuguesa de 1990, em vigor no Brasil desde 2009.

Edição ANA CECILIA IMPELLIZIERI MARTINS
Assistente editorial MEIRA SANTANA
Tradução MICHELLE STRZODA
Copidesque SILVIA MASSIMINI FELIX
Revisão MARIANA OLIVEIRA
Projeto gráfico e capa BLOCO GRÁFICO

Imagem da capa: "Maternidade compulsória", 2016. Marcela Cantuária.

CIP-BRASIL. CATALOGAÇÃO NA PUBLICAÇÃO
SINDICATO NACIONAL DOS EDITORES DE LIVROS, RJ

B252h
    Barrancos, Dora
       História dos feminismos na América Latina / Dora Barrancos
tradução Michelle Strzoda – 1. ed. – Rio de Janeiro :
Bazar do Tempo, 2022.
    288 p. ; 21 cm.

Tradução de: *Historia mínima de los feminismos en América Latina*
ISBN 978-65-84515-03-1

1. Feminismo – História – América Latina. 2. Direitos das
mulheres – América Latina. I. Strzoda, Michelle. II. Título.

22-77540   CDD: 305.42098
                                      CDU: 141.72(09)(8)

Gabriela Faray Ferreira Lopes – Bibliotecária – CRB-7/6643
03/05/2022   06/05/2022

BAZAR DO TEMPO
PRODUÇÕES E EMPREENDIMENTOS CULTURAIS LTDA.

Rua General Dionísio, 53, Humaitá
22271-050 – Rio de Janeiro – RJ
contato@bazardotempo.com.br
www.bazardotempo.com.br

Dora Barrancos

HISTÓRIA DOS FEMINISMOS NA AMÉRICA LATINA

TRADUÇÃO
Michelle Strzoda

Para Valentina e Martina,
que já carregam bandeiras.

AGRADECIMENTOS

A tarefa de escrever este livro foi uma das mais difíceis que assumi, pelo objeto e suas localizações ao longo de toda a América Latina e também pelo contexto da escrita, um turbilhão com tantas demandas militantes nos últimos tempos. É enorme a contribuição da história das mulheres, das relações de gênero, das dissidências sociossexuais na região e, sem dúvida, é louvável o esforço para construir a história dos feminismos. Mas o acesso às fontes continua sendo difícil, embora seja necessário reconhecer que alguns países tiveram a árdua tarefa de reunir nas bases disponíveis as publicações periódicas produzidas pelas feministas ao longo da história. Devo a muitas pessoas toda a sorte de contribuições e, correndo o risco de injustas exclusões, quero agradecer, em primeiro lugar, a Pablo Yankelevich, por apostar nessa história e incluí-la na consagrada coleção das Histórias Mínimas, por suas ideias e conselhos. É imensa minha gratidão por Adriana Valobra, Eugenia Rodríguez Sanz, Donna Guy, Asunción Lavrin, Gabriela Cano, Joana Pedro, Graciela Sapriza, Kemy Oyarzun, Olga Grau, Lorena Soler, Yolanda Marco, Paola Andrea Díaz Bonilla, Adriana Boria, Ana Laura Martin, Gabriela Schvartzman, Margareth Rago, María Himelda Ramírez Rodríguez e Patricia Funes. Ao Centro de Pesquisas e Estudos de Gênero (Cieg) da Universidad Nacional Autónoma de México. A Juan Manuel Ontivero pela dedicação na revisão do livro.

À minha amada família, e a Eduardo, pelo constante apoio em tantas décadas.

Prefácio à edição brasileira 11

Apresentação 13

**Introdução:
Das primeiras chamas ao amadurecimento
do movimento feminista** 19

Figuras precursoras 22

A marcha das mulheres com nome próprio 25

O alvorecer do movimento proletário e sua
relação com o feminismo 29

Posições anarquistas e insultos contrafeministas 31

Uma praia condescendente: a social-democracia 33

Feminismos da "segunda onda" 37

Traços gerais da evolução do feminismo na América Latina 44

**Primeira parte:
Feminismos no México, na América Central e no Caribe** 49

Notas introdutórias 51

México 55

Guatemala 74

El Salvador 79

Honduras 83

Nicarágua 88

Panamá 92

República Dominicana 96

Cuba 100

Costa Rica 105

**Segunda parte:
Feminismos na América do Sul** 111

Notas introdutórias 113

Venezuela 116

Colômbia 122

Equador 133

Peru 141

Bolívia 149

Chile 159

Paraguai 173

Brasil 182

Uruguai 193

Argentina 203

**Terceira parte:
Feminismos latino-americanos do século XXI** 217

Notas introdutórias 219

#NiUnaMenos e a campanha nacional
pelo aborto na Argentina 228

Maio feminista no Chile: insurgências nascidas
nas universidades 235

Mulheres mobilizadas pela paz na Colômbia 242

A maior mobilização de mulheres na história
do Brasil: "Ele não" 246

Feminismos com tons nativos e os julgamentos de
Abya Yala à justiça patriarcal 251

A cruzada contra a ideologia de gênero 258

Notas bibliográficas 269

PREFÁCIO À EDIÇÃO BRASILEIRA

É de um ângulo particular emotivo que escrevo este prefácio para a edição brasileira de *História dos feminismos na América Latina*. E não poderia ser de outro modo, porque foi durante meu exílio no Brasil, entre os anos 1977 e 1984, que aderi à proposta feminista, iniciando um caminho sem volta.

A partir da revolta gerada pelo assassinato (feminicídio) da mineira Ângela Diniz, em 1976, ocorreram manifestações de mulheres em diversos lugares do país, despertando a consciência de muitas – que também contestavam o autoritarismo da ditadura – e pondo em evidência o crime que seria decididamente interpelado.

Eu tinha uma experiência de luta na reivindicação da justiça social, uma militância tão praticada na minha geração para transformar as relações de classe, que se resumiam em desigualdades abjetas, e não faltavam denúncias quanto às formas de colonização imperialista de nossos territórios, não apenas os da América Latina. Mas, então, eu pensava – desajeitadamente – que o feminismo era individualista, dizia respeito a mulheres burguesas incomodadas, mas relutantes em perceber as verdadeiras fontes da opressão. O reconhecimento de que os fundamentos da desigualdade e da injustiça se encontram na estrutura patriarcal e que nesta são criptografadas e desenvolvidas as formas mais cruéis de iniquidade significou uma profunda mudança nas minhas sensibilidades, me fazendo identificar uma inescapável obrigação intelectual e abandonar a falsa concepção que havia sustentado até então.

Portanto, minhas concepções feministas devem muitíssimo ao território brasileiro. Sigo mantendo vínculos estreitos com muitas pessoas amadas nesse meu segundo solo e, diga-se, também tive o privilégio de cursar meus estudos de pós-graduação em duas notáveis instituições de ensino – Mestrado em Educação na Universidade Federal de Minas Gerais (UFMG) e Doutorado em História na Universidade Estadual de Campinas (Unicamp). Durante esses longos anos, participei de diversas atividades com vários grupos acadêmicos e militantes e segui aprendendo com a criatividade de suas múltiplas produções em diferentes campos, sobretudo naqueles referidos à condição dos grupos subalternos, às mulheres, às relações de gênero, às diversidades sociossexuais.

Eu me sinto parte dessas pessoas que se comprometeram com as manifestações em prol da igualdade e da dignidade, que resistem aos embates que bloqueiam o direito à autonomia dos corpos e que levam adiante, remando contra a maré, as lutas pelos direitos humanos fundamentais, os combates contra a opressão de gênero, classe e etnia, desfraldando a bandeira do arco-íris, um desafio à erradicação da ordem patriarcal. Como poderá ser visto neste livro, a parte final do texto é particularmente reservada às manifestações de massa, resistentes, a cargo das mulheres que tomaram lugar mais recentemente em alguns países da nossa região – e há ali uma importante referência à experiência brasileira, que segue totalmente atualizada com os dias de hoje.

Espero que as/os leitoras/es desse querido país possam se aproximar da história das múltiplas manifestações feministas na América Latina e, sobretudo, descobrir as condições históricas dos diferentes momentos vividos por esses diversos feminismos. Creio que não há dúvida de que, entre as mobilizações mais revigorantes e promissoras em direção à construção de sociedades mais justas na nossa região, estão as levadas adiante pelas mulheres. A tempestade que sacode nossas sociedades pelos direitos das mulheres e das identidades diversas também é a promessa de um mundo mais honroso para a nossa espécie. Não podemos abdicar desse horizonte.

Dora Barrancos
Buenos Aires, 2022

APRESENTAÇÃO

Não se nasce feminista, da mesma maneira que a ordem patriarcal não vem embutida na espécie.

Este livro se propõe a narrar de modo sucinto o longo périplo das ações protagonizadas pelas feministas nos países latino-americanos. O objetivo central é que públicos mais amplos possam conhecer os principais aspectos das lutas pelos direitos das mulheres empreendidas em cada um dos países da região. Para isso, busco apresentar pelo menos as principais ações realizadas pelas participantes nos ciclos históricos transcorridos desde seu surgimento como fenômeno, inicialmente demarcado, em cada uma das sociedades da América Latina, até a experiência inédita de nossos dias, em que se assiste a uma "massividade" da inscrição feminista. Esse propósito fundamental faz com que o planejamento seja seletivo em relação à miríade de ações desenvolvidas pelas ativistas na América Latina. É necessário também dizer que o período pesquisado se restringe, nos diferentes territórios, aos eventos do século xx e apenas excepcionalmente são introduzidos acontecimentos ocorridos no século xxi. Mas o capítulo final apresenta uma síntese do que está acontecendo em cerca de duas décadas do novo século — os desafios dos feminismos renovados na maioria dos países —, pois se assiste a uma conjuntura excepcional de renascimento das questões ligadas sobretuddo à violência e à legalização do aborto. Muitas serão as experiências de cada país que ficarão em segundo plano no que concerne à revisão das questões mais importantes das agências que tornaram possível a obtenção dos direitos para mulheres e que, nas idas e vindas dos movimentos, acabaram se solidarizando também com as lutas de pessoas discriminadas por causa de sua orientação sexual e de gênero. As mobilizações das feministas foram fundamentais para outros coletivos em busca de reconhecimento e dignidade, embora não tenha sido fácil conciliar alianças e reconhecimentos mútuos. E embora nos dias atuais a identidade feminista tenha se tornado amigável, devido à grande acolhida das exigências de equidade entre os gêneros, ainda desperta desconfianças e até mesmo injúrias.

E é aí que estabelece seu caráter insurgente, pois nada deveria estar mais distante da aposta feminista do que a adaptação, a resignação ou a negligência. No passado, dizer-se feminista era chamar a atenção sobre a possibilidade de uma confusão sexual, um plano inclinado de perda da *essência feminina*, era uma ameaça a papéis que deveriam ser preservados para que as sociedades não fossem viradas do avesso. Não raro o epíteto de *mulher-macho* era disparado contra grupos militantes. Por isso, a adesão ao feminismo era tratada com certa cautela, uma confissão que, quando possível, se evitava. Mas muitas militantes costumavam pronunciar com absoluta convicção sua identificação com as pautas feministas e até se permitiam cálculos sobre o impacto de suas expressões que podiam soar repulsivas. Talvez este tenha sido — e continue sendo — o propósito agregado do alinhamento com as lutas por uma equidade entre os gêneros, pela igualdade de oportunidades em todas as esferas da vida social, qualquer que seja a orientação sexo-genérica. Em todas as sociedades, os homens foram frequentemente surpreendidos pelo alcance das demandas e, muito especialmente, pelo suposto caos social e moral que a incorporação das mulheres na vida política e sua participação em atividades não convencionais podiam causar. Em todos os territórios houve reações, e não apenas masculinas. Muitas mulheres não desejavam aderir ao feminismo, mesmo quando em alguns sistemas patriarcais haviam conseguido mudar bastante essa imagem de descrédito. De fato, houve meios político-sociais atravessados pelas manifestações progressistas, por agências liberais mais radicalizadas e por socialistas. Onde a maçonaria dava lugar à denominada "maçonaria por adoção", houve certa piora na misoginia e até se pode afirmar que muitos grupos anarquistas entraram em crise devido a maiores exigências trabalhistas hasteadas por suas adesões femininas.

Mas eu não poderia encerrar esta apresentação sem aludir à situação geral da América Latina como contexto gravitante da incorporação das agências feministas, e vou tirar proveito do conceito de *agência*, que usarei com frequência neste percurso histórico. Uma ampla bibliografia sociológica emprega o vocábulo "agência" para informar sobre as ações que um grupo humano empreende por vontade própria para realizar determinados objetivos, especialmente para conquistar direitos. Neste livro, esse termo é usado para apresentar os coletivos femininos empenhados em transformar as condições de existência, em modificar a falta de reconhecimento e a subordinação social. Os movimentos integrados pelas mulheres decididas a conquistar direitos implicam a constituição de agências toda vez que sustentam um programa de reivindicações. Agenciar em torno de prerrogativas que eliminem a equidade sintetiza a longa saga das formações feministas nos países da América Latina.

O século XX foi altamente agitado em toda a região, e suas consequências centrais foram — e em boa medida continuam sendo — a vulnerabilidade da maioria de suas populações expostas à exploração econômica e à segregação social e o domínio de poderosos grupos econômicos, em grande parte internacionais, com enormes dificuldades para obter cidadania plena. Entre a maioria das populações indígenas e camponesas e no amplo espectro da classe trabalhadora, atuante em diferentes ramos com salários depreciados, as mulheres foram as menos reconhecidas e as mais vitimadas pela pobreza. Claro que não foram poucas as transformações ocorridas toda vez que governos de viés popular e orientados à distribuição de renda puderam intervir, gerando oportunidades para ampliar o mercado interno e o emprego, controlar os processos de concentração de riqueza e aumentar a equidade entre os setores sociais.

Mas, para além das políticas distributivas vividas na região, a participação das mulheres latino-americanas na população economicamente ativa (PEA), em média, não ultrapassou 34% em meados do século passado, embora em toda a região tenha sido constatado o mesmo fenômeno do sub-registro censitário por razões valorativas patriarcais: em todos os países, o trabalho feminino esteve castigado por escassa legitimidade, já que as funções imperativas foram as domésticas. A exceção foi o desempenho na docência, posto que o ensino de crianças na pré-escola era de absoluta adequação às funções naturalmente prescritas para as mulheres. O abismo salarial entre homens e mulheres ultrapassou a marca de 50% num bom número de atividades nas primeiras décadas do século XX, por exemplo na indústria de calçados, e bem segregada em indústrias caracterizadas pela radicalidade trabalhadora, como a gráfica, na qual quase não se admitiam mulheres nos postos de maior qualificação, como no cargo de tipógrafo. Mas, no fim do século, o abismo na remuneração diminuiu consideravelmente e se localizou talvez em torno de 25%, embora as mulheres pudessem se qualificar singularmente desde os anos 1960, década na qual ingressaram de modo massivo nas universidades, o que possibilitou que hoje trabalhem em atividades de acesso antes escasso — quando não impedidas —, como pesquisar em laboratórios dedicados à biologia molecular, pilotar aviões comerciais, atuar como juízas e presidir nações. Grande parte dessas mudanças teve a ver com a saga dos feminismos e as lutas que sustentaram, com a persistência com que atuaram se esquivando de conjunturas nefastas, recuperando-se após ditaduras sangrentas.

No fim deste livro, observa-se uma América Latina amenizada pelas fórmulas neoliberais, que sempre significaram um chicote para a maioria e que vulnerabilizaram muito mais as mulheres. A região apresenta as piores colocações no que diz respeito ao mercado de trabalho, com grandes taxas de desemprego e altas exigências de desempenho para suprir a retirada do Estado dos recursos básicos de sobrevivência. Insurgências populares irromperam em vários países e, de maneira trágica, o sistema democrático foi interrompido no Paraguai, em Honduras, no Brasil e bem recentemente na Bolívia, país que está vivendo regressões execráveis de discriminação, hostilidade e perseguição às suas próprias populações aborígenes, que constituem a maioria dos habitantes. São observadas violentas ações repressivas contra quem defende a ordem constitucional, mas se assiste a resistências valiosas, como a enfática ação das mulheres, que é particularmente comovente.

Espero que este livro sirva para ajudar muitas mulheres por meio do conhecimento dessas subjetividades libertadoras que apresento, mas espero também que alguns homens abandonem as atitudes patriarcais a partir dessa leitura. Trata-se de um convite para que abdiquem definitivamente do longo usufruto de uma hierarquia que não tem fundamento, que não corresponde a nenhum mandato natural nem sobrenatural, pois foi fruto de uma insidiosa construção sociocultural ao longo dos tempos.

INTRODUÇÃO:
Das primeiras chamas ao amadurecimento do movimento feminista

O feminismo é uma corrente de pensamento e de ação política cujo objetivo central se sintetiza na conquista da igualdade de direitos para as mulheres e, por consequência, seu propósito é extinguir toda e qualquer tutela masculina subordinante. Surgiu em meados do século XIX — embora possam ser encontrados traços antecipatórios em épocas anteriores — e se manifestou por meio de diversos movimentos e de distintas fórmulas metodológicas. Ainda que as agendas dos diferentes grupos feministas tivessem os mesmos objetivos, os modos de articulação e, sobretudo, os métodos de ação muitas vezes eram contrapostos. Sendo assim, é conveniente nos referirmos no plural aos "feminismos" para apresentar as agências que batalharam para tornar possíveis as mudanças da condição subalterna forjada pelo sistema patriarcal. Esse sistema, surgido em algum momento da evolução do período neolítico e como fenômeno muito provavelmente vinculado à longa "revolução agrícola", desenvolveu ideias e práticas de submissão das mulheres e, embora tenha sofrido modificações ao longo dos tempos e contextos, também reduziu a consideração dos homens que não se adequavam à exigência normativa da masculinidade. A ordem patriarcal teve enorme responsabilidade na remota origem da desigualdade social, já que as oposições baseadas no sexo figuram entre as primeiras formas de hierarquização que as sociedades humanas conheceram. Para Friedrich Engels, que com Karl Marx foi um dos pensadores centrais do chamado "materialismo histórico" surgido no século XIX, a propriedade privada se encontrava na base angular da criação do patriarcado e, assim, ele sustentou isso em seu clássico texto de 1884 —, *A origem da família, a propriedade privada e o*

Estado, fruto de uma longa investigação. A hipótese de Engels se baseava numa série de interpretações da época, algumas muito elaboradas, como as do singular etnógrafo Lewis Morgan, mas a renovação historiográfica relacionada à condição das mulheres e as relações de gênero das últimas décadas produziu uma reinterpretação integral do fenômeno do patriarcado, coincidente com a ideia de que este se originou antes da experiência privatizadora da terra e de outros bens. A maioria das pesquisas com que hoje contamos chega à conclusão de que o domínio exercido pelos homens já existia quando as diferenças entre grupos na propriedade privada foram definidas. Mas também numerosas indagações assinalaram a sinergia que se estabeleceu entre o sistema subordinante e a submissão feminina, com alcance de valor simbólico em todos os grupos, para além das classificações de ordem hierarquizada. Os homens que estavam desprovidos de bens tiveram a compensação da atribuição mandatária sobre as mulheres de sua família e de usufruir — ao menos simbolicamente — do princípio de dominar a população feminina por se tratar de uma segunda categoria, de acordo com as concepções arquetípicas em nossas sociedades.

Não há dúvida de que o século XIX sublinhou a repressão das mulheres. O triunfo da burguesia a encorajou a sustentar o paradigma das relações hierarquizadas de gênero com muito mais audácia do que havia ocorrido nos séculos anteriores. A historiografia feminista sustentou, com muita razão, que períodos mais expansivos para os homens foram refratários para as mulheres, e uma voz de grande importância acadêmica foi a de Joan Kelly-Gadol, que se permitiu fazer esta pergunta, como um anátema, em seu conhecido texto "As mulheres tiveram um Renascimento?". A resposta estava na própria pergunta, pois sua conclusão foi que, naquele singular período histórico do Ocidente, quando os homens puderam aumentar em alguma medida traços de individualidade, o mesmo não ocorreu com as mulheres, que foram claramente excluídas, embora seja evidente que aqueles tenham ganhado mais prestígio de acordo com a classe social a que pertenciam. A história mostra que a possibilidade do reconhecimento das populações femininas oscila entre altos e baixos; sem dúvida, não se pode ignorar o contexto de inscrição de classe nem sua identificação étnica, dimensões que decididamente agiram como coadjuvantes nos marcos de segregação e domínio. Mas há aevidências de que a submissão feminina se aprofunda com a expansão dos ideais patriarcais burgueses, pois a chave do fortalecimento do regime patriarcal foi a maturidade do sistema capitalista e a afirmação da burguesia como grupo dominante. Insisto em afirmar que a ordem masculina burguesa foi determinante na elaboração de normativas, de ideias científicas e de avaliações que tornaram subalterna a condição das mulheres, com alcances inéditos. Não deixa de ser paradoxal o contraponto entre a porta que abria a materialidade moderna e, em geral, o "processo civilizatório", e a simétrica obturação da esfera pública que impedia que as mulheres pudessem atuar em governos, ciências e profissões liberais. A construção do valor compensatório exponencial da maternidade — fenômeno surgido nesse século de tantas mudanças — conferiu às mulheres um estranho estatuto de desvalorização, uma vez que eram consideradas sujeitos discordantes da razão. As mulheres deviam permanecer na vida doméstica por causa de seu vínculo inato com a natureza, sinal de um abandono da própria evolução da espécie. Boa parte das análises que se destinaram, nas sociedades ocidentais, a abordar a questão "da mulher" — uma quantidade crescente de elucubrações, como assinalou com tamanha antecipação, ironia e agudeza Virginia Woolf em *Um quarto só seu* — detinha-se nas características de suas competências limitadas com relação aos indivíduos masculinos, da fraqueza física, do limite da capacidade de raciocínio, tudo que suscitava a exigência da tutoria masculina. Essa arbitrária negação da equivalência entre os sexos, tão avivada durante o século XIX, se comparava com a justificativa da desigualdade da escravidão, fenômeno que possibilitou a acumulação do processo capitalista até que sua própria realização esteve em risco, devido aos custos de manutenção dos trabalhadores escravizados, razão pela qual questionou — com crescente capacidade de interdição — a legitimidade dessa empresa. Não pode surpreender que as mulheres se vissem no espelho da escravização, na desonrosa condição de pertencer a um dono e que o despertar da consciência feminista coincidisse com as lutas para acabar com o flagelo da servidão. Mas vamos retroceder um pouco nos acontecimentos.

Figuras precursoras

Ao longo dos tempos, houve vozes de mulheres que fizeram uma fissura no tecido patriarcal, no entanto os projetos coletivos emancipatórios só surgiram no século XIX. Não há registros de que até então houvesse uma constituição de agências coletivas, para além dos círculos que podiam unir determinadas mulheres. Dentre as que se manifestaram com audácia antecipatória se encontram Christine de Pizan, que escreveu *O livro da cidade das damas*, em 1405, e Marie Le Jars de Gournay, a quem se atribui a obra *Escritos sobre a igualdade de homens e mulheres*, de 1622. Embora as sociedades rebaixassem as mulheres, sua condição social e jurídica se agravou consideravelmente no salto à modernidade no mundo ocidental.

Muitas mulheres tinham esperanças de que a mudança do Antigo Regime — que excluía a enorme maioria da população —, quando explodiu a Revolução Francesa, significasse uma era de reconhecimentos da igualdade entre homens e mulheres. Os revolucionários, após o lema cifrado na célebre trilogia "liberdade, igualdade e fraternidade", votaram a *Declaração dos direitos do homem e do cidadão* na Assembleia Nacional Constituinte francesa em 27 de agosto de 1789, e vale lembrar que seu primeiro artigo diz: "Os homens nascem e permanecem livres e iguais em direitos." Embora "homens" aparentemente se referisse à "humanidade", as mulheres compreenderam que havia um ato deliberado de excluí-las. Olympe de Gouges — pseudônimo de Marie Gouze — se situa num lugar bem destacado na galeria das precursoras feministas. Escreveu a *Declaração dos direitos da mulher e da cidadã* em 1791, a contrapelo da discriminante decisão masculina da "declaração dos direitos do homem". O preâmbulo da proposta de Olympe dizia que as mães, as filhas, as irmãs demandavam integrar o organismo de representação da vontade popular, e que a ignorância, a negligência e o desprezo pelas mulheres constituíam a fonte substancial de todas as desgraças públicas. Reclamava que os atos de poder das mulheres pudessem ser comparados aos dos homens como meta da vida institucional pública, e que reinasse o respeito para o "sexo superior em beleza e valor", como reitera para fazer referência à condição feminina. O primeiro artigo de sua declaração se situava no mesmo plano da igualdade de origem de todos os seres humanos: "A mulher nasce igual ao homem em direitos. As distinções sociais devem ser fundadas na utilidade comum." E não pode surpreender a alusão ao "sexo superior em beleza e no valor dos padecimentos maternos", duas circunstâncias que foram montadas na estrutura da dicotomia dos sexos que obteve tanta solidez. As mulheres eram a autêntica estética da Natureza, que em todo caso podia ser copiada pela obra de arte e, se a épica política não as considerava em absoluto, era imprescindível deter-se nas dores do parto, uma façanha heroica que requeria ao menos a recompensa de um gesto. De Gouges sabia que essas alusões — o reconhecimento da beleza e a proeza reprodutiva — gozavam de amplo apego e que algum efeito teriam na comunidade dos homens, mas provavelmente estava longe de supor que, de todo modo, seu direito seria interpretado como uma ameaça gravíssima e que lhe custaria a guilhotina nos dias do Terror.

Não posso deixar de citar também Mary Wollstonecraft, precursora que se identificou com a ideia da racionalidade equivalente das mulheres nessa divisória das épocas em que finalmente não estancaram as condições de possibilidade dos direitos femininos. Em clara resposta à misoginia de figuras como Rousseau, em sua *Reivindicação dos direitos da mulher*, escrita em 1792 — apenas um ano depois da *Declaração* de De Gouges —, a autora desafiava os pressupostos equivocados acerca da constituição irracional das mulheres. Muito próxima dos acontecimentos da Revolução Francesa — viveu em Paris por um tempo, em plena fase turbulenta —, seu manifesto era menos uma alegação sobre a completa igualdade entre os sexos do que uma conjuntura contra os detratores da condição feminina. Sustentou, de modo paradoxal, que havia dimensões masculinas com alguma superioridade, mas negou de modo enfático que as mulheres não compartilhavam das mesmas virtudes e faculdades dos homens. Diferentemente de De Gouges, essa autora fez uma crítica à "soberania da beleza" que tornava as mulheres "convencidas", tornando ainda mais lamentável seu estado de dependência. Era absurdo que as mulheres celebrassem sua fraqueza e que até fizessem dessa circunstância uma espécie de baluarte. Abominava a submissão feminina relacionada ao desejo de ser tratadas como rainhas, com certeza um preconceito comum de seu tempo. Mas um dos aspectos centrais de sua obra é a rejeição a Rousseau e suas crenças — sem dúvida compartilhadas por boa parte de seus contemporâneos — de que a inteligibilidade e as faculdades mentais desenvolvidas estavam ausentes no sexo feminino, que a educação das mulheres devia ser evitada por ser ociosa e não pertinente. E foi sobretudo em torno dessa circunstância que a emancipação feminina foi encorajada. As mulheres seriam independentes quando fossem beneficiadas por uma educação mais ampla. Essas vozes antecipadoras não criaram de imediato uma via coletiva, mas no solo das vertiginosas mudanças do século XIX e com o acirramento dos contrastes sociais e culturais, como mencionei, perceberam as prerrogativas patriarcais que redundavam na execrável submissão das mulheres.

A marcha das mulheres com nome próprio

Para um bom número de congêneres, o sistema de escravização que as populações trazidas da África sofriam foi elucidativo. Quando as diversas reformas do direito civil sancionaram a relativa inferioridade jurídica das mulheres, sua completa dependência dos cônjugues, tal como fez a precursora normativa francesa de 1804 — o bastante conhecido Código Bonaparte —, que foi finalmente emulado tanto nos países de tradição codificadora como nos que se afastavam dela, foi reforçado o imaginário de que elas eram propriedade dos maridos. Tratava-se de uma expressão da servidão, como ressaltou John Stuart Mill — em grande medida graças à notável inspiração de sua esposa Harriet — em seu texto de 1869, traduzido, entre outras versões, como *A submissão das mulheres*. No espelho da escravidão se articularam as primeiras manifestações grupais que se estenderam paulatinamente, contaminando as sensibilidades e estimulando a criação das primeiras agências de denúncia e de enunciação de direitos. Costuma-se mencionar como a primeira assembleia com projeção de mulheres a Convenção de Seneca Falls em 1848, célebre reunião na capela metodista próxima de Nova York, que deveu tanto à ação de Elizabeth Cady Stanton e Lucretia Mott. Ali surgiu a *Declaração de sentimentos*, que foi assinada também por cerca de trinta homens. Vale a pena mencionar algumas de suas expressões. Sustentava-se que a história da humanidade era a história de "repetidas humilhações e usurpações perpetradas pelo homem contra a mulher", porque o objetivo havia sido o domínio tirânico. Assegurava-se que os homens, embora não tivessem nenhum valor moral, gozavam de prerrogativas que eram negadas às mulheres, e se fazia menção ao fato de que a falta de direitos as tornava socialmente irresponsáveis. A impossibilidade de votar as privava da cidadania e o matrimônio as transformava em mortas civis, porque deviam obedecer aos seus maridos, considerados verdadeiros amos. O próprio direito à propriedade — tão fundamental na ordem burguesa — também lhes era restrito, e tampouco gozavam do usufruto do salário que ganhavam com seu trabalho. Os homens monopolizaram os empregos lucrativos e, com isso, a diferença nas remunerações era abismal. Os estudos universitários eram praticamente uma impossibilidade para as mulheres. Em suma, "todos os caminhos que conduzem à fortuna e à distinção" lhes haviam sido fechados pelos homens, que apenas os consideravam honrosos para si mesmos.

Embora os acontecimentos de Seneca Falls tenham sido caracterizados como inaugurais do feminismo no território norte-americano e na maioria dos países europeus, já nas décadas anteriores haviam sobressaído discursos que advogaram de diferentes maneiras a favor dos direitos humanos. Basta recordar o ativismo existente na França no início da década de 1830, manifestado em publicações periódicas, como as analisou de maneira precursora Léon Abensour — um amigo da causa das mulheres — em *Le féminisme sous le règne de Louis-Philippe et en 1848* [O feminismo sob o reinado de Luís Filipe em 1848]. Não se pode deixar de considerar que "feminismo" não era o conceito empregado por esses incipientes movimentos contra a regência masculina. O termo demorou bastante para ser cunhado e primeiro foi utilizado como um modo sarcástico de mostrar a intranquilidade feminina. Atribui-se a Alexandre Dumas Filho uma espécie de ataque às novas manifestações com um termo que pretendia ser pejorativo, dirigido sobretudo a homens que desafiavam as normas sociais conservadoras, em particular a quem reivindicava direitos como o divórcio. O famoso uso do termo se deve a uma grande militante francesa, Hubertine Auclert, que em 1882 identificou como feminista o movimento pelos direitos das mulheres em sua publicação *La Citoyenne* [A cidadã]. Foi na França que a noção encontrou um curso que inundou paulatinamente nossas sociedades e, embora às vezes sua semântica tenha sido confundida porque não se discernia entre as habituais concepções do "relativo à condição feminina" (o feminino), por um lado, e a alteração de tais concepções com a conquista de direitos, por outro, o termo "feminismo" finalmente foi empregado já no início do século xx para referir-se a esse segundo fenômeno. Cada vez mais se mencionou de forma enfática a não conformidade com a segregação funcional e com o diferencial de direitos que separava os sexos. As militantes francesas, em linhas gerais, mantiveram um apego à "diferenciação" sexual, um modo perdurável para que se reconhecesse que não poderiam pular em direção ao modo identitário da individualização que torna os seres humanos "iguais". Dito de outro modo, uma tradição que finalmente evitou que não se reconhecessem as diferenças. Também entre as adeptas feministas apareceram as primeiras reações em torno da defesa do aborto, como foi o caso de Madeleine Pélletier, que escreveu em 1913 um texto singular, *Le Droit à l'avortement* [O direito ao aborto], e que, por conta das reformas da lei penal de 1939 na França — que estabeleceu até pena de morte para quem fazia abortos —, acabou sendo encarcerada e enlouqueceu.

Uma das vozes mais sugestivas surgidas nas primeiras décadas do século xx, mas que não é possível classificar como militante feminista, embora tenha se aproximado de algumas militantes, foi Virginia Woolf. Essa notável escritora inglesa abordou as relações de gênero de maneira crítica e ousada na maioria de suas obras, mas em particular em dois textos,

Um quarto só seu (1929)[1] e *Três guinéus* (1938), que mais tarde se tornaram emblemáticos nas lutas pela igualdade. Ainda que a literatura relativa à condição das mulheres não fosse escassa em sua época, sobretudo em obras de ficção, no teatro e em outros gêneros literários, Woolf fez incrementos historiográficos e teóricos em grande medida inaugurais. Descreveu o problema da heteronomia feminina sob a regência patriarcal na sociedade inglesa com notas de grande correção histórica convalidadas por pesquisas recentes. Sua percepção de que a chave da emancipação das mulheres se encontra no desempenho laboral, na crescente profissionalização para extinguir os laços de dependência econômica e assegurar dignidade constitui um direito fundamental ainda nos dias de hoje. Woolf compartilhava de ideias com matizes socialistas: o reconhecimento das mulheres também exigia uma sociedade mais justa e com vínculos menos competitivos. Sustentou de maneira expressa que o desempenho profissional das mulheres deveria evitar as rivalidades. Também foi uma precursora em propor as alteridades de gênero, a instabilidade das configurações sexuais, a abertura às identidades, como mostra seu notável romance *Orlando* (1928), cuja protagonista se torna homem segundo a época e as circunstâncias.

---

[1] Publicado pela Bazar do Tempo em 2021, com tradução de Julia Romeu. (N.E.)

O alvorecer do movimento proletário e sua relação com o feminismo

Antes de prosseguir com a saga do movimento feminista que repercutiu na América Latina, quero abordar alguns fenômenos advindos nessa grande época de mudanças que foi a segunda metade do século XIX. É necessário que eu me detenha nas relações difíceis, controversas e tantas vezes frustradas dos feminismos com as organizações do proletariado e com as ideologias que preconizaram sua representação. Isso não significa que as associações foram negligentes em relação à mais complicada condição das trabalhadoras, basta recordar a primeira Associação Internacional de Trabalhadores (AIT) — cuja criação influenciou Marx e Engels —, que, em seu primeiro congresso, realizado em Genebra no ano de 1866, abordou expressamente a situação delas junto com a da infância. A baixa remuneração constituiu um pilar da acumulação capitalista, e os representantes na AIT tornaram a reiterar este fato nos congressos seguintes de Lausanne, Bruxelas, Basileia e Londres. Entretanto, aqueles representantes dos trabalhadores não contemplaram as mulheres em seu estatuto e a opinião generalizada, mesmo nos meios de maior radicalidade trabalhista, não diferia da proveniente de seus exploradores burgueses. Era preciso evitar que as mulheres tivessem atividades fora do lar, já que, além da dureza dos processos trabalhistas, o assédio sexual era comum por parte de patrões e capatazes. A classe trabalhadora não expressava nenhuma simpatia pelas tarefas extradomésticas das mulheres e era muito comum que, quando o chefe de família trabalhista subia de categoria ou passava a se dedicar a uma função de maior reconhecimento e conquistava respeito — como ocorria com os segmentos que o notável historiador Eric Hobsbawm denominou "aristocracia operária" —, em geral ele decidia que sua cônjuge não desempenharia funções fora do lar. Diversas análises mostram que os homens das classes trabalhadoras se comportavam da mesma maneira que os burgueses, pois ambos compartilhavam amplamente a noção de patrimonialidade dos corpos femininos. No entanto, não faltaram vozes no caminho do proletariado que advogaram pela emancipação das mulheres, referentes também ao "socialismo utópico", que criou pontes para o reconhecimento mais igualitário entre os sexos. O balanço das primeiras experiências feministas, porém, não teve laços estreitos com as organizações trabalhistas, que achavam distantes, quando não controversos, os objetivos daquelas mulheres que pretendiam a emancipação.

Mas não podem ser ignoradas as manifestações, em grande medida pioneiras, de Flora Tristán, a militante peruano-francesa que impulsionou com valentia as lutas reivindicativas trabalhistas e que deram seu recado com denúncias sobre a situação das mulheres, exigindo seu reconhecimento e dignidade. No livreto *L'Union ouvrière* [O sindicato dos trabalhadores], publicado em 1843, ela escreveu uma frase célebre: "O nível de civilização a que chegaram diversas sociedades humanas está na proporção da independência de que gozam as mulheres." Empenhou-se em se dirigir sobretudo às mulheres pobres forçadas a trabalhar em condições mais desumanas que os homens. Sustentou que não tinha razões para encontrar diferenças hierarquizadas nas características naturais dos seres humanos e se antecipou a descrever as circunstâncias violentas que acompanhavam a vida das mulheres. Ela mesma foi um exemplo de humilhações e sofreu terríveis maus-tratos. Embora tenha tido uma infância confortável — seu pai era peruano descendente de espanhóis com muitos bens e sabia como tratá-la de forma afetuosa, mesmo que nunca a tenha reconhecido legalmente —, Flora passou a ter uma vida bastante penosa após a morte do pai. Precisou trabalhar para um jornal pequeno numa gráfica dedicada à litografia e se casou com seu proprietário, André Chazal, um homem violento com quem teve três filhos — um deles falecido precocemente. Os outros dois, uma menina e um menino, também sofreram nas mãos dele, a tal ponto que Flora precisou fugir de casa com as crianças. Chazal conseguiu o porte de armas então permitido aos homens, e não desistiu da violência contra mãe e filha e chegou a atentar contra a vida de Flora, e por isso foi condenado à prisão por um longo tempo. A filha, Aline, foi a mãe do célebre pintor Paul Gauguin. Flora conheceu de perto o desprezo da sociedade peruana quando morou em Lima, onde tentou recuperar a herança paterna, sem sucesso. As vicissitudes pessoais a levaram a uma profunda empatia pelos excluídos, especialmente pelas mulheres sofridas do proletariado, das quais nunca se esqueceu nos embates que protagonizou buscando seus direitos. De modo também iniciático, é preciso considerar Flora Tristán uma inflamada feminista da causa operária porque suas súplicas sustentaram uma questão específica das mulheres, um feminismo de classe e, para além das limitações que podem ser encontradas em seu programa. Ela abriu um caminho para uma comunhão entre feminismo e movimento operário, embora deva-se admitir que foi uma tentativa fracassada.

Posições anarquistas e insultos contrafeministas

O anarquismo, em suas diversas variantes (ao menos as orientações individualista, coletivista bakuniana — relacionada às posições do notável teórico Mikhail Bakunin — e a mutualista, inspirada en Piotr Kropotkin), fez considerações essenciais sobre todas as formas de subordinação e inspirou mecanismos de resistência contra as fontes de autoridade que limitavam a autonomia dos indivíduos. Em todos os casos, propôs enfrentar a legalidade e sua expressão criadora, o Estado, no que considerou a máxima expressão do poder esmagador dos indivíduos. Com igual força, bakunianos e kropotkianos rechaçaram a ordem capitalista, condenaram o domínio dos patrões e exaltaram a insurgência das forças trabalhistas para extinguir a exploração. Embora dentro da tradição anarquista não se possa omitir Pierre Proudhon, que atuou na primeira metade do século XIX e cujas considerações foram completamente adversas à condição feminina, sendo inclusive autor de um célebre texto misógino, o conjunto das correntes anarquistas considerou que as mulheres estavam especialmente subordinadas e que sua emancipação dos poderes tradicionais era decisiva para assegurar a marcha libertária. Nos primórdios do século XX, quando o anarquismo conquistou franca expansão, sobretudo na Espanha e na Itália, houve numerosas adesões por parte das trabalhadoras e se fortaleceram os núcleos femininos identificados com essa corrente. Mas as anarquistas que lutavam contra a subjugação na vida pública e privada, e que tiveram uma influente participação na vida cultural e sindical gestada pelas organizações libertárias, não se identificavam como "feministas". Eram comuns as críticas contra as representantes do feminismo, que continuavam sendo vistas como mulheres burguesas, concentradas de modo exclusivo nas questões inerentes à sua condição, e insultavam as lutas pela obtenção de direitos, porque da perspectiva antijurídica anarquista era um contrassenso pedir a sanção de leis. Apesar disso, houve singulares formulações emancipatórias por parte das mulheres que se alinharam ao anarquismo e até foram pioneiras em movimentos precursores que só na segunda metade do século passado foram absorvidos pelos feminismos. Refiro-me à circunstância de ter encabeçado, quase com total espírito pioneiro, as posições contraceptivas, as lutas pela maternidade voluntária e as manifestações antinatalistas. As anarquistas foram ativas propagandistas de técnicas e métodos contraceptivos, e nos países latino-americanos, especialmente os do Cone Sul, onde se restringiu uma forte influência do anarquismo, surgiram grupos defensores dessa posição.

Mas há outra circunstância que deve ser frisada — em relação ao que certa vez identificamos como o "contrafeminismo do feminismo anarquista". E é o ângulo do qual as diversas vertentes libertárias sustentaram a primazia do "amor livre" contra as convenções burguesas que limitavam os sentimentos e a genuína experiência da sexualidade. Para além do limite histórico em que se localizaram essas sensibilidades, da moralidade das condutas sexuais e até mesmo da roupa moral com que se cobriram boa parte das concepções anarquistas, o reconhecimento de uma onda precursora que foi ao encontro do feminismo não pode ser ignorado.

Uma praia condescendente: a social-democracia

Ao fim do século XIX, havia se propagado a força política que, para além dos matizes, consagrou uma identidade socialista sob o nome de *social-democracia* e teve diferente penetração na América Latina, embora os países construtores de partidos socialistas mais robustos tenham sido seguramente o Chile, a Argentina e o Uruguai. O movimento socialista herdava, em grande medida, a tese de Marx e Engels e, mesmo que tenha realizado diversas adaptações destinadas a conciliar o radicalismo das ideias com métodos de ação política que facilitaram a incorporação das maiorias trabalhadoras e outros segmentos sociais num trânsito de transformações paulatinas, gestadas de maneira central na vida parlamentar, seu enraizamento europeu foi muito singular se levarmos em conta a experiência na Alemanha, na Áustria, nos países nórdicos e também na Hungria, nos Países Baixos, na França e na Bélgica. As relações com as organizações trabalhistas marcam também diferenças, pois houve expressões de maior solidez, como as que corresponderam à esfera alemã-austríaca, em que a articulação das diferentes frentes, a política e a sindical, foi mais pronunciada. Desejo evitar o debate que foi moeda corrente e que contrasta com os resíduos do socialismo, por um lado o radicalizado, ancorado no antagonismo crucial da luta de classes, e por outro os denominados "revisionistas", que na maioria dos casos propuseram a via parlamentar para as transformações econômicas e sociais que extinguiriam a exploração capitalista. Qualquer que seja a identificação que assumiram os sociais-democratas, o certo é que foram a primeira força política que propôs permitir o voto feminino, um passo de enorme significado dado durante as sessões do Congresso de Erfurt em 1891. Não se deve esquecer que a social-democracia tinha realizado uma notável manifestação de solidariedade e relação à condição feminina com um texto que alcançou enorme repercussão: *A mulher e o socialismo*, de Augusto Bebel, de 1879. Foi uma das obras socialistas mais divulgadas, e devemos lembrar que Bebel assegurava que os sujeitos mais oprimidos eram o trabalhador e a mulher. Em boa medida, as socialistas aderiram aos objetivos do feminismo e a maioria das militantes que desempenharam importantes funções nessa corrente se identificou com as lutas pelos direitos femininos, como Clara Zetkin, Rosa Luxemburgo, Therese Schlesinger e Louise Saumoneau, entre outras. No entanto, as socialistas defendiam o ponto de vista primordial da classe: era preciso se dobrar, antes de mais nada, ao movimento que eliminaria as odiosas diferenças sociais e depois se identificar com as mulheres oprimidas. Vejam estes parágrafos esclarecedores de Zetkin publicados em outubro de 1909, em *Justice* [Justiça]:

> As mulheres socialistas se opõem francamente à crença das mulheres burguesas de que as mulheres de todas as classes devem se unir em torno de um único movimento apolítico e neutral que reivindique exclusivamente os direitos das mulheres. Sustentam, na teoria e na prática, a convicção de que os antagonismos de classe

são mais poderosos, efetivos e decisivos que os antagonismos sociais entre sexos e que, por isso, as mulheres proletárias nunca conseguiriam sua plena emancipação através de uma luta de todas as mulheres sem distinção de classe contra os monopólios sociais do sexo masculino, mas que somente conseguirão isso na luta de classes de todos os explorados, sem diferença de sexo; na luta de classes contra todos os que exploram, sem diferença de sexo. E isso não quer dizer, em absoluto, que subestimem a importância da emancipação política do sexo feminino; mas, ao contrário, empregam muito mais energia que as mulheres alemãs de direita para conquistar o voto. Mas, de acordo com seu ponto de vista, o voto não é a máxima expressão de suas aspirações, e sim uma arma, um meio de luta para alcançar um objetivo revolucionário: a ordem socialista.

Nessa galeria de socialistas, não se pode deixar de citar Alexandra Kollontai, que escreveu vários textos sobre a condição feminina de uma perspectiva beaseada também no princípio da dominação de classe. Alexandra era russa e de origem aristocrática, participou da Revolução de Outubro e se destacou por uma série de circunstâncias que sugerem uma personalidade muito determinada. Devemos lembrar que, entre os movimentos sociais surgidos durante o regime czarista, encontrava-se o próprio feminismo, com militantes como Alexandra Kornilova, Sofia Perovskaia e Rosalie Jakesburgar. Inclusive havia aparecido um Partido das Mulheres Progressistas e não faltaram as greves, severamente reprimidas, em setores da produção feminizados. Kollontai passou um longo tempo na Alemanha depois que se desencadeara uma perseguição à raiz dos acontecimentos de 1905, integrando-se à social-democracia, e fez uma análise detalhada da situação da maternidade, embora lamentavelmente não haja tradução para essa pesquisa. O certo é que no turbilhão da Revolução de 1917 atuaram inúmeras mulheres e que algumas, como Alexandra, ocuparam cargos relevantes. Ela foi designada como Delegada do Povo em 1918 por determinado tempo, mas as oposições que dificultaram sua tarefa foram manifestas. Alexandra havia dirigido boa parte de sua atenção às grávidas e mães com filhos pequenos, e tudo indica que seu temperamento mais livre implicava contrariedades subsequentes, por isso se viu forçada a renunciar ao cargo. Participou de concepções progressistas sobre o "problema da sexualidade", mas longe do que se pode imaginar como desarticulações severas do cânone moral da época, suas preocupações eram centradas nas questões matrimoniais, nos desacertos que levavam ao adultério e assegurava que esse fenômeno ocorria muito menos entre as classes trabalhadoras. Estava convencida de que a vida familiar era mais integrada na classe operária e que entre eles as traições amorosas e os enganos eram menos frequentes. Em geral, seus pontos de vista tendiam a considerar o feminismo como uma via que expressava as necessidades das mulheres burguesas, e ela não parece ter mudado de opinião em décadas posteriores, mesmo quando ao fim dos anos 1920 foi representante soviética na Noruega e depois na Suécia. Uma das primeiras mulheres a trabalhar no serviço diplomático — além de ter sido representante da União Soviética no México —, foi considerada mulher de livre personalidade, que se permitiu ter relações afetivas não convencionais, por isso sua figura é de fato associada ao feminismo. Repetirei algumas conclusões que redatei a propósito da reedição na Argentina de um conjunto de textos de Alexandra Kollontai. Sustentou, sobretudo, as seguintes posições: as mulheres não foram forjadas à sua condição secundária pela Natureza, mas sim pelas condições sociais; o capitalismo é o responsável pela submissão de ambos os sexos; a emancipação das mulheres apenas pode ser assegurada com uma mudança radical do sistema capitalista; a classe proletária está sempre mais próxima da emancipação das mulheres devido à sua posição inata de "companheirismo" e de "solidariedade essencial".

Feminismos da "segunda onda"

O feminismo clássico que perpassou do século XIX ao XX combateu as dimensões fundamentais que trabalham a possibilidade de estabelecer igualdade com os homens. Graças às suas ações na maioria dos países ocidentais, inclusive os da região, foram sendo conquistados direitos civis, políticos e, em alguma medida, direitos sociais, dependendo dos ciclos políticos vividos em cada nação. No período de entreguerras, as ativistas conseguiram conquistar mais habilidades. Contudo, ao finalizar a Segunda Guerra Mundial, puderam ser consagradas maiores prerrogativas sobre a base do denominado estado de bem-estar social; e avançaram as questões inerentes à cidadania das mulheres. Na maioria dos países, se extinguiram dois fantasmas que haviam atuado de modo simétrico impedindo a igualdade no campo cívico, a saber: o que previa o abandono completo das funções femininas com a incorporação das mulheres na vida política e o que apontava para as inclinações naturalmente conservadoras das mulheres, pelas quais deviam ser proibidas de votar. Mas, depois da conquista dos direitos políticos, parece haver ocorrido certa letargia dos antigos combates feministas. Em algumas sociedades se revitalizaram os programas domésticos da condição feminina e, ainda que se tenha assistido a mudanças singulares em meados do século, nem o surgimento em 1949 do notável ensaio de Simone de Beauvoir, *O segundo sexo*, pareceu ser influente o bastante para sacudir certo torpor do movimento feminista. Detenhamo-nos neste texto imponderável para a teoria feminista. Sua autora, no momento da escritura, não manifestava uma identidade política "feminista" — tinha, sim, certas cautelas, pois pensava que a queixa aguda das mulheres poderia significar mais um atoleiro do que uma saída. Mas o livro foi o produto de uma longa pesquisa sobre a evidência de que o sujeito feminino, filosófica e socialmente, havia sido condenado a uma segunda categoria. Deve-se pensar que pouco tempo atrás, na guerra, o nazifascismo tinha sido derrotado, mas suas execráveis concepções biológicas — que levaram ao extermínio de judeus, ciganos, homossexuais e lésbicas, dentre outras categorias humanas "indesejáveis" — ainda gozavam de certa saúde. Beauvoir realizou de forma ponderada e minuciosa a extensa conjectura biológica das diferenças hierarquizadas com resultados de enorme significado, embora indiretos. Hasteou um lema que foi a ponta de lança para o que se configuraria como o renascimento do feminismo: "Não se nasce mulher, torna-se mulher." A partir de uma posição filosófica existencialista, Beauvoir interpretou a principal razão pela qual as mulheres seguiam fiéis ao regime do sentimento patriarcal e sustentou que isso era possível porque a liberdade era um passo cheio de vicissitudes e que, diante de seus desafios, prevalecia a atitude da imobilidade. O livro foi traduzido para vários idiomas no decorrer da década de 1950 — deve-se dizer que o espanhol foi uma das primeiras línguas — e serviu de incubadora para o fermento das novas teorias em torno da emancipação feminina. A própria Simone de Beauvoir passou a se identificar como feminista.

Nos anos 1960, fortaleceram-se vários acontecimentos internacionais, além de novos focos da "Guerra Fria", que caracterizava as relações entre as potências ocidentais e a União Soviética. Nessa década foram desencadeadas guerras e ondas revolucionárias anticoloniais, e cresceram as agitações das populações racialmente segregadas, como ocorreu nos Estados Unidos. Este país, em particular, entrou em novas disputas e foi agitado pelas reações contra uma das experiências bélicas mais dolorosas, a Guerra do Vietnã, que teve uma significativa quantidade de mortos e feridos, provocando numerosas manifestações antibélicas. Além disso, foram anos de acirramento dos movimentos estudantis que lutaram contra o *status quo* em quase todas as sociedades. Surgiram também manifestações anticapitalistas pautadas na resistência ao consumo, como as alegações e até os modos de vida dos chamados grupos hippies, que brotaram em nossas sociedades. Mas, na década de 1960, houve um ingrediente sobressalente, uma contribuição farmacológica singular: o surgimento dos anticoncepcionais em forma de pílula, uma verdadeira revolução que modificou as atitudes relacionadas à sexualidade. Esse contexto de transformações, agitações e direitos reavivou a chama dos feminismos.

Nos Estados Unidos, em 1961, teve lugar, entre outras mobilizações, uma grande manifestação de mulheres que protestavam contra a guerra e, nesse ambiente agitado, apareceu um texto de Helen Gurley Brown, *Sex and the Single Girl* [Sexo e a mulher solteira], que pontificava abertamente acerca da independência sexual e mantinha os princípios liberais cifrados no fato de uma mulher solteira poder se permitir tudo, inclusive ganhar muito dinheiro. Anos mais tarde, foi feito um filme baseado nesse texto. A obra que rompeu barreiras, no entanto, foi a de Betty Friedan, *A mística feminina* (1963), uma crítica incisiva sobre as características das norte-americanas, que tinham adotado condutas marcadas nos mandatos clássicos da domesticação, na dominante afeição à criação dos filhos como expectativa fundamental de suas vidas. A mística das mulheres transpirava o ordenamento dos mandatos quase invariáveis, sua felicidade consistia em fazer os outros felizes. O ensaio teve uma grande recepção e a autora fundou, em 1966, com um grupo de ativistas, a National Organization for Women (NOW), que dizia em sua declaração: "Chegou o momento de enfrentar, com ações concretas, as condições que agora impedem que as mulheres desfrutem da qualidade da oportunidade e da liberdade de escolha que é seu direito, como estadunidenses individuais e como seres humanos." Em 1969, Gloria Steinem publicou o artigo "After Black Power, Women's Liberation", um convite a dar continuidade às lutas pela emancipação das mulheres. A maior via ideológica e política de sua expressão era o liberalismo, forjado na ideia central da assimilação igualitária entre os sexos e, sem dúvida, foi desse tom o começo da ação feminista naquele país. Em poucos anos, no entanto, surgiram questionamentos a essas posições e se diversificaram as formulações mais à esquerda, inclusive com intérpretes teóricas que provinham do marxismo. A vertente que mais se expandiu foi a chamada "radical", que alcançou contundência na caracterização do patriarcado, com foco sobre o fenômeno das esferas privada e pública, a criação dos estereótipos e as formas simbólicas e materiais da violência. Foi um período de enorme produção teórica, e em poucos anos apareceram obras como as de Shulamith Firestone, *A dialética do sexo: um manifesto da revolução feminista* (1970); de Kate Millett, *Política sexual* (1976); de Germaine Greer, *A mulher eunuco* (1970), ensaios de particular repercussão em diversas latitudes. Outro texto notável foi editado por Michelle Zimbalist Rosaldo e Louise Lamphere em 1974: *Woman, Culture and Society* [Mulher, cultura e sociedade]. Contudo, se nos Estados Unidos se vivia essa renovação, não foi menos intenso o que ocorreu na Europa. Farei um rápido percurso pelos países cujas autoras tiveram destacada influência nas feministas da América Latina. Na Grã-Bretanha, não se pode deixar de mencionar Juliet Mitchell e seu *Woman's Estate* [Propriedade da mulher] (1971), e Sheila Rowbotham e sua obra *Women, Resistence and Revolution* [Mulheres, resistência e revolução] (1972); na França, as teóricas feministas do início da segunda onda — que não poderiam ocultar o impacto de Beauvoir — produziram ensaios críticos singulares como o de Annie Leclerc, a quem se deve *Parole de femme* [Palavra de mulher] (1974), e o de Luce Irigaray, *Speculum: Of the Other Woman* [Espéculo da outra mulher] (1974). Irigaray enfraquecia as interpretações da psicanálise e, além disso, mostrava a supressão do sujeito feminino na história da filosofia; suas posições foram muito difundidas. Na Itália, as novas expressões teóricas e políticas também foram singulares, e não se pode deixar de citar Mariarosa Dalla Costa e a obra de enorme repercussão que publicou com

Selma James — que levou adiante um movimento pioneiro pelo reconhecimento salarial do trabalho doméstico —, *The Power of Women & the Subversion of the Community* [O poder das mulheres e a subversão da comunidade] (1972), enquadrada numa visão crítica do sistema capitalista. Nesse mesmo país, Luisa Muraro tinha publicado em 1960 uma pesquisa precursora, *Guillerma y Maifreda: historia de una herejía feminista* [Guillerma e Maifreda: história de uma heresia feminista], na qual analisou a perseguição inquisitorial contra duas mulheres que morreram na fogueira. A autora esteve entre quem ocupou a Universidade Católica de Milão, onde havia se formado e lecionava, e por conta dessa conduta foi afastada do cargo. Esteve no grupo que mais tarde lançou o conhecido movimento da Livraria das Mulheres, que assumiu um *feminismo diferencial radical* cujas teses se assimilam a uma espécie de essencialismo feminino. Finalmente, nessa síntese se encontra a produção espanhola, de inegável gravitação sobre os feminismos latino-americanos por várias razões. O renascimento nesse país teve muito a ver com o último ciclo da ditadura franquista, com as forças de ruptura que se empenharam em fazer oposição à ordem dominante. Em 1975, faleceu Francisco Franco e a sociedade espanhola eclodiu em muitas diferentes dimensões. Dentre as principais figuras que surgiram se encontram Lidia Falcón — que sofreu perseguições do franquismo — e María Aurelia Capmany, que publicou *La donna en Catalunya*. Falcón manteve a publicação *Vindicación Feminista* [Redenção feminista] em Barcelona no ano de 1976 e esteve entre as fundadoras da Organização Feminista Revolucionária em 1977. Ambas participaram de uma obra coletiva — que também teve como integrante a argentina Isabel Larguía, na ocasião vivendo em Cuba — publicada com o título de *Liberação da mulher: ano zero* (1977). Tempos mais tarde, Celia Amorós ocupou um lugar importantíssimo na teorização feminista. Formada em filosofia, influenciada por Simone de Beauvoir e pela leitura de Betty Friedan, a ela se deve *Hacia una* crítica de la razón patriarcal [Para uma crítica da razão patriarcal], de 1985, que toma elementos do Iluminismo para reinterpretar a exclusão feminina. Amorós formou um sem-número de latino-americanas que frequentaram seus cursos. Outras figuras inaugurais foram Amelia Valcárcel, autora de *Sexo y filosofía* [Sexo e filosofia] (1991), Alicia Puleo, que produziu *Dialética de la sexualidad: Género y sexo en la Filosofía Contemporánea* [Dialética da sexualidade: Gênero e sexo na filosofia contemporânea] (1992), e Emilce Dio Bleichmar — que, como Puleo, também é de origem argentina —, que fez uma contribuição específica no campo da psicanálise e, nos anos 1980, publicou *O feminismo espontâneo da histeria: Transtornos narcisistas da feminilidade*, que teve muita projeção para além da psicologia. María Carmen García Nieto e Mary Nash estiveram na vanguarda da renovação feminista da historiografia. De origem irlandesa, Nash se dedicou com particular solidez à análise das mulheres no anarquismo. Ana de Miguel fez uma contribuição de destaque com *Marxismo y feminismo en el pensamiento de Alejandra Kollontai* [Marxismo e feminismo no pensamento de Alejandra Kollontai] (1993). Foi também muito importante a obra de Verena Stolke, de origem alemã, radicada desde pequena na Argentina, que estudou em Oxford, depois se radicou em Cuba com sua família e mais tarde no Brasil, onde dedicou trabalhos pioneiros à situação das mulheres na área rural. Mudou-se para a Espanha, lecionou na Universidad Autónoma de Barcelona e escreveu "Sexo está para gênero assim como a raça está para a etnicidade?" (1992). Essa síntese de ativistas feministas não pode omitir uma das mais importantes no campo da sociologia e economia, María Ángeles Durán. Tornou-se doutora muito jovem na Universidad Complutense de Madrid com a tese *El trabajo de las mujeres en España* [O trabalho das mulheres na Espanha] (1971) e suas preocupações a tinham levado desde antes a indagar as remunerações femininas e as condições trabalhistas das mulheres, temas nos quais foi uma notável especialista.

À "segunda onda", que abarcou algumas décadas, pôde segui-la uma "terceira onda", se for levada em conta a produção variada dos anos 1980-90, sobretudo as críticas que sofreu a linha hegemônica feminista mais identificada com a condição existencial das mulheres brancas, de classe média, profissionais e em geral com mais educação formal; embora, ao que me parece, o conjunto dos movimentos fosse alimentado numa circunstância que define o sentido da renovação, cifrado na reivindicação do corpo, sua reapropriação, ao qual se dava identidade, sensibilidade e experiência própria. Se cabe um resumo do discurso feminista dominante na cena da "segunda onda", este foi o da disposição do corpo, que esteve longe de ser a maternidade anatômica e fisiológica, mas sim o território de inscrições dos modos de identificação do perceber-se mulher. Se o corpo reapropriado já resultava uma nova geografia, a outra dimensão que veio à tona e se situou no mais alto patamar da reivindicação foi expor a violência perpetrada pelos homens, enunciar os maus-tratos e propor o fim das manifestações dolorosas, sair do alcance dos ataques e, sobretudo, de suas escaladas. "Violência contra as mulheres" foi um conceito criado pela segunda onda; não existia no repertório das agitações feministas da primeira fase.

Muitas mulheres afrodescendentes ou originárias de países orientais, *chicanas* e de outras procedências latino-americanas não se sentiam contempladas com o enfoque hegemônico e, assim, criaram alternativas teóricas e também estratégias de vínculo. Houve muito impulso para a renovação dos pontos de vista epistemológicos e políticos. "Gênero" havia sido o substituto de "diferença sexual"; se esta era uma operação linguística que ainda dava centralidade à base biológica, "gênero" passou a descrever a enorme diferença social e cultural criada pela imposição estereotipada do império patriarcal. Impossível dar todos os nomes de muitíssimas ensaístas que se expressaram por esses anos com diferentes posições críticas e com domínio de diversas disciplinas.

Essa exibição mesclada de posições implicou diferentes pedreiras feministas, mas o saldo foi a prolífica criação de saberes específicos, a instalação de epistemologias densas e também o fortalecimento político das demandas de direitos.

Traços gerais da evolução do feminismo na América Latina

As sociedades latino-americanas incorporaram o feminismo mediante instrumentos que reagiram ao domínio masculino moldado no sentido comum, nos hábitos e nas codificações. Os movimentos feministas trilharam seu caminho de acordo com as possibilidades de cada país, e deve-se dizer que seu desenvolvimento ao longo do século xx não foi compreendido como um movimento de massa, com adesões de escala demográfica muito expressiva, como foi a história de outros empreendimentos pela conquista de direitos, por exemplo, a protagonizada pelo movimento operário. Essa é uma circunstância peculiar que se deve abordar, embora as mulheres fossem e sigam sendo mais da metade da população — por conta disso, é absurdo caracterizar sua agência como própria de "minorias" —, o movimento que as aglutina não foi contado com uma massa prodigiosa de seguidoras, mesmo que no presente haja sinais de que esteja mudando a composição numérica dos movimentos que se dizem feministas e se está alterando notavelmente a antiga fisionomia rala de congêneres. Com efeito, embora a identificação com o feminismo tenha sido módica em todas as sociedades, não resta dúvida de que se multiplicou a empatia, aumentou de modo exponencial o número de mulheres que talvez não se definam de modo contundente como "feministas", mas suas mudanças de atitude e as transformações singulares de suas subjetividades resultam numa renovação da trama das relações de gênero em nossas sociedades latino-americanas. Em alguns países, pela primeira vez os feminismos estão constituindo um fenômeno de massa, o que talvez seja a grande transformação a que se assiste neste século no qual se acirram os combates contra o sistema patriarcal. O capítulo final deste livro aborda especialmente os movimentos que estão em pleno desenvolvimento em diversos países da região. Mas voltemos ao lapso temporal de mais de um século desde a implantação feminista no começo do século XX e situemos as características gerais que os diferentes caminhos tiveram no decorrer das décadas. Farei uma síntese das notas comuns que identificaram as diversas vertentes, em dois movimentos bastante diferenciados sobre os quais acredito existir amplo acordo interpretativo. Os feminismos latino-americanos oferecem um divisor de águas temporal que não coincide exatamente com o das órbitas norte-americanas e europeias, embora se assimile bastante. No conjunto — estou longe de indicar um comportamento idêntico dos movimentos feministas em cada um dos países da região —, há um amplo ciclo que vai desde sua germinação, entre as décadas de 1900 e 1910, até os anos 1940; depois se segue certo estancamento que deu lugar a um reflorescimento nos anos 1970, com uma mudança notável de agenda que se observa, sobretudo, no desempenho das décadas de 1980 e 1990. Poderíamos discorrer sobre um terceiro ciclo, iniciado no fim dos anos 1990 e que chega aos nossos dias, quando assistimos a uma clara expansão das manifestações mais livres das sexualidades, à propensão de agendas mais vernáculas com ecos pós-coloniais, à massividade das reivindicações e a formas mais ousadas e expansivas do protesto antipatriarcal.

    Não ficam de fora as enormes mudanças sociais e culturais que houve nesse mais de um século de desempenho das agências feministas, as transformações ocorridas *nas próprias mulheres, que mudaram muito mais que os homens, proporcionalmente.* Com efeito, pensa-se nos obstáculos impostos pelo modelo de mulher criado pelo sistema patriarcal, no exclusivo mandato da procriação e do cuidado, em sólida rede das mentalidades que atribuía uma inteligência menor às mulheres e que delimitava os campos do conhecimento no qual talvez pudessem penetrar sem causar lesões à sociedade... A transposição dessas formidáveis pedreiras simbólicas e materiais foi possível graças à ação das ousadas feministas que surgiram em todas e em cada uma de nossas nações, que puderam indicar caminhos e animar outras mulheres a quebrar o que havia sido marcado como sina e destino. Essas militantes, com frequência isoladas, criaram condições e também aproveitaram as conjunturas, nem sempre com eficácia e tampouco isentas de contradições, mas os costumes foram cedendo. No primeiro ciclo de desempenho, a maioria das feministas na região provinha de grupos letrados, era composta de professoras ou se dedicava às letras ou, ainda, havia conquistado algum profissionalismo na incipiente abertura na vida universitária. Em sua maioria, essas feministas representavam os segmentos de classe média e média alta de nossas sociedades e não há como negar que, numa enorme proporção, correspondiam às populações brancas e, às vezes, mestiças; raramente, porém, encontravam-se mulheres indígenas entre elas. Sim, houve exceções, e aqui serão encontrados alguns casos emblemáticos dessa ruptura da muito provável monotonia de classe e gênero que constitui a paisagem dominante do coletivo pelos direitos das mulheres. Aquela agenda inicial esteve marcada pelas seguintes questões fundamentais: a igualdade jurídica, a equiparação dos direitos políticos, os benefícios da educação e o reconhecimento dos valores da maternidade com a devida proteção das mães e da prole. Depois estão os detalhes da ação feminista, mais ou menos temerária, em cada uma das nações.

O segundo ciclo desenvolvido na América Latina sem dúvida respondeu às renovações impulsionadas pelo feminismo da "segunda onda". No fim do século xx, havia grandes evidências no mercado de trabalho, um singular ingresso de mulheres com alta qualificação das universidades e em diversas disciplinas e um incremento incontestável de sua participação na vida política, científica e sindical. Antes da mudança de século, algumas mulheres chegaram a presidir suas nações, e no início do XXI outras seguiram o exemplo destas. Para os homens, quase não houve mudanças nas rotinas do exercício patriarcal, na conduta masculina fundamental exigida. Com efeito, a dominação masculina se seguiu nos diversos campos da vida social, embora a participação das mulheres tenha crescido de modo notável. Ainda na área acadêmica e científica, na qual supostamente o exercício da crítica racional poderia ter reduzido ou eliminado os obstáculos que as mulheres enfrentavam, havia a misoginia, a desconfiança em relação às capacidades femininas, e dominavam as diretrizes científicas masculinas. Ainda falta pesquisar a história das agruras das mulheres, sobretudo das mais jovens, que atuavam em laboratórios e em outros ambientes de pesquisa. No fim do século passado, apesar da alegada antiviolência que constituía um aspecto central das reivindicações feministas, ainda permaneciam na sombra as displicências, as humilhações, as hostilidades e os assédios perpetrados contra as mulheres em todos os âmbitos da existência.

Desde então houve rupturas, não poucos homens abdicaram do folhetim da masculinidade, abraçaram as trocas eróticas e sexuais com outros homens — um fenômeno abjeto para o sistema patriarcal —, arremessaram para longe os ordenamentos e as clausuras, e não foram poucos os que criaram pontes para consagrar fórmulas paritárias. As notas mais pronunciadas do feminismo expressadas entre as décadas de 1970 e 2000 foram a denúncia da violência patriarcal e a luta por sua erradicação — ainda que as primeiras manifestações tenham sido sobre a violência doméstica —, a insurgência contra o mandato exclusivo da reprodução, o reconhecimento das dissidências sexuais com direito próprio, as reivindicações pela ampliação da cidadania política. Em todos os países foram ampliados os direitos das mulheres, e graças ao guarda-chuva da Convenção de Belém do Pará (1994), majoritariamente se sancionou uma legislação contra todas as formas de violência dirigidas às mulheres. Mas é possível falar de um terceiro ciclo com a eclosão das manifestações feministas pós-coloniais e seus clamores de que as mulheres dos povos originários e as afrodescendentes empreendam lutas e interpretações próprias fora dos formatos hegemônicos, em boa medida portadores de rastros acadêmicos. Mais recentemente, as sociedades foram sacudidas por novos desafios para acabar com a violência em todas as suas formas, há reações concatenadas de congêneres muito jovens e de todos os grupos sociais que não desejam ser assombrados por acossadores nem desejam viver acatando nomes que penalizam a livre vontade de dispor de seus corpos e que podem significar a prisão por não levar adiante gestações não desejadas. Há uma onda renovada de feminismos de muitas cores por todo o solo latino-americano.

PRIMEIRA PARTE:

FEMINISMOS NO MÉXICO, NA AMÉRICA CENTRAL E NO CARIBE

NOTAS INTRODUTÓRIAS

A primeira parte desta narração sintética da saga dos feminismos latino-americanos tem como referência o México, além da região centro-americana e caribenha. Devido à sua condição territorial, lamentavelmente se deve deixar de lado Porto Rico, país onde desde cedo as ideias de emancipação feminina se expandiram e no qual se enraizou um movimento singular com a integração de certo número de mulheres, em boa medida dedicadas à educação e às letras, como ocorreu com a notável pioneira Ana Roqué de Duprey. Apesar das circunstâncias históricas de não haver podido consolidar autonomia como nação, deve-se lembrar que Porto Rico teve uma experiência de lutas pelos direitos femininos. Deixou de ser uma colônia espanhola e passou a ter outra condição dependente com a intervenção militar norte-americana e a culminação do processo como Estado incorporado aos Estados Unidos. Não se pode deixar de mencionar a luta pela autonomia, as dispersões militantes nacionalistas e as formações de feministas que pleitearam especialmente a conquista do voto. De modo sucinto, deve-se evocar que em 1920 — momento crucial de sua incorporação aos Estados Unidos — já atuava a Liga Femínea, em cuja liderança estiveram a citada Ana Roqué de Duprey e Mercedes Solá, entusiastas da publicação *Heraldo de la Mujer* [Mensageiro da mulher], dedicada a difundir matérias a respeito dos direitos das mulheres, com ênfase no voto. Em 1921, a Liga se transformou em Liga Social Sufragista, com evoluções posteriores, como a Associação Porto-Riquenha de Mulheres Sufragistas. Em 1922, Mercedes Solá participou de uma reunião sobre a qual se fará repetidas referências neste livro, a Conferência de Baltimore, patrocinada pela National League of Women Voters.

É de se notar que o México, país em que se destacam a densa demografia e um emaranhado de feminismos precoces — além de oferecer um ícone como pré-figuração dos caminhos que levaram ao feminismo na figura de Sor Juana Inés de la Cruz —, ocupa um lugar destacado neste texto. Impõem-se ali ao menos duas circunstâncias fundamentais para a interpretação do desenvolvimento das lutas pelos direitos das mulheres, a saber: o impacto da Revolução iniciada em 1910, que perdurou mais de uma década, e a proximidade com os Estados Unidos, cujos feminismos se forjaram antes de meados do século XIX e que incontestavelmente gravitaram sobre as mulheres mexicanas. É preciso assinalar o desenvolvimento da historiografia das mulheres no México, o que permitiu um exame mais intenso, ainda que as páginas que lhes dediquei estejam longe de fazer justiça à magnitude das indagações ali efetuadas. Não deixa de ser notável que as mexicanas, a quem se havia prometido formalmente o sufrágio desde uma época relativamente remota e que o obtiveram na presidência de Lázaro Cárdenas, não puderam gozar desse direito simplesmente por falta de promulgação da lei, fenômeno que correspondeu ao temor de que voto feminino fosse retroativo, ao medo de que as mulheres votassem de maneira conservadora. Para além desse severo percalço, foi neste país que houve um renascimento singular da chamada "segunda onda" do feminismo, e não só porque a Cidade do México se constituiu no grande palco da primeira Conferência Mundial da Mulher, convocada pelas Nações Unidas em 1975, mas também porque — mais uma vez — houve intercâmbios fundamentais com as teóricas e militantes norte-americanas dos quais surgiram conceitos locais, com vigoroso tom vernáculo.

Mas as vias promotoras da emancipação feminina se estabeleceram em todos os países, tanto da América Central quanto do Caribe, e devem ser lidas nos contextos históricos que lhes afetam. Sem dúvida, a historiografia disponível é díspar e as adversidades não podem deixar de ser mencionadas; algumas trágicas, ocorridas em alguns países, como a feroz ditadura vivida na República Dominicana durante as décadas de 1930 e 1940, o genocídio da Guatemala em períodos mais recentes, a falta de Estado de Direito em El Salvador — trata-se de acontecimentos que minguaram o desenvolvimento dos feminismos e também modificaram a possibilidade de preservar memórias e arquivos. Na verdade, surpreende que, diante de semelhantes hostilidades políticas, as reivindicações dos direitos das mulheres tenham obtido firmes adesões, convicções aperfeiçoadas, que puderam tornar a ser exibidas quando as comportas foram abertas. No caso da Costa Rica, é possível ver o significado da ação feminina enfrentando a ditadura de Federico Tinoco e a articulação com uma sensibilidade sobre os deveres do novo Estado com as mulheres, tanto como a longa tradição de Cuba em matéria de propostas feministas. Embora a Revolução tenha atenuado a exploração de classes e trazido figuras femininas decisivas nesse processo, as bases patriarcais mal se moveram, talvez por certa contenção do feminismo que apenas recentemente retomou suas características insurgentes dos pós-1970. Não se pode deixar de ressaltar que a maioria das feministas que atuaram até meados do século passado provinha dos setores médios e era letrada, além do fato de que as primeiras universitárias, em geral, se somaram à corrente emancipatória em cada um de seus respectivos países. Em alguns lugares e com relação a determinadas fases, integraram-se mulheres conservadoras preocupadas sobretudo com a questão do voto. O programa geral, com certas adaptações locais, pode ser sintetizado na consecução de direitos civis, direitos políticos e direito à educação, mas de todo modo é inevitável a chave *maternalista* até meados do século XX. As mudanças ocorridas a partir de 1970 foram notáveis: em todos os países, a agenda mudou de maneira enfática, pois se evidenciou a questão da violência exercida contra as mulheres — com foco na violência de ordem doméstica em primeiro lugar — e o direito ao corpo, ao gozo, à não reprodução, à opção sexual não atrelada à exigência heteronormativa. Tem-se aí uma síntese antecipada do que as/os leitoras/es poderão encontrar nas páginas que se seguem.

MÉXICO

O México oferece uma figura singular que precedeu a insurgência feminina em toda a região: Juana Inés de Asbaje y Ramírez de Santillana, conhecida como Sor Juana Inés de la Cruz. Essa freira inconformista, nascida em 1648, se serviu da escrita, pois escrever foi uma experiência de gozo e de escape para as que puderam se alfabetizar. Era muito comum que as mulheres criassem pontes com a escrita no regime de isolamento religioso, como já se evidenciou em relevantes pesquisas, de modo que esse aspecto não é o excepcional, mas sim o fato de Juana Inés ter se desenvolvido com notável aptidão em vários gêneros literários e alfinetado sem meias-palavras a condição das congêneres. Parece indiscutível que a célebre freira estava longe de um sermão a favor dos direitos das mulheres — não existia movimento semelhante no século XVII —, mas foi uma crítica sagaz da conduta dos homens, de sua hipocrisia e também de suas limitações intelectuais e morais. As alusões à corporeidade feminina, embora tomem a forma de metáforas, têm incontestável audácia e proximidade semântica, e os estudiosos de suas obras apontam as rupturas de sua escrita, as brechas de insolência que marcam as diferenças com os espíritos vulgarizados. Mas não havia uma trilha feminista que pudesse direcionar os audazes desalentos de Sor Juana Inés e tampouco houve isso até o fim do século XIX, quando se elevaram vozes com clara evidência de fazer uma trilha de identificação entre as mulheres, quase coincidindo com a sanção do Código Civil em 1884, que declarava inferiores as mulheres casadas, tidas como imbecis. A tipificação de "incapazes relativas", como indicava a codificação geral nos países que herdavam o Código Civil napoleônico, implicava um conceito de minoridade, de inteligência limitada dos sujeitos femininos.

Foi nessa parte final do século XIX que circularam no México publicações sustentadas em boa medida por tintas femininas e com certa visão problematizadora, como *Las Hijas del Anáhuac* [As filhas do Anáhuac], *El Álbum de la Mujer* [O álbum da mulher], *El Correo de las Señoras* [O correio das senhoras] e *Violetas del Anáhuac* [Violetas do Anáhuac] — a primeira é de 1873 e a última veio à luz em 1887. Destaca-se especialmente a última publicação, a cargo de duas mulheres sem dúvida importantes, Laureana Wright de Kleinhans, que a dirigiu em 1887, e Mateana Murguía de Aveleyra, que ocupou o cargo em 1889. De acordo com alguns enfoques, embora prevaleçam os conteúdos estereotipados, "femininos", nessa publicação se percebe um aumento dos questionamentos, há certas notas críticas sobre a condição das mulheres e os ares de contestação parecem crescer. Embora, no crescente clima de adversidade provocado pelo longo governo de Porfirio Díaz, tenham se multiplicado consideravelmente as associações entre mulheres, sobretudo nas regiões do Norte, a existência de clubes em diversos lugares não originou uma identificação com os direitos femininos.

Muito provavelmente, o ideal feminista foi incorporado ao próprio turbilhão da Revolução iniciado em 1910 e é a essa década singular da história mexicana que se deve atribuir o surgimento de coletivos dirigidos às reivindicações femininas. Ao menos o debate sobre o sufrágio feminino, uma reivindicação notável das primeiras agências pelos direitos, foi delineado a partir da Revolução. Diversas análises apontaram que, na convulsão criada pela contenda, que durou longos anos e na qual as mulheres tiveram diversas formas de participação, surgiram grupos de mulheres mobilizadas por seus próprios direitos. É que a Revolução introduziu tensões nas fórmulas mais desagradáveis dos estereótipos e, ainda que tenha estado longe de extinguir as velhas estruturas patriarcais, contribuiu para um determinado estremecimento das relações subordinadas.

O marco revolucionário envolveu comunidades inteiras e as diferenças partidárias atingiram as mulheres. Como parte da cultura política liberal, surgiram expressivas manifestações de mulheres desvinculadas do regime porfirista e que desejavam transformações na sociedade mexicana com certo radicalismo. Sem dúvida, as mudanças se tornaram mais sensíveis nas áreas urbanas e em determinados grupos sociais, especialmente entre as camadas médias com mais proximidade dos privilégios econômicos e da experiência letrada. Embora as convenções tenham sido muito rígidas nesses setores, com evidentes exigências sobre a moral sexual, a virgindade até o casamento e o objetivo supremo de incorporar-se a essa instituição em busca dos deveres sagrados da maternidade, como revelaram importantes pesquisas, é plausível imaginar as inflexões e até a franca contestação das regras. Muito provavelmente entre as mulheres de maior nível de educação formal se evidenciaram reverberações de insurgência pública. Muitas das mulheres mobilizadas possuíam educação formal, exerciam o magistério ou tinham outra profissão. É o caso de Leonor Villegas de Magnón, educada em diversas instituições norte-americanas — viveu sua infância na fronteira —, que se envolveu com o ensino e com a assistência a revolucionários por meio de seu trabalho na Cruz Branca Neutra, estimulada por outra mulher singular, Elena Arizmendi Mejía. Magnón enfrentou a acusação de quebrar a neutralidade norte-americana devido à sua ação de ajuda aos refugiados. Escreveu suas memórias em espanhol e em inglês em pleno processo revolucionário — trabalho intitulado *A rebelde* —, mas não chegou a publicá-las em vida.

Elena Arizmendi Mejía — que pertencia a uma família de posses, com longa tradição de serviços militares — é um arquétipo de todo tipo de ousadias. Após a morte de sua mãe, teve de cuidar de seus irmãos mais novos e, casada muito jovem, se separou mais tarde, decidida a estudar enfermagem no Texas. Depois da explosão revolucionária e antes de se graduar, voltou ao México em 1911. Advertida sobre a proibição de intervir em auxílio dos soldados revolucionários feridos, Arizmendi, com outros colaboradores, especialmente médicos e enfermeiras, fundou a Cruz Branca Neutral, que teve como uma de suas primeiras realizações um hospital de campanha em Chihuahua. A organização alcançou uma projeção significativa, com mais de vinte brigadas de assistência. Elena era uma mulher decidida, inteligente e, sem dúvida, independente. Talvez essas características tenham cativado o contraditório José Vasconcelos, o célebre intelectual que anos depois se tornaria reitor da Universidad Nacional Autónoma de México e secretário de Instrução Pública do governo de Álvaro Obregón, cuja migração ideológica para a extrema direita foi muito analisada. A ligação amorosa entre Elena e Vasconcelos foi um escândalo na sociedade mexicana, pois ele era casado, pai de duas crianças e não estava nada disposto a se separar. Sua biógrafa mais importante sustenta que, diante dessa circunstância — mais até do que pelo escândalo —, em 1916 Elena se instalou nos Estados Unidos, primeiro no Texas e mais tarde em Nova York. Permaneceu nessa cidade durante muitos anos e, embora algumas vezes tenha visitado o México, só voltou definitivamente em 1938. Foi nesses anos que sua posição no feminismo foi fortalecida e, ainda que fora de seu país — mas influenciada pelo movimento de mulheres norte-americano —, ela se projetou na sociedade mexicana, à qual continuou estreitamente ligada. Em 1922, fundou com algumas feministas da América Latina, entre elas Paulina Luisi — eminente militante uruguaia —, e espanholas, como Carmen de Burgos, a Liga Internacional de Mulheres Ibéricas e Hispano-Americanas, da qual foi vice-presidenta. A ideia era impulsionar uma perspectiva que permitisse mostrar aspectos próprios da condição das mulheres hispano-americanas e tendia a competir com as iniciativas das norte-americanas. Dentro da Liga, propiciou junto com Sofía Villa de Buentello — uma feminista com posições moderadas, o que não era considerado estranho no contexto da época — a Conferência Mulheres da Raça — tal como se analisou recentemente —, com o objetivo principal de exibir um pensamento em maior consonância com a realidade das mulheres da América Latina, de maior apego à sua idiossincrasia. O termo "raça" — tão inerente ao contexto histórico — aludia a essa perspectiva da mestiçagem, que adquiriu particular estatura em diversos intérpretes e movimentos da região. Não se deve duvidar da influência do próprio Vasconcelos nessa fórmula de celebração do hibridismo hispano-indígena. Elena Arizmendi conseguiu que o *New York Times* publicasse em março de 1924 uma longa notícia sobre a situação do feminismo em seu país, sob o título "New women of Mexico striving for equality" [Novas mulheres do México lutando pela igualdade], que serviu de apoio à conferência que somente pôde acontecer em julho do ano seguinte na Cidade do México. Não há dúvida de que, nos anos 1920, o feminismo havia encontrado maiores adesões entre as mulheres das classes médias, fenômeno registrado em toda a região.

Na história do feminismo mexicano, as experiências desafiantes de meados da década de 1910, protagonizadas por um amplo conjunto de mulheres, constituem um marco. Destacavam-se as dos setores médios e com maior nível de educação formal. Hermila Galindo é personagem fundamental dentre as que atuaram na Revolução. Identificada com os "constitucionalistas", nasceu no estado de Durango e exerceu a docência na região norte do México. Soube conquistar a estima de Venustiano Carranza, de quem foi colaboradora íntima. Entre 1915 e 1919, esteve a cargo da publicação *La Mujer Moderna* [A mulher moderna], que pôs em circulação ideias emancipatórias junto com expressões de adesão ao carrancismo, vínculo que inclusive a levou a escrever o livro *La doctrina Carranza y el acercamiento indolatino* [A doutrina Carranza e a abordagem indo-latina] — também dentro de uma perspectiva de celebração da mestiçagem. Hermila foi protagonista fundamental dos Congressos Feministas realizados em Yucatán no ano de 1916 com o apoio do governador Salvador Alvarado. Houve uma sensibilidade pró-feminista mais acentuada entre os simpatizantes do "constitucionalismo"? É provável que os impulsos em direção à modernização que caracterizaram esse segmento revolucionário permitam sustentar a conjuntura. Os congressos de Yucatán se destinavam a remover as sensibilidades mais tradicionais e a tratar de incidir para afastá-los da influência eclesiástica, como aspiravam Alvarado e seu grupo.

Alvarado era um liberal radical identificado com o socialismo que manifestou um interesse particular na capacitação das professoras — em cuja tarefa apostava —, e as duas reuniões foram a oportunidade para abordar a participação das mulheres na vida pública e ampliar seus direitos, ainda que a promoção do direito ao voto ainda fosse uma possibilidade muito remota. O primeiro dos encontros ocorreu em janeiro de 1916, em Mérida, com participação de mais de seiscentas mulheres. Hermila leu um texto extravagante, "La mujer en el porvenir" ["A mulher no futuro"]; permitiu-se atacar os lugares-comuns do recato, refutou a sexualidade que as mulheres deviam mostrar, o que despertou uma onda de cautela entre as assistentes. Dentre as vozes femininas mais radicais contra os preconceitos naquela sessão memorável se destacou a de Elvia Carrillo Puerto, irmã do influente líder Felipe Carrillo Puerto, que também sustentava pontos de vista menos convencionais. Foi uma importante líder das mulheres de Yucatán, com posições pró-socialistas, fundadora da Liga Feminista Rita Cetina Gutiérrez, em homenagem à docente que havia sido ferrenha defensora da educação laica, poeta e feminista yucateca. Em dezembro de 1916, foi realizado um segundo congresso em Mérida, em que se viu o enfrentamento irreconciliável das posturas, e não somente no que compete aos temas da emancipação feminina.

Em 1917, Hermila Galindo permaneceu estreitamente ligada ao Congresso Constituinte, que sancionou o célebre texto, assistindo de perto às sessões. Nossa protagonista se empenhou para que fosse incorporado o voto feminino aos direitos constitucionais, e os fundamentos de sua petição tiveram muito a ver com a via *maternalista* do feminismo inicial e com as concepções sustentadas na época: o voto feminino serviria para aumentar a moral e a temperança. O "maternalismo" foi uma posição central na representação da condição feminina da maioria dos feminismos da época, já que, longe de dissuadir sobre os valores da maternidade, de renunciar às obrigações reprodutivas, a maioria das partidárias identificou a causa do reconhecimento das mulheres como uma revalorização social da maternidade. Esta constituiu uma âncora inevitável na grande maioria das experiências coletivas feministas até quase meados do século xx.

Em 1918, apresentou-se com ousadia a uma candidatura como deputada e, embora não houvesse expressa exclusão das mulheres, não lhe foi permitido competir eleitoralmente. O afastamento de Galindo da vida pública na década seguinte seguramente tem a ver com o fechamento do ciclo carrancista. Certamente, não foi o único caso em que feministas aprimoradas, após uma etapa de grande compromisso e com decisiva atuação pública, se afastam da vida pública.

Nos anos 1920, a atividade feminista se ampliou, e tudo indica que está longe de representar uma década de enfraquecimento. Em diversos estados mexicanos surgiram grupos, mas é certo que a agenda não foi a mesma em todas as partes. As católicas tiveram a oportunidade de reforçar suas organizações em apoio ao levantamento dos *cristeros* — movimento rural que enfrentou o secularismo radical do governo de Plutarco Elías Calles entre 1926 e 1929, e que foi objeto de violenta repressão.

Dentre as organizações que brigaram por direitos civis e políticos, se encontra o Conselho Feminista Mexicano, que, embora tenha atuado apenas entre 1921 e 1925, foi um coletivo importante para cimentar a agência dos direitos no México. O Conselho foi uma iniciativa de mulheres de esquerda, como Elena Torres, Evelyn Roy e Refugio García, todas militantes comunistas. Apesar de sua curta existência, o Conselho se manifestou num amplo arco de dimensões, já que propôs o voto feminino, a reforma do Código Civil para equiparar as mulheres aos homens, assim como melhorar as condições de empregabilidade que levaram a igualar os salários dos homens e das mulheres, além de advogar pela criação de moradia para as trabalhadoras. A identificação com sua condição foi acentuada neste organismo, que teve como publicação quinzenal *La Mujer* [A mulher], a cargo de Julia Nava de Ruiz Sánchez.

Na mesma época, surgiu a Seção Mexicana da Liga Pan-Americana de Mulheres, que reuniu célebres feministas. Houve convergência com o Conselho em matéria da conquista dos direitos civis e políticos, mas a Liga era moderada no que compete a uma identificação com as demandas das mulheres das classes trabalhadoras, pois sua origem na verdade remetia aos esforços da National League of Women Voters dos Estados Unidos, cujo objetivo principal era unir as representações de todos os países da região na luta pelo voto. Em 1922, representantes de ambos os organismos assistiram à Conferência de Baltimore — convocada pela National League —, a propósito da qual reagiram Elena Arizmendi e suas seguidoras, defendendo um pensamento próprio das mulheres hispano-americanas. Em 1923, aconteceu no México o Congresso da Liga Pan-Americana, que contou com grande assistência, e se ouviram as vozes das mais destacadas figuras do feminismo de então, como Margarita Robles de Mendoza — ferrenha ativista na criação da Seção Mexicana da Liga —, Luz Vera, Matilde Montoya e Columba Rivera, para citar apenas algumas. O objetivo maior daquele congresso foi conquistar direitos civis, políticos, educativos e sociais. Um ano mais tarde, foi realizado o Congresso de Mulheres da Raça — como já mencionei — a pedido da opositora Liga Internacional de Mulheres Ibéricas e Hispano-Americanas, liderada por Elena Arizmendi e Sofía Villa de Buentello. Mas se ampliaram as divergências, especialmente pelas inclinações mais à esquerda de certo grupo de participantes que se contrapuseram às relutantes, e a cisão foi inevitável.

Não se pode deixar de ressaltar o ativismo das mulheres mexicanas nesses anos e o número de congressos ocorridos. Esses eventos também foram dedicados ao combate à prostituição e, novamente, surgiram posições que geraram rupturas. Alguns estados mexicanos conseguiram a sanção do sufrágio, mas foi por breves períodos, como Yucatán — que, sem modificar a legislação para incluir o voto feminino, chegou a ter três deputadas, dentre as quais Elvia Carrillo Puerto —, San Luis Potosí e Chiapas. Mais ao fim da década houve uma série de episódios políticos que levaram a novas articulações, como aconteceu por conta da candidatura presidencial de José Vasconcelos, em 1929, que conseguiu uma interessante mobilização feminina. Embora se encaminhasse para a direita, em seu programa político, com aspecto democrático, figurava o sufrágio feminino. O fim da década esfriou com essa candidatura que foi severamente hostilizada e, depois de uma tentativa violenta de resistência, Vasconcelos foi forçado a se exilar nos Estados Unidos.

Nessa conjuntura, foram planejadas a institucionalidade do movimento revolucionário e as formas da alternância para preservar a governabilidade. Assim, foi moldado o Partido Nacional Revolucionário (PNR) em 1929, força central na vida política mexicana que evoluiu, quase uma década depois (em 1938), para o Partido da Revolução Mexicana (PRM), antecedente do atual Partido Revolucionário Institucional (PRI). No PNR houve um segmento de mulheres denominado Ação Feminista, com importantes figuras, como a citada Margarita Robles de Mendoza, mas havia questões relacionadas ao voto feminino. Algumas militantes — como Margarita — manifestavam um sentimento que ainda era recorrente entre os setores mais progressistas e que perdurou muito: o temor de que as mulheres se inclinassem a ideias, posições e candidaturas conservadoras. É provável que tenha havido certo estancamento da luta por essa prerrogativa até meados da década de 1930? Talvez. Mas deveriam ser analisadas a conjuntura internacional, as preocupações das progressistas sobre os avanços das direitas na ordem mundial, que inibia energia para os "direitos próprios", e certo foco nos problemas das classes trabalhadoras. Essa parece ter sido a missão da Frente Única dos Direitos da Mulher, que, com viés marxista, se iniciou em 1935, demandando que houvesse melhora nos salários e nas condições de vida das trabalhadoras. Tratou-se de um movimento muito importante, no qual mais de 50 mil mulheres se mobilizaram por todo o México. Dentre suas militantes, se destacaram Ofelia Domínguez Navarro e Matilde Rodríguez Cabo, que propuseram, em 1936, a descriminalização do aborto, para além das causas da violação e riscos de saúde, que não eram passíveis de punição na maioria dos estados mexicanos. Mais tarde, a Frente se encaminhou à defesa dos direitos cívicos das mulheres, de modo que foi uma das forças que contribuiu para que o presidente Lázaro Cárdenas se dispusesse a cumprir a promessa eleitoral do voto feminino, e este foi sancionado pelas câmaras de deputados e de senadores em 1938 sem maiores resistências, mas não pôde ser mais paradoxal o processo que se seguiu, já que não houve promulgação efetiva da lei. Para quem não estudou, esse fato pode se explicar apenas à luz da cautela, do alarme que despertava "o fantasma do conservadorismo das mulheres". A reforma constitucional que finalmente incorporou o voto feminino ocorreu em 1953. Nas décadas intermediárias, desde o início não faltou mobilização feminina, e muito menos atuação feminina na esfera pública. O decorrer dos anos 1940 tem algumas manifestações que ressoam como uma volta aos velhos estereótipos, embora tenha havido várias transformações culturais no período. Essa espécie de involução não significa que estavam faltando mulheres que conseguiram se destacar, como Amalia González Caballero de Castillo Ledón, personalidade na qual se exibiram as contradições entre a adesão aos direitos das mulheres e a reserva tradicional de suas funções. Castillo Ledón foi provavelmente uma das figuras exemplares da modernidade que o Estado mexicano desejava manifestar. Talvez com certo fulgor celebratório da "nova mulher" que representava o desejo de um México reordenado e como um símbolo de seu compromisso com quem deviam ser exaltadas por suas contribuições à vida familiar, à pacificação e ao redirecionamento da economia, Castillo Ledón foi uma singular representante: pertencia à classe média alta, era letrada, inteligente, moderada e muito atraente. Integrou a Comissão Interamericana de Mulheres (CIM) durante alguns anos e foi delegada pela comissão dedicada às mulheres no Conselho Econômico e Social das Nações Unidas. É indiscutível a influência da CIM e, de modo direto, a de Castillo Ledón na preconização do direito ao voto na região. Sustentou-se como uma estratégia da conduta observada por Castillo Ledón, que parecia não ter interesse pelo poder, era omissa a seus encantos, mas que podia controlar as operações destinadas a manter seu vínculo com as altas esferas. Embora com contradições em relação à condição feminina, como era comum na época, Castillo Ledón não deixou de apoiar o movimento pelo voto, inspirando o coletivo Aliança das Mulheres do México.

Muitas feministas de meados do século passado não puderam evitar as tensões com o "dever ser", ordenado de modo patriarcal, e as próximas às esquerdas não deixavam de apontar que, antes de mais nada, se impunha a transformação das relações de classe. Apesar das dificuldades, as mulheres tiveram acesso a alguns direitos, e não se podem omitir determinadas conquistas até o início da década de 1950, como o divórcio vincular desde 1914 e a Lei de Relações Familiares, ao que se somaram as reformas de 1928, que ampliaram as prerrogativas das mulheres em âmbito privado; também a Constituição de 1917 assegurou a igualdade salarial e o Estado se responsabilizou pela proteção da maternidade.

Entre a obtenção do voto em 1953 e os anos 1970, encontra-se um intervalo durante o qual a sociedade mexicana viveu numerosos conflitos. A inaugural promessa revolucionária havia ido por água abaixo e surgiram os primeiros exames críticos sobre as derivações do movimento instável no país desde 1910. Eram inevitáveis os agudos contrastes sociais, a marginalização das populações indígenas — que representavam uma singular magnitude demográfica —, a concentração da riqueza e a maior influência que os Estados Unidos haviam ganhado, apesar das retóricas negacionistas. Os anos 1960 experimentaram a radicalização de diversos grupos à raiz da Revolução Cubana, e se tensionaram sobretudo as posições a favor e contra sua orientação decididamente socialista. Em outubro de 1968, desatou-se uma feroz repressão em Tlatelolco, que representou um corte decisivo naquele ciclo. Entre as centenas de abatidos, houve numerosas mulheres. Durante a década de 1960, as universidades ampliaram notavelmente sua participação, a presença das mulheres no mercado de trabalho se expandiu, e já não era mais tão raro se encontrá-las em esferas antes reservadas aos homens. Para o surgimento do *novo movimento feminista*, deve-se levar em conta os acontecimentos da conjuntura e a influência direta, devido à proximidade, das protagonistas norte-americanas da "segunda onda". Cabe a hipótese de certa antecipação das mexicanas em matéria de problemas, temas e teoria, pelo menos se comparado à experiência dos feminismos no Cone Sul, como se tentará mostrar neste relato. Apesar das tensões apontadas, o México não havia interrompido em absoluto o Estado de Direito, ao contrário das nações do Cone Sul. A abundante livre circulação da nova agenda feminista não estava afetada pela repressão que se exercia, por exemplo, no Brasil, na Argentina e no Chile, países dominados por ditaduras militares. Tampouco a possibilidade de se agrupar, de fundar organizações para levar adiante o novo programa de reivindicações. A cena mexicana foi povoada de novas ativistas com notável mudança de programa: foram denunciadas as formas de submissão patriarcal, eliminou-se a obediência "maternalista" e houve explícitas manifestações sobre a liberdade em matéria de contracepção e sexualidade. De modo singular, apareceu a denúncia da violência exercida contra as mulheres, em particular no âmbito doméstico, de modo que a agenda teve uma dramática transformação. Surgiram numerosos coletivos, dentre os quais os mais importantes foram o Movimento Nacional de Mulheres, o Movimento Feminista Mexicano, Mulheres em Ação Solidária, o Movimento de Libertação da Mulher, A Revolta, o Coletivo de Mulheres, o Grupo Lesbos, a Coalizão de Mulheres Feministas. Não faltaram os desencontros nem as cisões, e um desses efeitos foi a criação em 1979 da Frente Nacional pela Liberação e os Direitos das Mulheres. Foi em meados dessa década de mudanças tão enérgicas que surgiu a *Fem.: Publicación Feminista Trimestral* [Fem.: Publicação feminista trimestral], sem dúvida um acontecimento para toda a região, pois constituiu um alimento substancial para as feministas da América Latina. Alaíde Foppa, Margarita García Flores, Elena Poniatowska, Elena Urrutia, Lourdes Arizpe, Esperanza Brito de Martí e Marta Lamas integraram a *Fem.*, que perdurou no formato impresso durante quase trinta anos. Alaíde Foppa foi escritora e poeta, além de uma feminista notável. Com pai argentino e mãe guatemalteca, nasceu em Barcelona em 1914, viveu um período na Argentina e também morou na Itália, até que em 1943 se radicou na Guatemala. Participou do ciclo das transformações do governo de Jacobo Árbenz e, quando este caiu, se exilou no México. Seu filho Juan Pablo foi morto quando participava das ações do Exército Guerrilheiro dos Pobres (EGP) na Guatemala. Alaíde voltou à Guatemala em 1980 para renovar seu passaporte, quando foi sequestrada e assassinada. Foi uma voz singular no novo cenário aberto pela renovação feminista.

Margarita García Flores havia se formado em contabilidade e trabalhou como jornalista. Elena Poniatowska já era uma escritora renomada no cenário mexicano. Elena Urrutia estudou psicologia e aprofundou seu conhecimento de literatura francesa em sua temporada na Bélgica e, desde 1970, participou de ações feministas. Lourdes Arizpe se especializou en antropologia e, em 1975, concluiu o doutorado na London School of Economics and Political Science. Marta Lamas, uma das mais jovens do grupo, foi uma das principais vozes do feminismo da região. Esperanza Brito de Martí, que dirigiu a *Fem.*, contribuiu para o surgimento da organização Movimento Nacional de Mulheres e foi uma ferrenha defensora dos direitos sexuais.

Em 1974 houve importantes modificações na lei civil mexicana, algo visto como uma contribuição ao Ano Internacional da Mulher (1975), instituído pelas Nações Unidas, cuja reunião central aconteceria na Cidade do México. De fato, nesse ano o México foi a sede da primeira Conferência Mundial dedicada à condição das mulheres impulsionada pela ONU, à qual compareceram representantes de 133 países. Um dos aspectos mais importantes foi o Fórum Paralelo — ou Tribuna —, do qual participaram mais de 6 mil mulheres. O documento final da Conferência foi centrado nas três questões propostas — *igualdade, desenvolvimento* e *paz* —, e quase não houve lugar para os debates das mulheres que participaram do Fórum. Foram notáveis os contrapontos entre figuras como a célebre feminista norte-americana Betty Friedan, pioneira no movimento da "segunda onda" norte-americana, e a ativista boliviana Domitila Barrios de Chungara, que havia sido uma resistente da zona mineira boliviana e seus testemunhos originaram o texto *Si me permiten hablar... Testimonio de Domitila* [Se me permitem falar... Testemunho de Domitila]. Chungara manifestava uma opinião contundente entre o ativismo de esquerda que asseverava que o fundamental era a luta contra o sistema de exploração, e não contra os "companheiros homens". Os contrapontos foram moeda corrente naquela reunião histórica. As perspectivas eram diametralmente opostas em matéria de sexualidade, pois havia defensoras do lesbianismo e do completo reconhecimento à homossexualidade, como ocorreu com Laurie Bebbington — jovem representante australiana —, que originou manifestações contrárias e uma recepção negativa de boa parte das assistentes, postura que também assumiu Adelina Zendejas, integrante da Frente Única Pró-Direitos da Mulher. Nancy Cárdenas, uma militante mexicana dos direitos das mulheres lésbicas que concordou com Bebbington e suas companheiras, foi agressivamente interceptada na saída do Centro Médico Nacional — lugar do Fórum —; no entanto, tais atitudes não abalaram as decididas, e várias mulheres mexicanas identificadas como lésbicas assinaram um documento solicitando um maior reconhecimento da sexualidade dissidente.

As posições contra o aborto foram originadas, em grande medida, pelas representantes das organizações dos países periféricos, e boa parte das latino-americanas não se diferenciou de seus congêneres provenientes de países islâmicos. Os conflitos em torno da sexualidade e da não reprodução foram muito fortes, tanto quanto os que suscitavam as disputas contra o imperialismo. Mas aquelas tramas intrincadas geraram consequências: em 1976, a Coalizão de Mulheres Feministas, que reunia pelo menos seis grupos de militantes, apresentou o projeto de interrupção voluntária da gravidez.

Nos anos 1980, acentuaram-se as denúncias contra a violência, estendeu-se a crítica à heterossexualidade normativa e se reivindicou a inclusão política. Os núcleos feministas se multiplicaram, disseminando especialmente os debates acerca dos direitos inerentes ao corpo, ao aborto e à sexualidade. No entanto, algumas opiniões denunciaram o aspecto assistencialista que dominava a cena da atuação de diversos núcleos militantes e não escapava o falatório que originou a chamada "ONGnização" do feminismo, recorrente sobretudo no México, onde havia conflitos pela recepção de recursos internacionais destinados à assistência a mulheres, com notável desenvolvimento durante essa década. Não obstante, sustentou-se que nessas décadas se manifestaram formas de *feminismo popular* e que, sem dúvida, esse fenômeno deve se somar às singulares transformações dos movimentos sociais no México. É muito difícil mencionar a diversificação de agrupamentos, até porque alguns tiveram curta existência, embora tenham dado lugar a novas expressões. No 8 de Março de 1987 o *Suplemento Doble Jornada* [Suplemento Dupla Jornada] passou a ser publicado como uma seção do jornal *La Jornada* na edição das segundas-feiras. No grupo inicial estiveram Sara Lovera — acendrada mantenedora da empresa —, Rosa María Rodríguez e Dolores Cordero, e em sua primeira apresentação se dizia: "Contra o que possa supor-se, este olhar não é exclusivo da mulher. Parte dele e do que lhe afeta, não apenas porque se trata da metade da população, mas sim porque essas questões dizem respeito a todos, embora nem todos as vivam da mesma forma, insere-se nos problemas básicos de nosso país e expressa, finalmente, a necessidade de uma mudança radical." Dentre os acontecimentos que somaram forças e mais militantes está o IV Encontro Feminista Latino-Americano e do Caribe, realizado em Taxco, Guerrero, em outubro de 1987. Muitas mulheres discutiram nesse evento diversas dimensões da existência e, ainda que não tenham faltado dificuldades para se compreender, tomaram a palavra para anunciar o que as feministas deviam fazer em relação a contradições de classe, aos imperativos existentes da maternidade, às políticas dos partidos de esquerda, à situação das mulheres em Cuba (houve um importante grupo de cubanas presentes), e abundaram os manifestos sobre a sexualidade livre e o reconhecimento das relações lésbicas.

Durante os anos 1990, os feminismos decididamente se estenderam ao âmbito universitário. Deve-se dizer que o impulso veio de numerosas ativistas da docência universitária e das novas condições socioculturais — nacionais e internacionais —, assim como da existência de publicações de grande qualidade. É o caso de *Debate Feminista*, criada por Marta Lamas e mantida por mais de 25 anos (na atualidade, a publicação está sob direção do Centro de Pesquisas e Estudos de Gênero da UNAM), que tem uma história excepcional. Marta confessou, em *Debate Feminista*, como a palestra que ouviu de Susan Sontag na UNAM em 1971 foi um marco em sua vida, e como o feminismo mudou sua trajetória, a importância que tiveram Marie Langer e Haydée Birgin — argentinas exiladas no México — e a aproximação com esse notável iconoclasta que foi Carlos Monsiváis. A revista exerceu uma influência incontestável na política e na academia e foi um dos mais qualificados êxitos entre as publicações feministas. Vários centros e programas universitários surgiram precedidos por uma vasta quantidade e diversidade de cursos em diferentes unidades, empreendimentos pioneiros da década de 1980. Entre os primeiros centros dedicados aos estudos acadêmicos das mulheres da América Latina se encontra o Programa Interdisciplinar de Estudos da Mulher (Piem), formalmente instituído em março de 1983 no Colégio de México, graças à atividade propulsora de Lourdes Arizpe e Elena Urrutia. Esta última localizou os antecedentes dessa iniciativa no Primeiro Simpósio Mexicano-Centro-Americano de Estudos da Mulher (1977), nos Simpósios Mexicanos da Mulher (1981, 1982, 1983) e no quarto Congresso Interamericano de Escritoras (1981). Em 1982, a UAM-Xochimilco começou a desenvolver um programa dedicado a examinar a condição das mulheres no Departamento de Política e Cultura, e em 1983 se iniciou um ciclo sistemático, no mesmo departamento, sob o título Mulher, Identidade e Poder. Com o propósito de especializar quem se interessava por esse conhecimento, em 1989 começou o ser oferecido o curso de atualização em Estudos da Mulher. A criação do mestrado em Estudos da Mulher data de 1997 e foi uma contribuição singular nos estudos de pós-graduação da região. Em

1992, surgiu o Programa Universitário de Estudos de Gênero (PUEG) na Universidad Nacional Autónoma de México, sob a direção de uma destacada filósofa feminista, Graciela Hierro. A proposta era ligada aos objetivos do Grupo Autônomo de Mulheres Universitárias (Gamu), que desde 1979 reunia grande quantidade de universitárias que levaram adiante um ciclo de atividades visando aprofundar o conhecimento em diversas dimensões das teorias feministas. A primeira atividade foi na Faculdade de Psicologia em 1984. O PUEG tinha como objetivo principal servir de apoio a diversas pesquisas sobre a condição das mulheres na própria UNAM e fortalecer as ONGs que se dedicavam aos problemas das mulheres, mas não se propôs a criar disciplinas ou cursos regulares formativos, embora sem dúvida tenha desenvolvido numerosos ciclos para debater a condição feminina. Recentemente, o Programa se transformou no Centro de Pesquisas e Estudos de Gênero (Cieg, na sigla em espanhol).

A história mais recente do feminismo mexicano revela uma profusão de protagonistas e de organismos que merecem uma atenção especial. Seguramente, trata-se de uma nova fase. Devemos às militantes mexicanas uma contribuição incalculável em matéria de política e de conceituações nos estudos de gênero, e não se pode deixar de mencionar que a adaptação do termo "feminicídio" se deve a Marcela Lagarde, singular analista e militante. Recapitulando a história que acaba de ser costurada, o longo exercício dos feminismos mexicanos pode ser segmentado em três períodos: um inicial, que chega em meados da década de 1930 — bastante influenciado pelo processo revolucionário —, outro intermediário, talvez menos incisivo em demandas até a renovação da década de 1970 —, que comporta claramente um divisor de águas nas subjetividades e nos programas —, e os anos mais recentes do novo século, quando os feminismos se diversificaram diante da explosão da polaridade genérica. Refiro-me ao fato de que a maioria das posições abdicou da exclusiva referência aos gêneros polares (homem *vs.* mulher) que a maioria das teses e das políticas argumentam atualmente, e de maneira enfática, a favor da diversidade sexo--genérica. O arco das sexualidades alarga consideravelmente as possibilidades de identificação em matéria de sexualidade e de gênero, e não há dúvidas de que os movimentos feministas funcionam hoje, em sua grande maioria, como um estímulo contra as pretendidas regências biológicas binárias.

Qualquer que seja o período considerado, os movimentos de direitos das mulheres no México oferecem singularidades e matizes próprios na enorme trilha reivindicativa da região e representaram uma poderosa roldana para os feminismos latino-americanos.

GUATEMALA

O percurso pela América Central começará pela Guatemala, cuja realidade liberal era promissora devido às leis civis promulgadas no fim do século XIX. Foi o primeiro país que sancionou o divórcio vincular por consentimento mútuo em 1894, para o qual talvez tenha pesado a influência das mulheres letradas que se identificaram com certas demandas, algumas das quais estiveram ligadas ao jornal *La Voz de la Mujer* [A voz da mulher], dirigido por Vicenta Laparra de la Cerda em 1885, e provavelmente com *El Ideal* [O ideal], publicado entre 1887 e 1888. Não podem deixar de ser ressaltadas as diferenças étnicas e históricas que dividiam as próprias mulheres: a maioria correspondia a lugarejos originários de diversas identidades, ao menos quinze etnias, predominantemente de ascendência maia. Entre 1898 e 1920, a Guatemala viveu sob o governo autoritário de Manuel Estrada Cabrera e o fim desse ciclo foi uma promessa para os renascidos sentimentos democráticos. Em 1921, as forças liberais estiveram muito próximas de sancionar o voto das mulheres: no plenário do Legislativo se perdeu apenas por um voto, e é importante lembrar também o pacto que reunia as nações centro-americanas — a denominada República Federal da América Central, por fim fracassada —, que havia estabelecido uma constituição nesse mesmo ano e incorporado de maneira muito limitada o direito ao voto feminino.

Dentre as organizações decididas a apoiar os direitos das mulheres nessa década se encontram o Clube Unionista Feminino Carlota Corday e a Sociedade Gabriela Mistral, que, surgida em 1925, teve uma posição teosofista. Não surpreende que tenham amalgamado as ideias da teosofia com as posições favoráveis às mulheres. A "doutrina secreta", uma conjunção filosófica e religiosa baseada em concepções evolucionistas que por onde se expandiu atraiu a adesão de mulheres à época. Encabeçada por Helena Blavatsky, passando depois à regência de Annie Desant, a doutrina atraiu seguidores também entre as alas socialistas e livre-pensadoras.

Sustenta-se com sólida argumentação que a Guatemala estava no desfiladeiro de duas ditaduras no início da década de 1920, e isso influenciou notavelmente para que a geração dessa década assumisse o compromisso de uma modificação das práticas políticas, das sensibilidades culturais e a favor do progresso social. Tratava-se de impulsionar um novo modelo de nação com fortes tons de nacionalismo e com vontade de ampliar um movimento progressista. Nesses anos havia três publicações que dedicavam notas à condição feminina, *Studium*, *Tiempos Nuevos* e *Vida*, mas esta última parece ter sido o órgão teosofista. Para Graciela Rodríguez, uma destacada escritora de meados daquela década que publicava nesta revista, a mulher havia estado sempre de joelhos e agora se erguia: "Sua inferioridade não existe." Naquela época também se criou a seção da Liga Internacional de Mulheres Ibéricas e Hispano-Americanas, já mencionada no capítulo anterior. No feminismo guatemalteco sempre contaram as ideias das espanholas, registrando-se em particular uma adesão às figuras representantes da emancipação, sobretudo por meio da educação, como Emilia Pardo Bazán.

Em novembro de 1925, a Guatemala viveu o que parece ter sido o primeiro movimento de greve protagonizado por mulheres na América Central, num contexto de agravamento dos conflitos sociais. Tratava-se das trabalhadoras que classificavam o café, e seu movimento durou alguns dias sem que se esperasse uma forte repressão, embora tenha havido detenções. Entre as reivindicações, além da carga horária, salários, extinção de multas, encontrava-se a exigência: "que não seja um homem quem as reviste na saída, mas sim uma mulher".

A Guatemala viveu durante longos anos situações difíceis com governos ditatoriais, favoráveis aos interesses dos Estados Unidos. Sua história mostra a permanente deterioração das condições de vida dos trabalhadores, em particular do indigenato rural, até a revolução cívico-militar de outubro de 1944, que levou o governo ao triunvirato de Jacobo Árbenz, Francisco Javier Arana e Jorge Toriello Garrido. Em 1945, pela primeira vez ocorreram eleições livres, elegendo Juan José Arévalo, que empreendeu reformas institucionais, educativas e sociais, mas não pôde evitar o confronto com os setores médios e com as posições mais conservadoras. Em 1950, acedeu ao governo Jacobo Árbenz, o qual levou adiante reformas econômicas, políticas e sociais incisivas, como a reforma agrária, pela qual precisou enfrentar os interesses norte-americanos, em especial a United Fruit Co., que era um empório dominante na América Central. O temor de que a Guatemala "caísse no comunismo", como afirmavam os organismos dos Estados Unidos, fez com que eles finalmente participassem de maneira direta do golpe que destituiu Árbenz do poder em 1954, uma manifestação da Guerra Fria na América Latina.

Nesse lapso de "primavera democrática", os governos de Arévalo e Árbenz reviveram as formulações feministas, sobretudo em virtude do voto obtido em 1945, embora tenha alcançado apenas as mulheres alfabetizadas. A medida estava em boa parte ligada às reivindicações da União Feminina Guatemalteca Pró-Cidadania (1944), que reunia quem sustentava o direito ao voto, como Angelina Acuña de Castañeda, Elisa Hall de Asturias, Irene de Peyré e Graciela Quan Valenzuela, que, anos mais tarde, foi representante na Comissão Interamericana de Mulheres e nos governos posteriores representou a Guatemala nas Nações Unidas. Não se pode deixar de ressaltar que, em agosto de 1947, foi realizado na Guatemala o Primeiro Congresso Interamericano de Mulheres, a pedido da Liga Internacional de Mulheres pela Paz e a Liberdade, ocorrido na Europa.

María Cristina Vilanova de Árbenz, esposa do presidente, realizou medidas assistencialistas dedicadas às mulheres e crianças. Ela foi severamente desmoralizada por mulheres das forças conservadoras, segundo se pode constatar em sua autobiografia e em entrevistas concedidas. Durante os anos 1950, surgiram novas organizações femininas à esquerda, como a filial da Federação Democrática Internacional de Mulheres, e também de opositoras como a Central Anticomunista Feminina, criada em 1952. O golpe militar abriu um novo ciclo autoritário, de perseguição das esquerdas e de involução das conquistas sociais; a população indígena foi submetida a maior exploração, os abusos se tornaram recorrentes, e as mulheres, objeto de maiores injustiças. Com leves interregnos de governos estabelecidos por meio de eleições, as tensões entre os grupos sociais se acirraram e, como ocorreu em todos os países da região, surgiram grupos guerrilheiros com o objetivo de produzir mudanças radicais na sociedade.

Em 1967, foi assassinada Rogelia Cruz Martínez, Miss Guatemala quando adolescente e que anos mais tarde ingressou na militância política unindo-se a uma das frentes guerrilheiras. A repressão, especialmente contra as populações aborígenes, foi uma das mais ferozes da região, sobretudo sob o governo de Efraín Ríos Montt (1981-1982), e são muitos os relatos das formas cruéis empregadas contra as mulheres. Entre 1991 e 1996, foram levados à frente os Acordos de Paz entre os governos da Guatemala e da Unidade Revolucionária Nacional Guatemalteca (URNG), que continha também um Setor de Mulheres, e se estabeleceram as condições da pacificação. Em 1994, originou-se a Comissão para o Esclarecimento, que indagou as violações aos direitos humanos no país, em que há registros de mais de 250 mil assassinatos e desaparições; mais de 80% das vítimas correspondem a membros de comunidades nativas. Nas circunstâncias vividas por este país, foi bem difícil a possibilidade de construir movimentos feministas duradouros; embora as mulheres tenham tido forte participação nos movimentos sociais, enfrentaram as forças repressoras e puderam encontrar vias de organização específicas, sobretudo no início do novo século, uma delas o Fórum da Mulher, derivado do Setor de Mulheres. Em 1992, Rigoberta Menchú, da etnia quiché e sobrevivente do massacre de sua família, recebeu o prêmio Nobel da Paz. Na última década, multiplicaram-se os grupos de reivindicação de direitos e, em 2015, pela primeira vez ocupou uma vaga no Congresso guatemalteco uma feminista e ativista lésbica, Sandra Morán Reyes, que desde adolescente participa das mobilizações populares. Os grupos feministas cresceram e os motivos de sua agência foram se modificando, dando amplo lugar ao problema da violência, da orientação sexual, do direito a limitar a maternidade, com a inclusão imprescindível das indígenas, cuja representação equivale à metade do total das mulheres, mas o contexto político condicionou fortemente essas expressões.

EL SALVADOR

Em El Salvador houve associações femininas desde o fim do século XIX e seguramente não faltaram mulheres aguerridas, como ocorreu na particular conjuntura de abril de 1894, ocasião do levante contra o general Carlos Ezeta — que governava ditatorialmente com seu irmão Antonio. Nos ecos produzidos pelo grupo dos "quarenta e quatro", como os insurgentes eram chamados, participaram algumas mulheres, embora apenas recentemente tenha havido um reconhecimento historiográfico dessa atuação.

O desenvolvimento das ideias feministas no país se deve especialmente a Prudencia Ayala, indígena de origem muito humilde que se alfabetizou com muita dificuldade. Em 1913, ela escrevia num jornal de certa circulação na região ocidental do país, e eram expressivas suas manifestações em favor dos direitos das mulheres, a mesma coisa se pode dizer em relação aos seus sentimentos anti-imperialistas. Tratava-se de uma jovem à qual se atribuíam propriedades de vidente, provavelmente uma fórmula que ela mesma, de modo estratégico, encarregava-se de difundir. Em 1919, foi presa por ter ofendido um prefeito, mudou-se depois para a Guatemala e lá também foi presa sob acusação de atuar contra o presidente Estrada. Escreveu sobre isso em seu livro *Escible: Aventuras de un viaje a Guatemala* [Conhecível: Aventuras de uma viagem à Guatemala]. Conjetura-se que, em 1922, participou de agitações sociais que foram duramente reprimidas pela Guarda Nacional. Escreveu textos de certa envergadura poética: *Inmortal, amores de loca* [Imortal, amores de louca] (1922), *Luz de Orión* (1924) e *Fumaba mota* [Fumava maconha] (1925). No fim dessa década, fundou o *Redención Femenina* [Redenção feminina], jornal dedicado à defesa dos direitos das mulheres. Em novembro de 1930, candidatou-se à presidência da nação com um programa que, além de promover os direitos das mulheres, defendia a sindicalização dos trabalhadores. Foi a primeira mulher a lançar tal candidatura em El Salvador, em nome do grande Partido Feminino Salvadorenho, mas não lhe foi permitido competir. Dentre suas realizações, deve-se a ela o Círculo Feminino Teclaños, dedicado à conquista dos direitos das mulheres.

Sob o regime ditatorial de Maximiliano Hernández Martínez houve repressões gravíssimas: deve-se lembrar que, em 1932, por causa dos protestos de camponeses indígenas, foram mortas em torno de 25 mil pessoas, e ainda não é possível saber se Prudencia Ayala participou da resistência naquela dramática conjuntura. Em 1939, foi sancionado o voto qualificado por idade, situação conjugal e grau de escolaridade, e ainda que El Salvador tenha sido o primeiro país da América Central a aprovar esse direito, a situação permanecia a mesma para as mulheres – uma vez que 80% delas eram analfabetas. A queda de Hernández ocorreu em 1944 e coincidiu com um despertar dos grupos femininos, como a Frente Democrática Feminina, liderada pela escritora Matilde Elena López — também conhecida por sua militância antifascista —, que motivou o jornal *Mujer Demócrata* [Mulher Democrata]; a Associação de Mulheres Democráticas que publicou o *Tribuna Feminista*; a Liga Feminina Salvadorenha, que se expressava no *Heraldo Femenino* [Arauto feminino], dirigido por Ana Rosa Ochoa, escritora e dona da livraria Claridad, que foi um lugar iconoclasta de encontros de intelectuais e revolucionários. No fim da década de 1940, foi fundada a Liga Feminista Salvadorenha, que teve forte atuação para a sanção do voto em 1950. Importante lembrar que, nesse intervalo, o Partido Revolucionário de Unificação Democrática (Prud) teve uma corrente dedicada a mulheres. Em 1956, surgiu o agrupamento Fraternidade das Mulheres, que tinha acentuada preocupação com as trabalhadoras e camponesas, além de uma perspectiva política radicalizada, já que estava ligado ao Partido Comunista. Dentre seus militantes estavam Berta Deras de Aguiñaga Carranza, a própria Ana Rosa Ochoa, María e Lilian Jiménez (mãe e filha), Rosa María de Castellanos e Tulita Alvarenga.

Nas décadas de 1970 e 1980, o movimento de mulheres esteve condicionado pelas urgências que as esquerdas apresentavam — entre as quais estava o Partido Comunista —, em busca da transformação social radical. Entre os grupos que atuaram nesses anos estavam a Associação de Mulheres de El Salvador (Ames) — vinculada ao Bloco Popular Revolucionário —, a Associação de Mulheres pela Democracia Lil Milagro Ramírez — em homenagem à jovem militante desaparecida e assassinada em 1979 —, a Associação de Mulheres Salvadorenhas (Asmusa); a Federação de Mulheres Salvadorenhas e a Organização de Mulheres pela Paz.

Em 1980, formou-se a Frente Farabundo Martí para a Liberação Nacional (FMLN), com vários agrupamentos centrados na ação guerrilheira sob a liderança de Salvador Cayetano Carpio, cujo nome de guerra era comandante Marcial. Em 1983, houve um acontecimento fatídico, o brutal assassinato da segunda de Marcial, a comandante Ana María — cujo nome verdadeiro era Mélida Anaya Montes —, que estava vivendo na Nicarágua. Haviam se acirrado os desacordos internos, representados por uma facção que queria alguma forma de negociação, na qual se situava Mélida, e outra que se opunha à luta armada sem interrupção, como sustentava Marcial. Este foi acusado de assassinato, mas a justiça atribuiu a responsabilidade a um membro de seu grupo, Rogelio Antonio Bazzaglia, embora a opinião generalizada susentasse que foi ordenado por Marcial; dias depois, este se suicidou. Ainda é muito obscura a trama do assassinato e do suicídio, mas Mélida se tornou um marco na reivindicação dos direitos das mulheres. As ações do FMLN tiveram alguns êxitos, mas a repressão foi muito violenta e não cessou nem mesmo no início dos anos 1990, quando começaram as negociações que levaram aos Acordos de Paz. A guerra civil foi um período sombrio que fez inúmeras vítimas, muitas produzidas de modo completamente ilegal pelos organismos de segurança. Milhares de pessoas desapareceram, e são muitos os relatos da repressão cruel. A Comissão da Verdade surgida dos Acordos informou o desaparecimento de um grande número de crianças, e supõe-se que muitas foram adotadas ilegalmente por famílias estrangeiras. Estima-se que 30% dos que combateram eram mulheres, embora, como ocorreu com outras experiências guerrilheiras na região, tenham sido pouquíssimas as que chegaram a altos cargos, como foi o caso de Mélida Anaya Montes. As organizações feministas traçaram seu caminho em meio a adversidades, em contextos de severos fustigamentos, mas exibindo uma particular resistência. Em 1991, surgiu o grupo As Dignas, com um programa que nesses anos intensificou o clamor por direitos, e o Movimento de Mulheres Mélida Anaya Montes, conhecido como As Mélidas, que também o fez de uma perspectiva de esquerda. Não parou de crescer o variado arco dos feminismos durante toda essa década, com o objetivo de aniquilar a violência e assegurar a livre determinação das mulheres.

HONDURAS

A história política e social de Honduras compartilha muitas das vicissitudes das nações da América Central, com algumas das quais esteve em litígio desde o fim do século XIX até o início do século XX. Dentre as pessoas que reivindicaram um tratamento mais igualitário às mulheres nas primeiras décadas do século XIX, está o frade José Trinidad Reyes, figura-chave da Universidade de Honduras, que escrevia sob o pseudônimo de Sofía Sayers: "Peço, unicamente, a igualdade de educação. Peço que se considere que as almas não têm sexo, que o gênio e talento femininos são tão perfectíveis quanto os do homem, e que é claro que, formados com tanta igualdade de faculdades — se não posso dizer com maiores dotes —, é contrariar a vontade providencial deixar de cultivar suas inteligências."

Ainda que desde 1894 tenham havido debates parlamentários para outorgar o voto às mulheres, nenhum deles prosperou até meados do século XX, mas vale destacar que, em 1906, a reforma do Código Civil livrou as mulheres casadas dos plenos poderes do marido. No início da década de 1920, houve enorme instabilidade devido à cruel guerra civil e, em 1929, a grande crise internacional, conhecida como a Grande Depressão, assolou toda a região, promovendo a quebra do Estado de direito e a ascensão de governos ditatoriais, inclusive em Honduras. Foi nessa década que surgiram grupos mais influentes de mulheres, dentre os quais a Sociedade Cultura Feminina (1926) ocupa um lugar especial, integrado por uma das mulheres de maior reconhecimento em Honduras, Visitación Padilla. Tratava-se de uma educadora e escritora que havia participado em 1913 da fundação do Ateneu de Honduras — cuja enorme maioria era composta de homens — e que tinha expressado claros sentimentos anti-imperialistas na encruzilhada da intervenção norte-americana em 1919. Na Sociedade a acompanharam, entre outras, María Luisa Medina — sua primeira presidenta —, Graciela Amaya de García, Antonieta Jesús, Eva Sofía Dávila, Goya Isabel López, Flora Suazo, Ángela e Genoveva Andino, Natalia Triminio, Rosita Amador, Mariana e Ceferina Elvir. Visitación estimulou — como ocorreu com muitas ativistas do período — ações de "temperança" para combater o alcoolismo, e não se deve esquecer que a Liga Antialcoólica (1930) foi integrada por mulheres. Para uma importante historiadora hondurenha, não se pode falar com propriedade da existência de um movimento sufragista antes da década de 1940, já que foram esses anos que desenvolveram as ações que culminaram no voto. Por exemplo, Visitación não comungava com o voto das mulheres, pois sustentava que as condições da contenda política eram muito inapropriadas e que, em todo caso, deviam estar preparadas, e esta parece ter sido a opinião de não poucas intelectuais. A Sociedade teve certa identificação com os setores despossuídos, mas Visitación havia renunciado à Sociedade Cultura Feminina por se identificar como liberal e, assim, não estar alinhada com muitas integrantes do grupo. Outro agrupamento importante na ordem de agremiação foi o Sindicato Feminino "A Fraternidade", de concepções socialistas. Entre 1933 e 1948, transcorreu um período ditatorial sob o regime de Tiburcio Carías, mas a discussão sobre o sufrágio feminino costumava aparecer nas sociabilidades femininas. Durante esses anos, algumas mulheres foram excepcionais em criatividade, emancipação e iconoclastia. Uma delas foi Clementina Suárez, célebre poeta de esquerda que era considerada a "nova mulher", e outra, Lucila Gamero de Medina, uma das mais importantes romancistas hondurenhas e talvez uma das primeiras feministas de sua sociedade.

Em 1942, foi forjada a representação perante a Comissão Interamericana de Mulheres (CIM), mas somente em 1947 se originou o Comitê Feminino Hondurenho, que produziu a visita de Amalia Castillo Ledón, em 1950, para auxiliar na sanção do voto. Em 1944, as liberais se uniram para pedir a liberdade dos numerosos presos da ditadura Carías. Nessa década, houve ao menos quatro publicações que defendiam os direitos femininos, especialmente o voto, a saber: *La Voz de la Atlántida* [A voz da Atlântida], a cargo de Paca Navas de Miralda; *Atenea*, em que Cristina Hernández de Gómez estava à frente; *Pan-América*, dirigida por Olimpia Varela y Varela; e *Mujer Americana* [Mulher americana], sob a direção de María Trinidad del Cid. Paca Navas representou Honduras no Primeiro Congresso Interamericano de Mulheres de 1947, sediado na Guatemala e convocado pela Liga Internacional das Mulheres pela Paz y Liberdade (WILPF), com participação de inúmeras representantes dos países da região, embora nem todas necessariamente feministas. Em 1946, surgiu o Partido Democrático Revolucionário Hondurenho (PDRH), cuja plataforma abrigou o voto das mulheres, e dentro de suas correntes cresceram as demandas para que assim ocorresse. Uma nova agência despontou em 1950, com a reunião das graduadas na Associação de Mulheres Universitárias — a participação das mulheres nas casas de altos estudos estava se incrementando —, contudo um passo importante foi o surgimento da Federação de Associações Femininas de Honduras (FAFH) em 1951. Esse coletivo significou uma renovação das lutas para obter o voto, pois a nova organização se estendeu para o interior do país e pôde ganhar notoriedade devido à integração de mulheres das classes médias e, em boa medida, ligadas aos partidos tradicionais. O principal argumento dos opositores ao sufrágio dizia respeito aos riscos para a institucionalidade, em especial a possibilidade de as mulheres abandonarem as funções da maternidade e de cuidadora. Finalmente as mulheres hondurenhas conquistaram o voto em janeiro de 1955.

Em décadas mais recentes, surgiram diversos movimentos femininos, alguns conservadores ou amparados pela Igreja católica — como os Clubes de Donas de Casa, expandidos sobretudo em áreas rurais —, mas também organizações com orientação reivindicativa social e destinadas às mulheres camponesas. É o que significam desde o fim dos anos 1970 e durante a década de 1980 a Federação Hondurenha de Mulheres Camponesas (Fehmuc) e os desdobramentos como o Conselho para o Desenvolvimento Integral da Mulher Camponesa (Codimco). No início da década de 1990, a Associação Hondurenha de Mulheres Camponesas (Ahmuc) ganhou vida. Por outro lado, também contribuíram para melhorar as condições de vida das camponesas a Associação Nacional de Mulheres Camponesas (Anmuc) — dentro do espaço maior da Associação Nacional de Camponeses de Honduras (Anach). Não foram organizações feministas, mas esses órgãos não podem deixar de ser mencionados, uma vez que impulsionaram, em certa medida, o empoderamento das camponesas, boa parte provenientes de povos originários, nas vezes que mediaram os conflitos com as rígidas concepções patriarcais prevalecentes. Nos meios urbanos cresceram os núcleos ligados à ação reivindicativa, como o Comitê Hondurenho de Mulheres pela Paz Visitación Padilla — embora sua agenda de direitos próprios das mulheres tenha sido limitada —, e o Centro de Direitos da Mulher (CDM), que sustentou com ênfase diferenciada posições feministas. Em março de 1992, foi realizado o Primeiro Encontro Feminista Hondurenho Clementina Suárez. Para além dos antecedentes mencionados, houve uma tardia recepção do feminismo em Honduras: demorou mais que em outros países a crítica ao patriarcado, o reconhecimento de seu significado, a emergência de uma subjetividade feminina coletiva que atuasse como consequência. Em Honduras, antes de 1989 não havia organizações de mulheres que se denominavam a si mesmas feministas. É uma percepção que deve ser matizada, pois os feminismos mudaram ao longo das épocas. Enfrentando dificuldades para renovar a agenda e praticar a autopercepção, num contexto político e social no qual os conflitos se acirraram, as feministas garantiram seu lugar neste país. A valente ação de Berta Cáceres, militante política que abraçou o feminismo, será avaliada no último capítulo. A violência foi um ponto a se destacar nas mobilizações mais recentes das mulheres hondurenhas, e a determinação livre em matéria de sexualidade cresceu como parte substancial da autonomia que cada vez mais se preconiza.

NICARÁGUA

Na história da Nicarágua não faltaram mulheres de coragem, como a mítica Josefa Herrera, que combateu os ingleses no fim do século XIX. Mas, como em todas as sociedades, foi quase invisível a condição feminina, salvo alguma figura "excepcional". No início do século XX foi reconhecida a atuação da educadora Josefa Emilia Toledo Murillo de Aguerri, que adotou ideias feministas e chegou a ocupar um cargo de alto escalão, como a direção-geral de Instrução Pública em 1924 — e talvez tenha sido a primeira mulher a ocupar um cargo público elevado na América Latina —, embora tenha provocado resistências e precisado renunciar pouco tempo depois. Doña Chepita, como era conhecida, dirigiu a *Revista Femenina Ilustrada* [Revista feminina ilustrada] entre 1918 e 1920 e, no fim da década, a *Mujer Nicaragüense* [Mulher nicaraguense], e teve sob sua direção diversas instituições educativas, dentre as quais a Escola Feminina de Imprensa — um antecedente singular em matéria de formação profissional para as jovens. Deve-se a ela o incentivo ao voto em 1939 — quando estava ligada ao Partido Liberal —, o que não prosperou pelas conhecidas razões de temor à orientação conservadora das mulheres e porque, como ocorria em outros países, vigorava a ideia de que a dedicação à política punha em risco suas funções como cuidadora da prole. Recebeu em 1950 o título "Mulher das Américas", como havia ocorrido com a chilena Gabriela Mistral.

Contudo, voltando atrás na história nicaraguense, não podem ser omitidas as severas circunstâncias das intervenções norte-americanas, os embates entre conservadores e liberais, as sucessivas insurreições até a atuação armada encabeçada por Augusto César Sandino, processo iniciado em 1927 em clara oposição às forças conservadoras e às de ocupação. As organizações guerrilheiras foram ganhando posições, de modo que uma parte do território esteve sob seu controle. A Nicarágua viveu uma era de profunda instabilidade, enquanto o movimento de Sandino aumentava sua capacidade operativa. Muitas mulheres se alistaram na guerrilha ou foram colaboradoras, como ocorreu com Blanca Aráuz Pineda e Teresa Villatoro, María Altamirano, Juana Cruz, Tiburcia García Otero e Dolores Matamoros Munguía. Em fevereiro de 1934, durante a presidência de Juan Bautista Sacasa, Sandino e outros companheiros que estavam com ele foram sequestrados na saída de um jantar com o chefe de Estado e assassinados pouco depois. Por trás desses crimes estavam os norte-americanos e os inimigos locais, e seu braço executor foi a Guarda Nacional, encabeçada por Anastasio Somoza García, que governaria ditatorialmente — tanto como seus familiares sucessores — entre 1936 e 1979. Uma parte da resistência contra o regime foi protagonizada por mulheres que se manifestaram na Marcha das Enlutadas de 1944, por causa dos assassinatos ocorridos, sobretudo de estudantes, como se conhece historicamente. Nesse período obscuro, soam paradoxais as posições das mulheres liberais que buscavam o voto e apoiavam Somoza, enquanto as conservadoras, que haviam formado o Comitê de Propaganda de Mulheres em 1950, eram contrárias ao ditador. Em 1955, embora sem muitas solicitações, sancionou-se o voto das mulheres, e foi o Partido Liberal que criou uma corrente feminina deslocando a ação das feministas independentes nos anos seguintes.

Em 1961, começou de modo decisivo o movimento de resistência à ditadura de Anastasio Somoza com a Frente Sandinista de Libertação Nacional (FSLN), que, em 1979, derrotou o ditador e tomou o poder na Nicarágua. Foi muito elevado o número de mulheres que participaram dessa longa saga; algumas delas foram quadros importantes, como Olga Avilés, Eleonora Rocha, Leticia Herrera, Dora María Téllez e Mónica Baltodano. Estas três últimas chegaram a ocupar cargos de direção, apesar da misoginia de seus companheiros, como narrou Leticia, de origem costa-riquenha, mas filha de nicaraguense. Durante os anos da guerra revolucionária surgiram organizações de mulheres como a Aliança Patriótica de Mulheres Nicaraguenses e a Associação de Mulheres ante a Problemática Nacional (Ampronac), que mais tarde se denominou Associação de Mulheres Nicaraguenses e ganhou o nome de Luisa Amanda Espinoza (AMNLAE) em homenagem à jovem guerrilheira morta em 1970.

Os anos 1980 foram tensos, entre outras circunstâncias por conta das facções originadas pela divisão da FSLN. Houve um sem-número de diferenças, e o singular foi que chegou à presidência, como mostra das crescentes oposições, uma mulher, Violeta Barrios de Chamorro, a segunda a chegar ao cargo na América Latina. Sua formação foi conservadora, ela mostrou apego aos valores católicos e não aderiu ao feminismo de forma proeminente. Governou o país entre 1990 e 1997, período no qual a reivindicação dos direitos das mulheres se estendeu e se diversificou. No início do novo século, havia numerosas organizações identificadas como feministas, dentre as quais o Coletivo Itza, o Movimento de Mulheres Chinandega, a Rede de Mulheres Matagalpa, a Fundação Entre Mulheres, o Grupo Feminista de León, o Fórum de Mulheres, a Rede de Mulheres contra a Violência, a Rede de Mulheres do Norte e os grupos Safo e Venancia.

As relações com o Estado foram muito difíceis, especialmente na conjuntura de 2006 e 2007, quando, sob o governo de Daniel Ortega — que havia sido um dos comandantes da FSLN —, houve um grave retrocesso dos direitos e se fizeram sentir duas forças adversárias do movimento: o governo e as hierarquias religiosas. Sabe-se que o momento de maior tensão transcorreu nos anos mencionados, quando o Parlamento aprovou a abolição do aborto terapêutico — um grave retrocesso, pois foram eliminadas as causas que o legalizavam — e, depois, foi penalizada toda forma de aborto no novo Código Penal. Mas as feministas prosseguiram suas lutas para avançar sobre a descriminalização e não deixaram de denunciar a violência e a acentuada desigualdade de gênero na sociedade nicaraguense. Hoje assistimos ao despertar dos direitos "para si" entre as mulheres das comunidades nativas, há uma reverberação de notas dissonantes em relação às fórmulas patriarcais e não há dúvida de que serão as mulheres as protagonistas da primeira fila das mudanças que a Nicarágua aguarda.

PANAMÁ

O Panamá se tornou um país independente no início do século XX, numa cisão da Colômbia depois da cruel Guerra dos Mil Dias, em um contexto em que antigos e novos anseios separatistas efervesciam ao calor do grande projeto do canal de ligação interoceânica. A intermediação de poderosos interesses estrangeiros, especialmente dos Estados Unidos, foi fundamental para a separação do istmo em 1903. Este país obteve o controle de uma franja de dez milhas ao longo do canal que finalmente se inaugurou em 1914 e foi eixo de toda espécie de conflitos. Como sugere Rodríguez Sáenz, devido às disputas políticas e à maior influência do feminismo norte-americano, o Panamá em certa medida foi precoce em relação aos direitos das mulheres na América Central. Nos anos 1920, destaca-se de maneira singular a figura de Clara González (que se casou em 1943 com Charles Behringer), líder do primeiro movimento feminista. Uma eminente biógrafa que explorou a vida de Clara nos mínimos detalhes resgatou várias memórias nas quais a ativista relata ter sido abusada por alguém próximo à família quando criança, e isso se tornou um trauma que ela não conseguiu superar. Clara se formou primeiro como professora e depois, em 1922, graduou-se como advogada, a primeira no Panamá, embora não tenha podido trabalhar por um tempo, pois o exercício da advocacia estava reservado aos homens. Sua tese foi intitulada *La mujer ante el Derecho panameño* [A mulher perante o Direito panamenho], e nela situava com astúcia as discriminações legais. O fato de ser impedida de exercer a advocacia a incentivou a lutar, e ao estimular outras mulheres a se manifestar deu origem ao grupo feminista Renovación. Clara se alinhou ao socialismo e teve contribuições múltiplas, pois inspirou a Federação de Estudantes do Panamá (1922), o Sindicato Geral de Trabalhadores (1923) e o Grupo Comunista surgido nesses anos. A defesa dos direitos femininos foi, no entanto, a causa que a estimulou por toda a vida. O grupo feminista Renovación foi integrado por cerca de cem mulheres, dentre as quais estavam, além de Clara, Élida Campodónico de Crespo, Enriqueta Morales, Raquel E. de Dutary, Sara Barrera, Julia Palau de Gámez, Rosa Navas e Abigaíl Batista. Não deixa de chamar a atenção a incorporação de algumas operárias, como esta última. Num singular manifesto proclamado em 1923, interpelaram com astúcia as panamenhas e sustentaram com ênfase que havia chegado a hora de reivindicar a mais absoluta igualdade com os homens. O documento assegurava que as mulheres, assumindo múltiplos trabalhos, desempenhando quase sempre o papel de mães, como também o de professoras e mestras, trabalhadoras, realizavam uma tarefa vital para o progresso da nação. Não era justo que fosse relegado a elas um plano inferior.

Outro grupo surgido então foi o estimulado por Esther Neira de Calvo — que havia participado da já citada Conferência de Baltimore de 1922 —, denominado Sociedade Nacional para o Progresso da Mulher, na qual também, como Neira, houve mulheres influentes como Esperanza Guardia de Miró. Não faltaram as simpatizantes que desejaram a fusão das associações feministas, o que não ocorreu devido às orientações mais radicalizadas do grupo Renovación, dada sua decidida posição em favor do voto e sua clara simpatia pelas trabalhadoras. Em 1923, foi realizado o Primeiro Congresso Feminista Nacional, que abordou inúmeras questões, dentre as quais educação, proteção às trabalhadoras, melhores oportunidades laborais, prostituição, a necessidade de estabelecimentos penais somente para mulheres e, sem dúvida, direitos políticos. De seu seio surgiu o Partido Nacional Feminista (PNF), dedicado apenas à luta pelo direito de cidadania das mulheres — costumava denunciar os problemas que cercavam as mais pobres —, acentuando a radicalidade dos posicionamentos no órgão de imprensa *Orientación Feminista* [Orientação feminista].

Em 1926, foi realizado no Panamá o Congresso Interamericano de Mulheres, sob a presidência de Esther Neira de Calvo, e ainda que Clara González fosse mais intransigente que boa parte das mulheres lá reunidas, participou com a alegação de que era necessária a confraternização pan-americana, embora se estivesse assistindo a negociações leoninas com os Estados Unidos relativas ao canal. Em 1929, Clara concluiu o mestrado em Direito na New York University, o que lhe proporcionou mais reconhecimento. Ela foi designada representante panamenha da recém-criada Comissão Interamericana da Mulher (CIM), que havia convocado a Conferência Pan-Americana.

Embora tenha passado por algumas crises, o PNF conseguiu se manter de pé, e em meados da década de 1930 reforçou as mobilizações em torno do voto. Contava naquele momento com um novo instrumento de comunicação, a revista *Nosotras* [Nós], dirigida por uma singular feminista, Otilia Arosemena de Tejeira, que havia feito uma pós-graduação nos Estados Unidos e era a secretária-geral do partido — anos mais tarde, em 1954, foi decana da Faculdade de Humanidades, provavelmente a primeira mulher a ocupar esse cargo na América Latina. Ao término da década, os movimentos sociais foram reprimidos, mas ressurgiram com força no fim de 1940, por conta da iniciativa de convocação da Assembleia-Geral Constituinte para a reforma da Constituição. Essa circunstância originou a necessidade de reunir as frentes feministas, surgindo daí a União Nacional de Mulheres (UNM), que se tornou um potente instrumento para a sanção do voto, embora se mantivesse a velha divisão, uma vez que Esther Neira de Calvo rebatizou seu movimento como Liga Patriótica Feminina, não se integrando à UNM. Finalmente, o voto chegou ao Panamá em fevereiro de 1945, de modo que puderam apresentar candidaturas femininas para a reforma constitucional. Embora Clara González tenha sido a candidata da UNM, a maioria elegeu Esther Neira de Calvo e Gumercinda Páez, com o apoio do Partido Nacional Revolucionário. Em 1948, Clara foi candidata à vice-presidência pelo Partido Liberal Renovador, mas perdeu a eleição. As lutas feministas no Panamá renderam frutos por causa da ampliação de direitos conquistados, ainda que tenham persistido as desigualdades, especialmente entre as mulheres camponesas, apesar de que, durante a presidência do controverso Omar Torrijos, tenha havido uma melhor distribuição da terra, permitindo o acesso a diversas populações.

Em 1997, introduziu-se a Lei de Cotas — com piso mínimo de 30% para candidaturas femininas — e em 1999 Mireya Moscoso Rodríguez, viúva do presidente deposto Arnulfo Arias, ocupou a presidência do país, apoiada pelos setores conservadores. Os estudos acadêmicos ligados à condição das mulheres foram iniciados em 1987 na Universidade do Panamá — primeiro foi uma oficina e depois a Comissão Interdisciplinar de Estudos da Mulher —, e em 1995 se inaugurou o Instituto da Mulher, que desde 1999 oferece cursos de pós-graduação em matéria de violência intrafamiliar e sobre gênero e desenvolvimento. O Panamá é singular pelo surgimento precoce de feminismos radicalizados, a experiência de uma militância que de modo antecipado expressou insubordinações, e que contribuiu também para clamar por justiça social.

REPÚBLICA DOMINICANA

O território caribenho que hoje constitui a República Dominicana — a ilha havia sido denominada La Española — se tornou independente da Coroa espanhola em 1821, mas pouco depois se produziu a invasão proveniente do Haiti (1822–1844), originando uma longa resistência na qual participaram muitas mulheres. Reconhece-se especialmente Rosa Duarte, irmã de Juan Pablo Duarte, que liderou a sociedade Os Trinitários, com o objetivo de expulsar os invasores. Devem-se a Rosa as memórias reunidas em *Apuntes* [Notas], nas quais evidenciou sua qualificação nas letras e perspicácia interpretativa. A recuperação do país não significou o fim dos conflitos com o vizinho Haiti, e sob a presidência de Pedro Santana houve enfrentamentos com os próprios trinitários que, em grande medida, precisaram se exilar. Num dramático momento ocorreu o fuzilamento de uma das principais adesões "trinitárias", María Trinidad Sánchez, a quem se atribui um comportamento heroico.

Durante a segunda presidência de Santana, em 1861, o país regressou à órbita da Espanha, o que deu início à Guerra de Restauração, na qual houve uma notável participação de mulheres. Embora o povo dominicano tenha conseguido expulsar os espanhóis em 1865, tornando-se a República Dominicana e dando lugar ao que se conhece como Segunda República, nas décadas finais do século XIX o país passou por processos difíceis. Com efeito, muitas foram as tensões diante da anexação e depois desanexação dos Estados Unidos, os graves enfrentamentos entre conservadores e liberais — circunstância comum à maioria dos países latino-americanos —, a guerra com Cuba e o longo e ferrenho governo de Ulises Heureaux, filho de um haitiano. Embora o país tenha alcançado certa estabilidade política neste período, Heureaux não soube contornar as graves crises e foi assassinado em 1899.

Dentre as figuras femininas precursoras se encontra María del Socorro Sánchez — sobrinha da célebre heroína —, que se dedicou à educação, fundando alguns estabelecimentos para meninas e, de algum modo, ao jornalismo, pois escreveu para vários veículos. Foi presa durante a Guerra de Restauração e precisou ser expatriada. Nesse período final do século, se destacam Josefa Perdomo e, especialmente, Salomé Ureña Díaz de Henríquez, poeta célebre, cujo pensamento se inclinava aos problemas sociais e que costumava enfrentar posições mais conservadoras. Foi mãe de três notáveis intelectuais: Camila, Max e Pedro Henríquez Ureña. Salomé teve uma carreira de destaque como catedrática em Cuba com clara adesão ao feminismo, como se poderá ver ao abordar sua história nesse país. A trajetória da República Dominicana começa no século XX com interrupções governamentais devido a golpes de Estado e severa crise econômica, até a invasão norte-americana de 1916, por conta da qual se originaram diversas frentes de resistência, uma delas a Junta Patriótica de Damas. O ciclo de enfrentamentos com os ocupantes norte-americanos — que durou até 1924 — teve ampla adesão de mulheres, dentre as quais devem contar-se não apenas as residentes urbanas, de setores médios e populares, mas também as camponesas.

A nação dominicana se expressou com inúmeras atuações femininas, como a de Ercilia Pepín, professora, fundadora de estabelecimentos educativos, considerada a precursora das ideias feministas no país. Com frequência, seus discursos em defesa da autonomia da nação costumavam incorporar declarações em favor da condição das mulheres, sobretudo do direito ao voto. Nacionalista fervorosa, sustentava a ideia de que era necessário vencer as forças norte-americanas ocupantes, mas também defender os direitos das mulheres.

Foi no início da década de 1920 que a via feminista ganhou impulso com figuras como Petronila Angélica Gómez, também educadora, que dirigiu a publicação *Fémina* [Fêmea], da qual participaram a própria Ercilia, além de Evangelina Rodríguez Perozo — a primeira médica dominicana —, Consuelo Montalvo de Frías, Delia Weber de Coiscou, Mignon Coiscou, Natalia García, Rosa Smester e Livia Veloz. Mas havia algumas diferenças entre elas. Montalvo — de acordo com Alejandro Ramos — não concordava com a igualdade entre os sexos e se pautava nas funções baseadas na "natureza" das mulheres. Foi em meados da década que se implementou a seção da Liga Internacional de Mulheres Ibéricas e Hispano-Americanas, e Abigaíl Mejía, que havia se radicado em Barcelona e cursado o magistério, retornou ao país e criou o grupo Nosotras e, pouco depois, a Ação Feminista.

Em 1934, houve uma iniciativa desafiadora com a simulação de voto, da qual Abigaíl e as militantes da Ação Feminista foram protagonistas, ato de que participaram cerca de 100 mil mulheres. Já se estava sob a sangrenta ditadura de Rafael Leónidas Trujillo, que, após um breve intervalo, perdurou até 1961. Em 1942, nesse regime foi sancionado o sufrágio — e não foi a única vez que, sob ditaduras, as mulheres obtiveram o direito de votar. Não se pode esquecer que o assassinato das irmãs Mirabal — Patria, Minerva e María Teresa —, ocorrido em 25 de novembro de 1960, foi o trágico acontecimento que determinou a escolha desse dia para clamar pela erradicação da violência contra a mulher.

Com a queda da ditadura, houve transações formalmente democráticas. Em 1962, a médica Josefina Padilla se candidatou à vice-presidência. Mas o ciclo foi agitado: os problemas sociais acirraram-se e as migrações para os Estados Unidos se intensificaram.

Como consequência dos problemas econômicos e sociais, muitas mulheres emigraram para outros países da região e da Europa — e muitas foram vítimas de redes de tráfico.

Os feminismos evoluíram para agendas que, como em outras sociedades, encamparam o combate à violência doméstica e geral e, mais recentemente, surgiram as reivindicações relacionadas aos direitos não reprodutivos, às sexualidades e ao auxílio às vítimas de tráfico. Em 1978, surgiu a Associação Feminista Irmãs Mirabal e, em 1980, o Centro de Pesquisa para a Ação Feminina, destinado a apoiar as reivindicações das mulheres. Em 1982, foi criada a Associação Dominicana para o Desenvolvimento da Mulher, com o objetivo de facilitar o desempenho feminista em todas as dimensões e, em 1988, surgiu o Ce-Mulher, Centro de Solidariedade para o Desenvolvimento da Mulher, com o propósito de empoderar as mulheres em todos os âmbitos, ainda que com ênfase em fortalecer sua incorporação ao mercado de trabalho. No fim dos anos 1990, foram criadas a seção dominicana de Católicas pelo Direito de Decidir — em que um dos objetivos centrais é a descriminalização do aborto —, a Coordenação de Mulheres de El Cibao, que articula reivindicações de direitos de diversos grupos e, mais recentemente, surgiu a Coordenação Lésbica e de Homens Trans (Coleht), que em 2015 realizou seu primeiro congresso em São Domingos e, anos depois, a Diversidade Dominicana, que congrega o amplo arco de diversidades sexuais. Como se vê, nessa ação houve uma notável renovação da agenda.

CUBA

Cuba foi a última nação a se separar da Coroa espanhola no fim do século XIX e, durante a Guerra de Independência, como nos conflitos que se seguiram devido à intervenção norte-americana, as mulheres tiveram um papel silenciado até décadas recentes. Contabilizam-se mais de cem clubes integrados por mulheres com importante participação no ciclo dos confrontamentos separatistas. Entre 1860 e 1899, circularam veículos dirigidos por mulheres, como *El Álbum de las Damas* [O álbum das damas], *Las Hijas de Eva* [As filhas de Eva], *La Mulata* [A mulata] e *Minerva*, mas na verdade as ideias feministas foram tomando corpo quando algumas mulheres letradas — como ocorreu nos países analisados — manifestaram reivindicações de modo enfático. Assim o expressaram María Luisa Dolz — primeira a concluir o doutorado em Ciências Naturais nesse país —, Aurelia Castillo, Fany Galarraga, Elvira Martínez, Ángela Landa e Martina Piedra Po.

De acordo com as pesquisas sobre a história das mulheres, a adoção precoce do feminismo teve a ver com a intensa interação com o plano internacional, devido à situação da ilha, que foi um dos últimos países a abolir a escravização, ao lado do Brasil. As organizações de maior destaque que atuaram em favor dos direitos das mulheres e, de modo particular, pelo voto, surgiram na década de 1910, dentre as quais o Partido Nacional Feminista (1912), o Partido Sufragista e o Partido Nacional Sufragista, surgidos ambos em 1913. Por trás de todos esses movimentos se encontrava Amalia Mallén de Ostolaza, que impulsionou o veículo *La Luz* [A luz] e depois o *El Sufragista* [O sufragista] — e não deve surpreender seus propósitos masculinos, por razões que se explicarão depois. Acompanharam-na Digna

Collazo — parteira e editora, que havia sido redatora-chefe na publicação *El Amigo* [O amigo] e dirigiu *El Sufragista* — e Aída Peláez de Villa Urrutia, escritora e jornalista muito atuante nas correntes feministas.

Essas manifestações precoces e mais radicais do feminismo em Cuba — com clara influência das posições liberais — levaram, de forma antecipada, à aprovação de leis significativas para as mulheres, a da autoridade parental compartilhada em 1917 e a do divórcio vincular em 1918. Nesse ano, surgiu uma nova organização: o Clube Feminino, integrado por mulheres letradas, profissionais e de classe média em sua maioria, dentre as quais Pilar Morlón de Menéndez, Pilar Jorge de Tella (primeira médica cubana), Ofelia Domínguez Navarro (uma das primeiras a advogar), Mariblanca Sabas Alomá (particular defensora de que os direitos se estendessem a mulheres pobres e proletárias), Hortensia Lamas e María Collado. Boa parte dessas mulheres atuou no jornalismo e nas letras.

Outras associações apareceram nas grandes cidades, de modo que se instou uma ação conjunta, surgindo então a Federação Nacional de Associações Femininas de Cuba em 1921, que parece ter contado com mais de 8 mil integrantes. Em 1923, foi realizado o Primeiro Congresso Nacional de Mulheres, que se pronunciou pelo voto feminino, reivindicou a criminalização diferencial do adultério feminino e exigiu a igualdade entre os filhos matrimoniais e extramatrimoniais, dentre outras demandas.

Deve-se lembrar que na década de 1920 houve muitos conflitos em Cuba, pois se expandiram os movimentos de oposição à ditadura de Gerardo Machado — na qual foram abundantes as perseguições, as prisões e os assassinatos —, enfrentada por diversos setores, sobretudo operários e estudantes, e pelas novas forças políticas de esquerda, como o Partido Comunista. Embora em 1925 as feministas tenham realizado uma nova assembleia, a Igreja católica interveio mediante vários grupos de mulheres que se manifestaram contra as demandas feministas.

e forçaram a retirada de numerosas participantes, especialmente de quem pertencia ao Clube Feminino.

Somaram-se as circunstâncias críticas do contexto e a própria cena feminista foi abalada, em particular pelas desconfianças plantadas por quem queria uma maior extensão dos direitos e por quem se concentrou no voto, como María Collado e suas seguidoras. A conjuntura era paradoxal, pois Machado propunha o voto das mulheres e as contradições se acirravam. Não foi a primeira vez na região que governos reacionários tentaram minimizar conflitos sociais oferecendo um avanço nos direitos das mulheres. María se animou e integrou o Partido Democrata Sufragista, de clara linha machadista. O mesmo ocorreu com vários agrupamentos femininos surgidos nesses anos, como a Liga Patriótica Sufragista e o Círculo Sufragista Independente, e com a velha estrutura do Partido Nacional Feminista. Amalia Mallén de Ostolaza se uniu a essa frente de apoio a Machado em busca do voto e foi então que, com suas próprias economias, manteve *El Sufragista*, de circulação limitada, que propunha a necessidade de que os sufragistas permitissem que as mulheres votassem.

Mas a ditadura de Machado foi derrotada em 1933 sem sancionar o voto. Foi durante o breve intervalo dos "cem dias", com Ramón Grau San Martín como presidente e com Antonio Guiteras como secretário do governo que, em janeiro de 1934, por decreto, se outorgou o voto feminino. Não se pode deixar de mencionar o significado cultural do grupo convocado em torno da *Revista Lyceum* — em geral mulheres de elevada formação dedicadas às letras e às artes, como Camila Henríquez Ureña, filha da notável líder dominicana, que chegou a Cuba ainda menina —, tampouco os nomes de Vicentina Acuña e Mirta Aguirre Carreras, que ainda muito jovem se filiou ao Partido Comunista e teve destacada atuação na vida universitária.

Em 1939, as mulheres tornaram a se reunir no Terceiro Congresso com uma nova agenda, conforme a exigência de efetiva participação nos direitos sociais, também com renovação de participantes, pois concorreram mulheres negras e de origem humilde, como a militante comunista e ativista gremista tabaqueira Inocencia Valdés Fraga. A Constituição de 1940 consagrou a igualdade jurídica, além das garantias de igualdade de sexo e etnia. Houve uma sucessão de governos — como o do próprio Fulgencio Batista, que chegou mediante uma aliança com setores de esquerda —, até a dissolução que originou o golpe de Estado dado pelo próprio Batista em 1952, dando início uma feroz ditadura. É conhecida a trajetória de resistência e luta armada que a via revolucionária adotou, sob a liderança de Fidel Castro, culminada em janeiro de 1959. Foi muito expressivo o número de mulheres envolvidas nessa empreitada, cuja atuação não se reservou apenas à retaguarda.

A Revolução Cubana abriu caminho para a igualdade social e o reconhecimento das populações negras, e extinguiu as exclusões de classe e etnia. Contudo, o reconhecimento pleno das mulheres demorou a vir, e muito mais o das sexualidades dissidentes. Por bastante tempo, a maioria dos revolucionários cubanos situou as formulações feministas como inerentes às cosmovisões burguesas, e sustentava que a equalização das mulheres transcorria de fato com as grandes transformações sociais vividas na ilha. A negligência sobre os direitos femininos e a oposição às identidades homossexuais despertaram críticas nas próprias correntes. O modelo socialista cubano combinava expressivas reivindicações de soberania nacional com formas tradicionais de feminilidade. O radicalismo político não se compadecia com a radicalidade em comover os costumes entre os sexos. Em 1960, surgiu a Federação de Mulheres Cubanas (FMC), que teve um papel de destaque no reconhecimento das congêneres na sociedade, propiciando a igualdade de oportunidades e enfatizando a eliminação das diferenças sexistas na educação. Também propôs eliminar a violência contra as mulheres na vida doméstica e levar adiante políticas a fim de incluí-las em todos os programas econômicos. Por muitos anos a condução da Federação esteve nas mãos de Vilma Espín, figura notável da ação guerrilheira, casada com Raúl Castro, mas não se pode omitir figuras como Mirta Yánez e Luisa Campuzano; esta última se destacou na formação acadêmica no que concerne a problemas da condição feminina. Desde 1961, a Federação sustentou a publicação *Mujeres* [Mulheres] — que mais recentemente foi dirigida por Isabel Moya Richard —, cujos principais objetivos foram contribuir para conhecer a realidade das mulheres cubanas e procurar a igualdade entre os sexos como uma contribuição ao processo revolucionário, de modo que possam resultar "na mulher e no homem novos".

Para além das críticas à permanência do modelo patriarcal em Cuba, não se deve perder de vista que desde 1965 há aborto legal qualquer que seja a circunstância, o que constituiu uma decisão estatal pioneira na América Latina. Em 1991, a Universidade de Havana abriu uma Cátedra da Mulher, que abordou desde então diversas questões, como emprego, assuntos legais e família. A chilena Rosario Carcuro contribuiu especialmente para sua abertura, e nos últimos anos houve a ampliação dos empreendimentos relacionados à condição das mulheres. Mas os movimentos feministas à margem da principal linha da FMC não deram frutos. Há cerca de quase uma década se extinguiram as segregações por conta da identidade sexual, o Estado cubano empreendeu medidas para desenvolver a educação sexual nas escolas e as oportunidades de formação sobre gênero nos programas universitários aumentaram, além de novos caminhos para se expressarem as múltiplas sensibilidades feministas.

COSTA RICA

Na Costa Rica, reconhecem-se esforços para a educação das mulheres desde meados do século XIX, especialmente a experiência normalista ocorrida entre 1849 e 1856, levada adiante por María Águeda Peralta de Rivero. Sob a hegemonia das ideias liberais, no fim do século seus benefícios se expandiram a um maior número de mulheres, e a possibilidade de adquirir maior educação formal foi fundamental para a afirmação das ideias feministas na Costa Rica, que, como ocorreu nos países analisados, irrompeu entre as mulheres letradas e de grupos sociais com mais recursos. O Estado liberal que esteve em disputa com a Igreja católica adotou de maneira precoce não só o casamento civil, mas também o divórcio, o que sem dúvida significou mudanças no ambiente, mais propenso a que as mulheres pudessem ter acesso a alguns direitos. Embora o direito ao voto precisasse esperar a década de 1940 para se concretizar, alguns líderes que ocuparam a presidência propuseram precocemente o voto feminino, como ocorreu com os presidentes José Joaquín Rodríguez em 1890, Ricardo Jiménez em 1913 e Julio Acosta em 1920, ainda que não tenham ecoado nas rebeldes forças liberais, e sim causado fortes enfrentamentos com os grupos conservadores.

As ideias feministas e as agências pelos direitos das mulheres compreendem diversos ciclos, a saber: um inaugural entre 1890 e 1922; um segundo momento que vai de 1923 a 1952; e outro entre 1953 e 1985 — de acordo com a opinião de uma célebre historiadora. Na primeira fase mencionada houve um significativo conjunto de associações lideradas por mulheres — embora não tivessem identificação feminista —, e em particular algumas oportunidades socialmente culminantes nas quais foi decisiva a participação feminina, como ocorreu com a derrocada do ditador Federico Tinoco em 1919. Deve-se lembrar que essa ditadura oligárquica foi confrontada pelos docentes e pelo corpo estudantil de San José, e que entre as protagonistas se destacaram especialmente algumas mulheres, entre elas Carmen Lyra, que se consagraria como uma eminente pedagoga e escritora, e como militante comunista a partir da criação do Partido em 1931. O verdadeiro nome de Carmen era María Isabel Carvajal Quesada, e sua participação na introdução das ideias educativas montessorianas na Costa Rica foi decisiva, influenciando os países centro-americanos vizinhos. Outra figura feminina que atuou na queda de Tinoco foi Ángela Acuña, uma voz pioneira em matéria de demandas para as mulheres. Anos mais tarde, em 1925, ela se tornou a primeira advogada do país, depois de vencer numerosos obstáculos para ser aceita na Escola de Direito. Pôde passar algum tempo na França e na Inglaterra e unir-se às propagadoras do feminismo nesses países. A ela se devem duas publicações que promoveram os direitos das mulheres costa-riquenhas, *El Fígaro* [Fígaro] e depois *Mujer Hoy* [Mulher hoje]. Junto a Lyra e Acuña estavam Matilde Carranza, Victoria Madrigal, Vitalia Madrigal, Esther de Mezerville, María Ortiz, Teodora Ortiz, Ester Silva e Andrea Venegas. Esse conjunto em grande medida se inscreveu na luta pelos direitos das mulheres, à que também se somariam Sara Casal, Ana Rosa Chacón e Marian Le Cappellain, esta última primeira diretora do Colégio Superior de Senhoritas de San José, instituição originária de importantes feministas.

O período intermediário é um dos mais ricos na história do feminismo costa-riquenho. O contexto social e político se tornou mais intenso em transformações e, além disso, o surgimento do Partido Reformista constituiu um forte atrativo para as mulheres que se reuniram em torno dele, exigindo reformas, embora suas propostas contivessem sobretudo objetivos sociais e morais. Em agosto de 1923, surgiu a Liga Feminista sob a liderança de Ángela Acuña — que no ato de fundação assistiu o próprio presidente da nação, Julio Acosta, e sua esposa Elena Gallegos —, da qual participaram a maioria das mulheres já mencionadas. A Liga teve um protagonismo nas campanhas pela conquista do voto durante a década de 1920 — houve mobilizações em 1925 e 1929 — e interpôs uma efetiva ação contra a medida discriminatória de oferecer salários maiores aos docentes homens em detrimento das mulheres. Em 1928, surgiu um reagrupamento sob o nome de Liga Cultural Feminina, com trabalhos complementares aos da outra Liga. A ação pela conquista do voto foi sustentada nesse intervalo em que se articularam relações com a Liga Internacional de Mulheres Ibéricas e Hispano-Americanas, com o Comitê Internacional Pan-Americano de Mulheres e com a União de Mulheres Americanas.

No fim da década de 1930, realizou-se o Primeiro Congresso Feminino Centro-Americano de Educação, que reuniu inúmeras representações femininas da região. Nessa década, as agências feministas se manifestaram nas novas campanhas para a obtenção do voto — tal como ocorreu em 1931, 1932, 1934 e 1939. Um matiz importante no cenário da Costa Rica se desenvolveu pelas militantes comunistas, devido ao surgimento desta força em 1931, e, como aconteceu em outros países da região, um grupo de mulheres — sobretudo ligadas ao magistério — aderiu ao comunismo enfrentando não poucas adversidades, como ocorreu com Carmen Lyra, que foi destituída do cargo de docente em 1933 devido à sua identificação política. Embora com diferenças em cada país, foi moeda corrente que suas militantes suspeitassem do feminismo como posição burguesa, já que se impunha não se distrair com "aspectos secundários" e enfrentar a classe capitalista.

Destacou-se o fenômeno do "maternalismo", muito presente nas concepções de feministas como Ángela Acuña e ainda presente nos anos 1930, como ocorreu de modo persistente nos diversos países da região. Sustentou-se que se deveu ao clima adverso da época a circunstância de certo retrocesso por parte da

Liga Feminista, como a decisão de solicitar o voto qualificado das mulheres segundo sua educação no início dessa década. O cenário político e social sofreu modificações durante os anos 1940, quando o Partido Republicano Nacional governou com uma aliança particularmente singular entre a Igreja católica e o comunismo — que nessa época tomou o nome de Partido Vanguarda Popular —, impulsionando diversas reformas sociais. Mas tampouco nesse clima progrediram as iniciativas de voto feminino, embora a composição à esquerda dessa aliança já estivesse convencida de que era necessário outorgá-lo. As divergências entre os republicanos, a ameaça do comunismo e as denúncias sobre práticas fraudulentas por parte dos opositores — em especial a agitação de que teria havido fraude nas eleições presidenciais de fevereiro de 1948 — levaram à guerra civil desse ano, com o protagonismo de José Figueres Ferrer. Terminado o conflito armado e no marco dos acordos que reencaminharam ao país — embora num clima de perseguições ao comunismo —, foi convocada uma assembleia constituinte para a reforma da carta magna do país, resultando então na sanção do voto das mulheres em junho de 1949. Em julho de 1953, elas puderam exercer esse direito pela primeira vez e três deputadas conseguiram espaço no Parlamento, uma delas a antiga militante feminista Ana Rosa Chacón.

A fase que se inaugura depois de ter conseguido o direito de voto sugere certa retração das demandas. Surgiram novas agências, como a Aliança de Mulheres Costa-Riquenhas (AMC) — que, na verdade, era a continuação da Organização de Mulheres Carmen Lyra, inaugurada em 1948, quando Carmen se exilou no México. A AMC esteve inicialmente ligada ao Partido Vanguarda Popular e publicou o jornal *Nuestra Voz* [Nossa voz]. Embora tivesse uma vida apreciada, dificilmente é possível identificá-la no repertório feminista. Durante os anos 1960 e 1970, não faltaram agências propulsoras dos direitos, e devem ser lembradas a Ação Feminina de Evolução Social (Afes) e o

Movimento Feminino dentro do Partido Liberação Nacional. Mais ligados ao ideário feminista foram o Centro Feminista de Informação e Ação (Cefemina) e a Associação de Desenvolvimento Econômico Laboral Feminino Integral (Asodelfi). Mas a agitação mais intensa ocorreu na década de 1980, como em boa parte das experiências da região, momento em que ressurgiram com força diversos organismos — alguns de caráter acadêmico —, tais como o Movimento para a Liberação da Mulher, o Centro Pró-Mulher ou Associação Colmena, o grupo Ventana, a Organização de Mulheres Carmen Lyra (Omcal), o Coletivo Pancha Carrasco, o grupo Germinar, o grupo lésbico feminista As Entendidas, o Comitê Nacional contra a Violência da Mulher, Mulheres Unidas em Saúde e Desenvolvimento (Musade), o capítulo da Liga Internacional Pró-Paz e Liberdade (Limpal) e o segmento local do Comitê Latino-Americano de Direitos da Mulher (Cladem).

A agenda feminista teve uma significativa renovação, como ocorreu nos países já mencionados, pois se manifestaram as denúncias sobre violência, clamou-se pela descriminalização em todas as ordens e se advogou pelo reconhecimento da sexualidade lésbica. Em 1987, foi criado na Universidade da Costa Rica (UCR) o Programa Interdisciplinar de Estudos de Gênero (Prieg), que anos mais tarde originaria o Centro de Pesquisa de Estudos da Mulher, promotor de inúmeras pesquisas ligadas às mulheres e às relações de gênero e que se tornou o organismo de consulta no debate de inúmeras leis. O ímpeto dessa década de mudanças foi reforçado nos anos 1990, quando surgiram novas organizações, como o Instituto Latino-Americano de Pesquisa Feminista (1992) e a organização contra a violência 25 de Novembro. Por sua vez, a Universidade Nacional da Costa Rica criou em 1991 o Instituto de Estudos da Mulher, que levou adiante políticas de igualdade de gênero, de reconhecimento dos direitos das mulheres no seio da instituição e promoveu, entre outras questões, a mudança curricular para incorporar a perspectiva de gênero. Em meados dessa década, havia grande quantidade de grupos que lutavam pelos direitos das mulheres, e a Associação Nacional de Grupos Associativos Femininos dispunha de uma filiação de mais de quarenta associações localizadas em diversos lugares do país. A presença pública alcançada pelo feminismo e pelos movimentos de mulheres constituiu um traço distintivo das mudanças do fim do século passado. Foram as mobilizações que tornaram possível a importante ampliação de cidadania de que as mulheres costa-riquenhas vêm gozando. Não há dúvida de que as feministas costa-riquenhas puderam conquistar leis fundamentais de modo antecipado, como mais tempo de licença-maternidade e a paridade na representação parlamentar.

SEGUNDA PARTE:

FEMINISMOS NA AMÉRICA DO SUL

NOTAS INTRODUTÓRIAS

As páginas seguintes se dedicam a narrar os principais acontecimentos vividos pelas correntes feministas nos países situados na região Sul do continente. Como poderá ser observado, as associações femininas desenvolveram ali experiências enriquecedoras desde o fim do século XIX, embora em alguns países tenha havido uma adesão à pauta de reivindicação dos direitos das mulheres mais precoce do que em outros e também tenham se registrado diferenças na magnitude que tais associações alcançaram. Com certeza, esse despertar se relaciona a várias circunstâncias, nas quais não foram menores as ligações com as experiências feministas internacionais, devido às relações materiais e culturais de nossas sociedades sul-americanas, especialmente o fenômeno da massiva imigração ultramarina, com a chegada de um grande número de populações provenientes de diferentes áreas da Europa e do Oriente Médio, tal como ocorreu na Argentina, no Uruguai e no Brasil, fenômeno que contribuiu também, e de modo decisivo, para a implantação das doutrinas próximas à vida do proletariado, como o anarquismo e o socialismo.

Há diferenças entre os países situados na costa do Atlântico, marcados pela imigração massiva, e os da região do Pacífico e andina, onde o fenômeno não teve a mesma envergadura e suas sociedades, de todo modo, mantiveram uma considerável população nativa e mestiça devido à colonização hispânica, como ocorreu em boa medida nos países já analisados, localizados na região norte e centro-americana. No Brasil, em particular, a chegada de inúmeras pessoas removidas da África desde o século XVI foi um fator modificador de peso não só nos aspectos raciais, mas também numa via mais profunda e multifacetada das manifestações culturais, posto que nas regiões norte e central deste país a cultura negra fez incisões profundas, como mostra o sincretismo religioso e as configurações estéticas, em especial a música. Mas qualquer que seja a índole do dado demográfico, as mulheres sul-americanas realizaram uma inscrição nas lideranças das agitações feministas, com episódios de grande significado ao longo do século XX, como tentará mostrar esta segunda parte do livro.

O movimento das mulheres foi especialmente destacado nos anos 1920 e, embora tenha havido uma curva inflexiva no pós-guerra, isso não se apresentou em todos os países, pelo contrário. Em alguns, houve aumento na conquista dos direitos das mulheres, mas quase a totalidade se manifestou como um notável renascimento e expansão desde meados da década de 1970. Deve-se ter especialmente em conta que as sociedades da região Sul foram alvo de golpes militares que suspenderam o Estado de direito e que, na última metade do século, surgiram violentas ditaduras — fenômenos que tampouco faltaram nos países centro-americanos —, de modo que se trata de uma paisagem dividida onde não faltaram perseguições às diversas manifestações de militância social e, sem dúvida, às organizações feministas na enorme maioria dos casos. Como poderá ser observado, para além das similaridades entre as principais características das correntes feministas, devem ser apreciadas as singularidades de cada sociedade e em cada um dos ciclos no transcorrer do século passado. Não se pode deixar de ressaltar que, em alguns países, o sufrágio feminino foi conquistado em contextos ditatoriais — como na Colômbia e no Paraguai — e que também algumas das primeiras experiências de voto foram de caráter qualificado.

Também é necessário antecipar que, em alguns países, os feminismos se enraizaram mais em movimentos de esquerda e, em outros, na forma de expressões liberais — em determinados casos, as principais protagonistas foram mulheres conservadoras. Qualquer que seja a circunstância, para essa sintética reconstrução dos feminismos que se desenvolveram na área sul-americana deve-se ter em conta o significado crucial do ordenamento de arquivos, o esforço realizado em cada país para a reunião de fontes e sua acessibilidade e, sobretudo, o avanço da historiografia em matéria de história das mulheres e as lutas pelas prerrogativas que estas encararam. Não há dúvida de que os feminismos que atualmente colorem a cena em cada uma dessas sociedades participam da necessidade de preservar a memória de suas ações, de infundir nos respectivos Estados políticas e recursos para a conservação das fontes e ajudar conjuntamente na sustentabilidade dos reservatórios relacionados à vida das mulheres e das agências que atuaram em prol de seus direitos. Conservar a memória dos feminismos é parte da saga para se conquistar a igualdade.

VENEZUELA

Foram inúmeras as venezuelanas que tiveram participação ativa no processo independentista (1810–1819), e eu não poderia deixar de mencionar nomes como Ana María Campos, Josefa Camejo, Juana Ramírez, Luisa Cáceres de Arismendi, Concepción Mariño, Leonor de la Guerra, Teresa Mujica, Luisa de Pacanins e Barbarita de la Torre, embora talvez a mais conhecida seja Manuela Sáenz. Mesmo nascida no Equador, costuma-se considerá-la venezuelana por seu vínculo com o general Simón Bolívar e porque, a partir da independência e por algum tempo, a Venezuela, o Equador e a Colômbia formaram uma pátria comum, a Grã-Colômbia.

Durante o século XIX, não faltaram mulheres que atuaram nas letras e nas artes, embora tenha sido necessário esperar o início do século XX para que as possibilidades educativas se ampliassem. Em 1911, abriu-se a primeira Escola Normal, uma via promissora para o magistério feminino. Como ocorreu em outras latitudes, a instrução brindada às mulheres então era a "própria do sexo", como a da Escola de Artes e Ofícios para mulheres, criada em 1912, que oferecia um programa de especializações "femininas" segundo os estereótipos da época.

O longo período da ditadura de Juan Vicente Gómez, que instaurou um golpe de Estado em 1910, iniciando assim um dos ciclos autoritários mais longos vividos na América Latina — que terminou apenas com sua morte em 1935 —, pode ser responsável pela relativa letargia para o desenvolvimento do feminismo nesse país. No fim da década de 1920, fizeram-se sentir com mais força as oposições ao regime ditatorial, e esse fenômeno foi protagonizado pela denominada geração de 28. Nesse clima surgiu a Sociedade Patriótica de Mulheres

Venezuelanas, cuja composição revelava um bom número de feministas, como Carmen Clemente Travieso, uma das primeiras mulheres a ganhar a vida como jornalista e a sustentar sem rodeios ideais feministas. Havia vivido um tempo em Nova York e trabalhou como bordadora numa fábrica de roupas. Outra figura da Sociedade foi Isabel Jiménez Arráiz, escritora feminista que, como Carmen, tinha ideais comunistas, e o mesmo ocorreu com Margot García Maldonado. Integravam também aquela organização opositora Antonia Palacios — que se destacou na vida literária —, Luisa Teresa Velutini, Aurora Lessmann, Josefina Juliac, María Teresa Castillo, Carmen e Victoria Corao, Totoña e María Luisa Blanco.

O fim da ditadura de Gómez abriu um intervalo áspero e, como descrito por diversos historiadores, até meados da década de 1940 se percebe a tensão entre dois projetos, um deles decididamente mais impelido pelas urgências sociais, com fôlego para a redistribuição e com sinais anti-imperialistas — já se destacava a exploração petroleira na Venezuela e seu significado crucial para o desenvolvimento autônomo —, e outro que preferia uma transformação gradual. Mas as forças populares encontraram expressões políticas mais radicalizadas, dentre as quais se contavam o Partido Democrático Nacional (PDN) e o Partido Comunista.

As mulheres se uniram em novas organizações desde meados da década de 1930, algumas muito importantes, como a Associação Venezuelana de Mulheres (AVM) e a Associação Cultural Feminina (ACF). Na primeira, tiveram importante atuação Ada Pérez Guevara de Bocalandro, uma escritora que havia sido presa durante a ditadura de Gómez, e Luisa del Valle Silva, também dedicada às letras; ambas pertenciam à classe média mais alta. A AVM se destacou pela realização de tarefas assistencialistas, e se deve à Casa de Atenção Pré-natal a criação de jardins de infância e de algumas creches. Essa associação também impulsionou a Biblioteca Feminina Venezuelana e manifestou interesse pela sanção de direitos femininos. Por sua vez, a ACF se orientou de maneira mais nítida à consecução dos direitos políticos, civis e sociais, e teve especial empenho em auxiliar às congêneres dos setores operários, estabelecendo uma aliança entre as mulheres letradas e as de classes populares. A ACF criou escolas noturnas para que as mulheres pudessem adquirir conhecimento e também a Casa da Trabalhadora, com o propósito de assistir às menos abastadas, em especial em problemas de saúde relacionados a doenças venéreas. É evidente a orientação à esquerda desta última, que, entre outras intervenções, cooperou com os grevistas petroleiros de 1936 e prestou ajuda às suas famílias. Fazia parte da ACF um conjunto bastante numeroso de mulheres, encabeçado pela já mencionada Carmen Clemente Travieso, acompanhada de antigas e novas adesões, como Ana Senior, Cecilia Pimentel, Eumelia Hernández — que provinha da vida sindical —, Estela Kleim, Mercedes Fermín — reconhecida líder do magistério —, Josefina Ernst, Josefina Juliac, Imelda Campos, Victoria Corao, Alida Planchard, Luisa del Valle Silva, Lola Morales Sala, Pomponete Planchard, Margot Silva Pérez, Ana Esther Gouverner, María Teresa Álvarez, María Teresa Castillo, Dalia Raga, Nena García, Carmen Delgado e Fifa Soto.

Em 1945, as venezuelanas celebraram uma assembleia preparatória do que seria o Congresso Feminino Venezuelano, na qual foram reivindicados a ruptura de relações com o governo ditatorial do general Francisco Franco na Espanha e o estabelecimento de relações diplomáticas com a União Soviética, ao mesmo tempo que se propôs um programa de liberações que atendia a aspectos como o voto, a condição da mulher trabalhadora e da mulher indígena. Na fugaz primavera democrática que perdurou até 1945 — os partidos de esquerda foram autorizados a atuar —, estabeleceu-se o voto feminino apenas em âmbito municipal e dirigido exclusivamente às alfabetizadas. Nesse ano se seguiu o golpe cívico-militar, cujas consequências levaram à reforma constitucional de 1947, e puderam participar quinze representantes femininas na assembleia constituinte, cujo resultado permitiu o voto de pessoas analfabetas, outorgando-se esse direito às mulheres. Nessa conjuntura, foi eleito presidente o influente escritor Rómulo Gallegos, acendendo a esperança de um ciclo renovado para a Venezuela, mas se extinguiu rapidamente, devido à inevitável pressão dos setores mais conservadores, que provocaram sua renúncia a poucos meses de assumir, em novembro de 1948.

Durante um decênio, os direitos sociais e políticos foram limitados, sem dúvida se viveu um duro retrocesso durante a ditadura do general Marcos Pérez Jiménez, mas surgiram vários focos de resistência, sobretudo graças às formações de esquerda, e apareceram na cena grupos renovados de mulheres, como a União de Garotas Venezuelanas e a Associação Juvenil Feminina em 1951. No ano seguinte, a pedido do Partido Comunista, foi criada a União Nacional de Mulheres, uma iniciativa estratégica que também se repetiu em outros países. Não há dúvida acerca do significado da ação feminina no enfrentamento da ditadura de Pérez Jiménez e, muito especialmente, a tarefa cumprida pela Junta Patriótica Feminina, que reuniu militantes decididas, como Argelia Laya, Rosa Ratto, Esperanza Vera, Isabel Carmona (que deu à luz na prisão de Los Teques), Leonor Mirabal, Helena Fierro Herrera, Consuelo Romero, Clarisa Sanoja, Raquel Reyes, Mercedes Cordido, Ada Ramos, Elena Dorila Parra, Chela Vargas, Carmen Román de Torres, María Pereira de Daza, Celia Poleo, Juana Iro de Matos, Tecla Tofano, Ana Teresa Sequera e Verónica Peñalver.

Argelia Laya, de origem africana, é reconhecida como uma das mais destacadas lutadoras pelos direitos femininos — sua mãe foi integrante da Associação Cultural Feminina — e também por sua militância de esquerda. Nos anos 1960, Argelia reforçou a luta guerrilheira nas Forças Armadas de Libertação Nacional (FALN), depois fundou o Movimento ao Socialismo

(MAS) e não cessou de advogar pelos direitos das populações afrodescendentes e indígenas. Se o combate contra a ditadura teve uma formidável atividade por parte das mulheres de diversas vertentes políticas, os acontecimentos das décadas de 1960 e 1970 também significaram desencontros entre as que aderiram ao feminismo. A exclusão das forças de esquerda do conhecido "Pacto de Punto Fijo" também foi uma perturbação das alianças entre as mulheres. Apesar dos movimentos narrados, há quem sustente que não é possível identificar com nitidez movimentos feministas antes da década de 1980. Uma destacada militante sustentava que o que havia caracterizado a cena social reivindicativa eram grupos não apenas constituídos por mulheres, e que em geral se constatava uma carência de formulações estritamente feministas até as mudanças surgidas nessa década.

O fato é que a Venezuela foi o assento de um vigoroso movimento que ganhou o nome de Liga Feminista de Maracaibo, em janeiro de 1978, que um ano mais tarde realizou a convocatória do Primeiro Encontro Feminista, no qual não faltou o impulso da notável Argelia Laya. Essa região venezuelana também abriu um dos primeiros seminários acadêmicos dedicados à problemática feminina na América Latina na Universidade de Zulia, graças, entre outras acadêmicas, a Gloria Comesaña, filósofa que fez doutorado na França e teve ligação com Simone de Beauvoir. Em 1984, nessa universidade se instalou a Cátedra Livre da Mulher.

Durante essa década, é incontestável que as mudanças ocorridas no contexto nacional e o incremento que os feminismos ganharam na cena internacional tornaram possível o surgimento de novos movimentos. Foram realizados Encontros Nacionais Feministas em 1979, 1981 e 1983. Em 1982 se obteve uma importante reforma do Código Civil, que até então conservava normas execráveis em relação às mulheres casadas. A propósito da Terceira Conferência Internacional de Nairobi em 1985, congregaram-se sob o nome de CONGM — Coordenação de Organizações Não Governamentais de Mulheres — diversas agências, dentre as quais se encontravam o grupo Feminista Miércoles, liderado por Gioconda Espina, um segmento de mulheres jornalistas do Sindicato Nacional de Trabalhadores de Imprensa — cuja representante era Helena Salcedo —, advogadas da Federação Venezuelana de Advogadas, o setor de mulheres da Central Unitária de Trabalhadores — com María León na liderança —, a Cátedra Manuelita Sáenz da Universidade Central da Venezuela, a Liga Feminista de Maracaibo e a Liga Feminista de Mérida. Foi um momento singular pela tração coordenada dos diversos feminismos venezuelanos, uma reunião de esforços para a ampliação de prerrogativas.

Durante os anos 1990, apesar da crise política e social ocorrida quando políticas neoliberais se consagraram com ajustes estruturais — fenômeno do qual padeceu boa parte dos países da região —, aumentou o número de agências e atividades dedicadas aos direitos das mulheres, e foi aperfeiçoada a presença dos estudos concernentes nos meios acadêmicos, como o Centro de Estudos da Mulher (CEM-UCV), que desde 1996 publica a *Revista Venezolana de Estudios de la Mujer* [Revista venezuelana de estudos da mulher], e a Unidade de Pesquisa e Extensão Mulher e Saúde da Universidade de Carabobo. O novo século, depois de severas crises institucionais, viu despontar na cena a liderança de Hugo Chávez, que em março de 2009 sustentou que, "sem a verdadeira libertação da mulher, seria impossível a libertação plena dos povos, e estou convencido de que um autêntico socialista deve ser também um autêntico feminista". Mas o ciclo desanimador de sua controversa figura e os esforços dos feminismos que impulsionaram diversas conquistas — embora até certo limite — devem ser analisados com muito cuidado devido às tensões políticas, às incômodas polêmicas que se desataram especialmente nos anos do pós-chavismo. Tais circunstâncias excedem o propósito deste livro.

COLÔMBIA

Na Colômbia, as mulheres tiveram importante atuação nos processos insurgentes, como na revolta antecipatória dos *comuneros*, da qual participou Manuela Beltrán no fim do século XVII, e ao longo da guerra revolucionária, que contou com muitas participantes. Não se pode esquecer de Policarpa Salavarrieta, que pagou com a vida a adesão ao movimento independentista. Surpreende o número de publicações dedicadas à mulher na segunda metade do século XIX, revelando a identificação política antagônica — e egoística — de liberais e conservadores, uma trama central e de longa durabilidade no território colombiano.

A Colômbia foi, sem dúvida, uma experiência singular em matéria de alcance à modernização, já que se fez sob o domínio das triunfantes forças conservadoras que provocaram o retrocesso das instituições civis, uma autêntica derrota do Estado laico liberal. De fato, com o primeiro governo conservador de Rafael Núñez (1880-1886), devido à assinatura da concordata com a Igreja católica, retrocederam as leis do casamento civil e do divórcio vincular, de modo que, como se sustentou com frequência nesse país, os fenômenos da modernização tiveram, paradoxalmente, ausência de "modernidade". Por isso, não é de surpreender que as correntes feministas, em grande medida associadas às plataformas liberais, fossem ofuscadas pela essência das instituições conservadoras. Basta recordar as vicissitudes pelas quais atravessou María Rojas Tejada, uma conspícua forjadora de direitos educativos para a mulher, que havia se formado como professora em Medellín e chegou ao cargo de subdiretora da Escola Normal dessa cidade, mas precisou abandonar o cargo e Medellín, assim como depois outras cidades, por ter sido perseguida pela Igreja, que não tolerava suas ideias pedagógicas renovadoras. Em 1915, criou em Pereira um Centro de Cultura Feminino, instituto que manteve a revista *Femeninas*, que sobreviveu até 1918. María fez em 1917 um curso no George Peabody College for Teachers, em Nashville, Estados Unidos, e se graduou como professora especializada em psicologia infantil. Outra figura notável, também associada a Medellín, é María Cano, e embora não tenha aderido à militância do feminismo, não se pode deixar de evocá-la, já que foi uma das mais destacadas vozes políticas de Colômbia na defesa dos direitos sociais — e talvez uma das primeiras mulheres de protagonismo desafiante nessa arena. Foi uma notável lutadora pelos direitos das classes trabalhadoras, partícipe das lutas sociais dos anos 1920, que a levaram à prisão devido à greve dos trabalhadores das plantações de banana da United Fruit Company, cujo desfecho foi o conhecido massacre na região de Magdalena em dezembro de 1928. María era conhecida pelas classes populares como a "Flor do Trabalho", tal foi a carinhosa designação oferecida a ela.

O longo ciclo conservador terminou em 1930, de modo que a nova década foi de grande atividade a favor dos direitos femininos, quando surgiram diversos núcleos, destacando-se as figuras de Clotilde García Borrero de Ucrós, Ofelia Uribe de Acosta e Georgi na Fletcher. A mãe de Clotilde, María Inés Borrero, tinha ideias feministas que legou à filha; Ofelia vinha de um lar liberal e atuava no magistério; Georgina era espanhola de nascença, também educadora, e em 1924 foi designada para representar o país na já mencionada Liga Internacional de Mulheres Ibéricas e Hispano-Americanas, e era integrante da Cruzada de Mulheres Espanholas. Em 1929, encorajou outras mulheres no Centro Feminino Colombiano de Ação Social.

Um acontecimento importante ocorreu em 1930, quando, a pedido da Liga e com o patrocínio do Centro Feminino, foi realizado em Bogotá o IV Congresso Feminino, que seguia a tradição do I Congresso Feminino de Buenos Aires (1910) — do qual me ocuparei oportunamente. Essa primeira reunião internacional deu lugar ao II Congresso, que se reuniu em Santiago do Chile em 1925, e em 1928 no III Congresso, que tornou a ser realizado em Buenos Aires. O de Bogotá reuniu mais de setenta representantes de todas as províncias colombianas, a maioria delas ligada ao magistério, e se desenvolveu em várias sessões, às quais também compareceram algumas representantes estrangeiras, sob a presidência de Georgina Fletcher. A notável mexicana Elena Arizmendi zelou para que esse Congresso tivesse presença de figuras masculinas internacionais, como o famoso psicólogo Alfred Adler e o destacado promotor dos direitos das mulheres no Uruguai Baltasar Brum, que acabaram não comparecendo.

Não surpreende o ridículo programa do IV Congresso, no qual houve intervenções que iam desde honras especiais a Simón Bolívar — pois o Congresso integrava as homenagens do centenário de sua morte —, segmento a cargo de Isabel Vanegas de Álvarez Bonilla e outras congressistas, até exposições de trabalhos que incluíam diversas técnicas manuais realizadas por mulheres — bordados, tecidos — e coleções de heráldicas. Mas também se expressaram vozes contundentes a favor dos direitos femininos, como as de Susana Olózaga de Cabo — designer de moda que publicara em Medellín a revista feminina *Athenea* — e Ilva Camacho. Houve longos debates em torno da educação — foi solicitada a admissão sem limitações nos cursos universitários —, saúde e assistência às mães. Deve-se destacar que os debates também giraram em torno do emprego feminino, para o qual se exigiu respeito — foi denunciado o assédio sexual —, e que houvesse tratamento digno e melhores salários, com igualdade de remuneração em relação aos homens, aspectos especialmente abordados por María Eastman, docente que chegou a ser inspetora-geral de escolas públicas, talvez o primeiro cargo relevante de uma mulher na Colômbia. Houve enfático apoio à reforma do Código Civil, pois é preciso ter em conta que os liberais voltaram ao poder depois de quase meio século — na ocasião, o presidente era o liberal Enrique Olaya Herrera — e nesse momento estavam em debate reformas civis fundamentais; uma das mais importantes consistia em erradicar a tutoria do marido, com especial atenção às "capitulações" para dotar as casadas de completo direito sobre os próprios bens. Também se pedia que a lei considerasse a distribuição das "propriedades em comum" protegendo a mulher que se casou sem bens. Uma das oradoras mais entusiastas sobre essa questão fundamental foi Ofelia Uribe de Acosta, que teve como ouvintes, além das congressistas, membros do governo e deputados especialmente convidados para a ocasião.

Não faltaram as diferenças neste IV Congresso, e inclusive se instalou um conflito por conta da discussão de um trabalho relacionado à "luta contra as doenças venéreas", que Virginia Camacho Moya desejou expor. Virginia expressava a necessidade de um exame pré-nupcial para as mulheres. Dado o pacato clima da época, isso gerou mal-entendidos e se produziu então um incidente, mas, por fim, essa solicitação foi subscrita entre as conclusões do Congresso e não cabe dúvida sobre o significado que se outorgou ao cuidado da descendência, como demonstrado pela mais extensa das fórmulas de intervenção social e estatal do período, a eugenia. É sabido que se tratou de uma pseudociência que invadiu todo o espectro, de direita a esquerda, motivada pela ideia de enfrentar os riscos "degenerativos da espécie" que devia preservar as melhores condições raciais. De modo que não pode surpreender que as congressistas se pusessem de acordo para que "se solicitasse à União Pan-Americana que em sua próxima conferência internacional analisasse a possibilidade de fundar uma sociedade de eugenia hispano-americana com filiação ativa em todo o continente americano, cujo propósito seria aplicar e difundir o conhecimento da eugenia em todas as classes sociais dos países membros".

Outra decisão foi "solicitar ao Congresso Nacional aprovar as medidas necessárias para implementar um programa de 'defesa social', que devia incluir educação sexual, a criação de campos desportivos, educação nutricional nos colégios, oficinas dedicadas a programas sociais e revisão das normas legais referentes aos filhos ilegítimos e ao reconhecimento da paternidade". O debate em torno da conjugalidade legal deu origem a violentas exposições, pois não se deve esquecer que a Colômbia havia inibido o casamento civil com as reformas conservadoras e imposto a consagração religiosa do vínculo — salvo para quem não fosse católico —, e que essa circunstância estava presente entre as participantes do IV Congresso, a ponto de que as mais liberais, como Olózaga de Cano, confirmassem que não estavam propondo a substituição do casamento religioso, pois, nas palavras dela, "estou segura de que nem o Congresso nem o público aceitariam o casamento civil unicamente num país como o nosso, onde a maior parte de seus habitantes professa a religião católica". Mas, para além dessas perplexidades, o fato é que as feministas desempenharam um papel decisivo nas reformas civis promovidas pelo Estado liberal nos anos 1930. De fato, os debates em torno da modificação do direito privado tiveram promotoras ativas que frequentemente se expressavam em publicações como *Letras y Encajes* [Letras e rendas] e *Heraldo Femenino* [Arauto feminino]. No entanto, eram decisivas as militantes de associações como o Centro Feminino, o Centro Feminino de Estudos de Medellín e o grupo de Manizales, do qual participava Claudina Múnera, que se destacava no magistério e havia sido participante do IV Congresso — foi a oradora do encerramento —, além de notável defensora das reformas civis. Depois de algumas idas e vindas, finalmente se sancionou a lei que consagrava direitos civis às mulheres em 1932. A Constituição de 1936 determinou mais conquistas civis e também direitos sociais, embora tenha sobrevivido a fórmula do casamento religioso com as prerrogativas do contrato matrimonial civil. Durante a década seguinte, as feministas, com especial ênfase as liberais, trataram de conquistar os direitos políticos.

Por algum tempo foi editada a revista *Aurora*, que com frequência publicava matérias a favor dos direitos das mulheres, mas o maior destaque foi o ressurgimento de associações como a União Feminina, da qual participavam Ofelia Uribe de Acosta, Inés Gómez de Rojas e Hilda Carrizo; o Comitê Socialista Feminino de Moniquira — em Boyacá —, no qual estava Mercedes Abadía; a Aliança Feminina del Valle e a Ação Feminista Nacional. Dentre as publicações de meados da década, se registram as revistas *Agitación Femenina* [Agitação feminina] — patrocinada por Uribe — e *Mireya*, dirigida por Josefina Canal.

Uma destacada pesquisadora colombiana teve especial importância, na mobilização das mulheres da década de 1940, para a irrupção na vida política do notável líder popular Jorge Eliécer Gaitán, uma promessa de renovação identificada com os grupos sociais menos privilegiados. Para a autora, diversas convocatórias femininas se paralisaram com o assassinato de Gaitán em 1948, acontecimento que levou a uma onda sangrenta em todas as regiões colombianas e que originou a "grande violência". As dificuldades se acirraram no país durante esse ciclo de grave crispação e a sobremesa foi a ditadura de Gustavo Rojas Pinilla. As feministas não cessaram com as reivindicações, com a incorporação de novas vozes que se uniram às protagonistas históricas, dentre as quais estavam Aydée Anzola Linares — que se destacaria em Direito —, Gabriela Peláez e Esmeralda Arboleda, que de algum modo se ligaram ao governo autoritário. Na encruzilhada de 1954 e sob a ditadura se sancionou o voto das mulheres. Em 1957, Esmeralda foi membro da Constituinte como representante liberal, em sintonia com Rojas Pinilla, e com a queda deste, em 1961, foi ministra das Comunicações, talvez uma das primeiras mulheres a ocupar essa elevada função na América Latina. Foi também embaixadora na Áustria entre 1967 e 1969.

O intervalo que se abriu até os anos 1970 significou um refluxo das ações feministas, embora se deva constatar a persistência de movimentos como a União de Cidadãs da Colômbia

(UCC), que atuaram contra a ditadura em grande medida na clandestinidade. Novos impulsos surgiram em meados da década, com a Conferência do Ano Internacional da Mulher no México, e essa renovação permitiu que a socialista Socorro Ramírez buscasse a presidência da Colômbia — e se deve recordar que em seu programa figurava a defesa do aborto livre e gratuito. Numerosos agrupamentos surgiram, em particular nas grandes cidades, e as novas militantes discorriam em ambientes de esquerda criticando a misoginia de suas organizações e criando agrupamentos próprios. Houve uma proposta de formar uma Frente Ampla de Mulheres, mas as diferenças foram intransponíveis toda vez que se enfrentavam as posições marcadas em identidades políticas partidárias, com as que proclamavam completa autonomia de qualquer organismo político, e esse foi um fenômeno que perdurou bastante.

Entre os núcleos mais organizados no fim dos anos 1970 e início dos anos 1980, se encontravam a União de Mulheres Democráticas, a Frente Ampla de Mulheres, Cuéntame tu Vida, a Frente Feminina de Fedeta, o Centro de Estudos e Pesquisa sobre a Mulher de Medellín, o Costureiro de Manizales, o Grupo Amplo para a Libertação da Mulher de Cali — do qual fez parte Sonia Álvarez, uma das mais importantes teóricas do feminismo —, o núcleo Mulheres na Luta de Bogotá e o Cine Mulher. Um âmbito de reconhecimento dos direitos das mulheres no trabalho foi a reunião patrocinada pela OIT em Medellín em 1977, da qual participou a advogada feminista Rosa Turizio, muito ligada às trabalhadoras, e no ano seguinte houve um encontro na mesma cidade com a participação de centenas de mulheres reunidas em torno da solicitação do aborto legal e contra a esterilização compulsória de mulheres — não se deve esquecer que eram anos nos quais organismos norte-americanos, como os Corpos de Paz, realizavam essas operações.

Em 1981, realizou-se o Primeiro Encontro Feminista Latino--Americano e do Caribe em Bogotá, em que estiveram presentes centenas de mulheres da maioria dos países da região; sua preparação não esteve isenta de tensões entre os grupos organizadores, em cuja frente estava o coletivo de Mulheres de Bogotá. Talvez aquele encontro tenha sido um divisor de águas para o avanço dos feminismos, com agenda definitivamente renovada para o novo século. Entre seus temas estava o problema da dupla militância (a partidária e a feminista). A lealdade aos partidos políticos foi posta à prova e, de fato, a maioria das presentes colombianas apoiava a "autonomia", conceito que também pressupunha independência do feminismo de qualquer natureza (estatal/institucional) que significasse cooptação de seus objetivos, aspecto que ocasionou inúmeros conflitos e desencontros nas décadas de 1980 e 1990. Outras questões abordadas foram como estender o feminismo às mulheres de classes populares e o mais completo reconhecimento das sexualidades e da identidade lésbica.

Mas a situação da Colômbia com o conflito entre as organizações armadas — que contou historicamente com uma grande quantidade de mulheres — e o Estado alcançou escaladas execráveis, como a sangrenta tomada do Palácio de Justiça, realizada pelo M-19 em 1985 com consequências funestas, pois provocou uma grave deterioração da convivência que também repercutiu nas organizações feministas. O coletivo Mulheres de Bogotá, especialmente, empreendeu uma campanha para o restabelecimento da paz em condições dignas e, em 1990, levou adiante o encontro "Um abraço amoroso pela vida". Existia naquele momento ao redor da capital cerca de trinta organizações diretamente envolvidas com os problemas relacionados às mulheres, embora menos da metade se identificasse claramente com o feminismo. As feministas puderam incorporar reformas importantes, apesar das severas dificuldades que representava o clima da guerra — com crescente protagonismo dos grupos paramilitares. Em 1991, as associações feministas, especialmente por meio da Rede Nacional de Mulheres, puderam se fazer ouvir na reforma da Constituição que ampliou significativamente os direitos individuais e sociais, além de ter assegurado a igualdade das mulheres. Conseguiu-se a desmilitarização do grupo guerrilheiro M-19, mas se agravavam os deslocamentos das populações camponesas.

Com o término dos anos 1990, havia na Colômbia uma grande quantidade de centros identificados com a condição feminina e, embora muitos fossem assistencialistas, outros mais tinham clara identidade feminista. Surgiu o programa governamental "Política para a igualdade das mulheres" e depois a Direção Nacional para a Igualdade das Mulheres, mas o balanço não era muito otimista em relação à capacidade de ação dessa repartição pública e de seu pressuposto. A organização Casa da Mulher teve um papel importante ligado a mulheres em suas comunidades. Para além da beligerância múltipla vivida pela sociedade colombiana, da insegurança cidadã que levou muitas mulheres e homens a se exilar em outros países, os feminismos não deixaram de se expandir, e as mulheres camponesas puderam se reunir na Associação Nacional de Mulheres Camponesas, Negras e Indígenas da Colômbia (Anmucic).

Os estudos sobre as mulheres, as relações de gênero e as sexualidades dissidentes encontraram proteção na maioria das universidades colombianas, mas ressalto o pioneirismo das acadêmicas que, em 1993, criaram em Cali o Centro de Estudos de Gênero, Mulher e Sociedade na Faculdade de Humanidades da Universidad del Valle, e um pouco mais adiante, em 1994, o grupo Mulher e Sociedade da Universidade Nacional da Colômbia impulsionou o Programa de Estudos de Gênero, Mulher e Desenvolvimento (PEGMD) na Faculdade de Ciências Humanas e, em 2001, a qualidade e quantidade de sua produção fez com que se transformasse numa unidade acadêmica da Faculdade de Ciências Humanas, com o nome Escola de Estudos de Gênero. Os feminismos colombianos mostraram um crescimento exponencial e assumiram desafios importantes tanto na militância como na academia nos primeiros anos do novo século.

Não se pode deixar de mencionar o significado das mobilizações colombianas para obter a paz e cessar o doloroso período de várias décadas de guerra entre as formações guerrilheiras e o Estado — com o componente da violência paraestatal, que aumentou o processo de deslocamento de milhares de pessoas nas zonas de conflito. O lento caminho dos acordos teve como cenário dominante Havana, Cuba, sede das negociações das múltiplas representações, e foi também importante o aporte da Mesa Nacional de Incidência pelo Direito à Verdade, à Justiça e à Reparação com Perspectiva de Gênero, que cumpriu um papel fundamental desde o início do século XIX. Numerosos grupos de mulheres, decisivos na expansão do feminismo popular, se expressaram de um modo ou outro na Mesa, e não podem deixar de ser mencionados ao menos os seguintes movimentos de singular essência: Rota Pacífica de Mulheres; Aliança Iniciativa de Mulheres pela Paz; Trabalho Mulher e Gênero pela Verdade, a Justiça, a Reparação e a Reconciliação; Associação Nacional de Mulheres Camponesas, Negras e Indígenas da Colômbia (Anmucic); Coletivo de Mulheres Ex-Combatentes; Coletivo Feminista Projeto Passos; Corporação Casa da Mulher; Corporação Humanas; Centro Regional de Direitos Humanos e Justiça de Gênero; Corporação para a Vida "Mulheres que Criam"; Observatório dos Direitos Humanos das Mulheres na Colômbia; Fundação Mulher e Futuro; Liga de Mulheres Desabrigadas; Liga Internacional de Mulheres pela Paz e a Liberdade; Organização Feminina Popular (OFP); Rede de Educação Popular entre Mulheres (Repem); Rede Nacional de Mulheres Bogotá; Confluência Nacional de Redes de Mulheres; Organização Feminina Popular; Rede Nacional de Mulheres Afro-Colombianas; Movimento Popular de Mulheres; Centro Meira del Mar; Fundação Mavi; Rede de Empoderamento de Cartagena e Bolívar; Ei, Mulher; Cerfami; Casa da Mulher Estela Brand; Rede Departamental de

Mulheres Chocoanas; Fundesap; Orocomay; Casa da Mulher; Coletivo María María; Vamos, Mulher; Escola Política de Mulheres; Aliança de Organizações Sociais e Afins por uma Cooperação para a Paz e a Democracia na Colômbia; Plataforma Colombiana de Direitos Humanos, Democracia e Desenvolvimento. Essa lista não é exaustiva, não faz justiça ao vasto conjunto de organizações em que participam ativamente as mulheres na Colômbia hoje em dia para erradicar todas as violências, com obstinada determinação para alcançar o objetivo de conquistar a paz com igualdade de gênero.

EQUADOR

Como observado nos outros territórios latino-americanos, o Equador tem uma história de levantes populares com destacada participação de mulheres, tal foi a insurreição indígena de 1803 em Guamote, na qual foi executada uma das lideranças daquele movimento, Lorenza Avemañay. No processo revolucionário da Independência, destacaram-se figuras como Manuela Espejo, Manuela Cañizares, a heroica Rosa Zárate, para citar somente algumas, sendo Manuela Sáenz equatoriana.

A saga das insubmissas continua no fim do século XIX, cenário de vigorosos desempenhos na vida social e política, e é imperativo mencionar a mítica Marietta de Veintimilla, que durante o governo de seu tio Ignacio de Veintimilla (1876-1883) se tornou protagonista notável e aríete de incontestável poder. Era parente de Dolores Veintimilla, destacada poeta que morreu tragicamente. Marietta perdeu os pais ainda criança e foi criada por seu tio, que a educou numa instituição religiosa na qual ela aperfeiçoou de modo singular a escrita. Tudo indica que era muito inteligente e que havia desenvolvido qualidades excepcionais na política — um campo que, como se sabe, era reservado aos homens — a ponto de seu tio lhe delegar o governo em Quito, enquanto ele residia boa parte do tempo em Guayaquil. Devido a um acontecimento militar que ameaçava a continuidade do governo, em março de 1882 Marietta interviu de forma decidida e ganhou a admiração e o consentimento de boa parte dos atores políticos da época. Atribuíram a ela apelidos como "La Generalita" [A Generalzinha] ou "La Mayasquerita",[1] porque além disso

---

[1] Este apelido lhe foi dado por causa da montanha de mesmo nome, situada na província de Carchi, de onde provinha a maioria dos soldados. (N. T.)

assumiu o comando do exército de Quito. Marietta tomava as decisões do palácio governamental e também fez mudanças nas vestimentas e condutas daqueles que alternavam com alta investidura. Livre-pensadora — era notável sua distância em relação a posições ultrarreligiosas —, destacou-se como uma promotora precoce dos direitos das mulheres no Equador, e para isso contribuíram tanto suas normativas, em alguma medida libertadoras das armaduras — ressalta-se que ela determinou que as mulheres pudessem passear sozinhas, sem necessidade de companhia masculina, pelo parque La Alameda, que havia contribuído para reformar —, como também alguns de seus escritos. As agitações políticas a levaram à prisão e finalmente pôde ir para o Peru, onde se exilou com parte de sua família, ganhando a vida colaborando com artigos para a imprensa. Em Lima fez contato com um grupo de singulares mulheres letradas, dentre as quais Clorinda Matto de Turner, Juana Manuela Gorritti e Mercedes Cabello de Carbonera. Publicou um livro que é uma verdadeira joia, *Páginas do Equador*, no qual defendeu a obra governamental de seu controvertido tio e fez interpretações da história de seu país, constituindo-se talvez numa das principais historiadoras *amateur* da América Latina. Pôde regressar ao Equador no início do século XX, vinculando-se à Sociedade Jurídico-Literária de Quito, em cuja revista publicou, em 1904, "Madame Roland", um ensaio no qual justificou as mulheres por meio da revolucionária francesa e advogou por seu reconhecimento. Lá afirmou: "A despeito de nossa civilização, a mulher sul-americana é a escrava recém-alforriada que ensaia seus primeiros passos no terreno da literatura, onde felizmente já colheu grandes triunfos precursores de outras de mais-valia com o transcorrer do tempo."

Num contexto de governos nos quais aumentaram as oportunidades e os benefícios para determinados grupos econômicos, as ideias de direitos para as mulheres foram irradiadas a partir de núcleos feministas. As católicas se expressaram mediante atos assistencialistas e benfeitores, enquanto surgiam núcleos de liberais e organizações voltadas para a esquerda. Dentre elas, estavam as criadas por socialistas que buscavam a ampliação das oportunidades civis e educativas, além de reivindicar o voto. E como foi observado nas outras sociedades já abordadas, as professoras nutriam boa parte desses círculos de demandas.

Em geral, as expressões feministas surgiram nos centros urbanos maiores com figuras como Matilde Hidalgo de Procel, Victoria Vásconez Cuvi e María Angélica Idrobo, que puderam escrever em publicações como *La Mujer* [A mulher] (1905), *La Ondina del Guayas* [A ondina de Guayas] (1907-1910) e *Flora* (1918). Em Guayaquil se desenvolveram atividades ligadas às mulheres trabalhadoras e desse esforço surgiu o Centro Feminista La Aurora, que incentivou a edição de *La Mujer Ecuatoriana* [A mulher equatoriana] (1918), ligada à Confederação de Trabalhadores de Guayas. Essas expressões se caracterizavam por certa pluralidade nos objetivos, e, embora houvesse mobilizações em torno dos direitos feministas, sobressaía o empenho organizacional das mulheres operárias e a denúncia de suas condições específicas. Outro centro feminista, ligado ao La Aurora e à Confederação, foi o Clube Feminista Dolores Sucre — em homenagem à reconhecida poeta —, que, em 1920, fez propaganda eleitoral a favor do candidato à presidência José Luis Tamayo, representando o Partido Liberal.

Em maio de 1924, o Conselho de Estado, órgão máximo de decisão, recebeu a consulta relativa para permitir o voto de Matilde Hidalgo — depois de Procel — que queria votar na cidade de Machala nas eleições a representantes do Parlamento. O Conselho emitiu um ditame favorável e argumentou que a identificação de "homem" não aludia a nenhum sexo em particular, mas que se referia a um sujeito com direitos cidadãos. Matilde foi a primeira formada no ensino médio no país e se graduou como médica depois de vencer as vicissitudes — em princípio apenas havia sido admitida na Faculdade de Medicina de Cuenca —, e em 1930 chegou a ocupar o cargo de vereadora, sendo uma das primeiras latino-americanas a votar em âmbito nacional e ser eleita para um cargo representativo no país.

Os meados da década de 1920 foram turbulentos. Em julho de 1925, ocorreu a denominada "Revolução Juliana", que catapultou ao poder jovens oficiais apoiados, em boa medida, pela sociedade civil equatoriana. Os revolucionários pareciam responder aos interesses populares e estar dispostos a aprovar reformas sociais, limitando o poder dos grupos oligárquicos que haviam dominado a cena política. Chegou-se assim ao governo do médico Isidro Ayora, que convocou a reforma da Constitución, responsável por consagrar em 1929 o voto feminino. O Equador foi o primeiro país a conceder o voto às mulheres na América Latina, mas deve-se dizer que se tratava de um voto censitário, pois apenas as alfabetizadas podiam gozar desse direito.

Durante a década de 1930, foram publicadas *Iniciación* [Iniciação] (1934-1935), em Quito; *Alas* [Asas] (1934) em Guayaquil e Ambato — e outras expressões libertadoras da condição feminina surgiram também em Guayaquil, onde era publicada a revista *Nuevos Horizontes* [Novos horizontes] (1933-1937). Tornaram-se frequentes no Equador as propostas — às vezes contraditórias — a favor da participação política das mulheres. Não surpreende o vínculo internacional de que dispunham alguns centros, já que havia militantes com muitos contatos com expressões feministas de outros países, como ocorria com Zoila Ugarte de Landívar, Victoria Vásconez Cuvi, Zoila Rendón e Petronila Flores, que tiveram presença em fóruns internacionais. Embora não tenham faltado as mobilizações de mulheres que solicitavam os direitos civis, políticos e educacionais, a interseção com os valores da maternidade muitas vezes limitou os esforços e desorientou os empenhos libertadores das mulheres. Houve dúvidas em relação ao voto, como ocorreu com Zoila Rendón, feminista de tom contido que se preocupava com uma possível mutilação do voto à idiossincrasia das mulheres, e com Rosa Borja de Icaza, cujo liberalismo e reconhecimento dos direitos femininos não era o bastante para admitir plenamente que a arena política não poderia ser vedada às mulheres. Sem dúvida, não faltavam as vozes das feministas envolvidas com a ampliação dos direitos políticos, como Hipatia Cárdenas de Bustamante — conhecida como "Aspacia", a primeira candidata mulher à presidência — e Victoria Vásconez Cuvi, que não cessaram de incentivar as mulheres a uma maior participação nos anos 1930. Ao finalizar essa década, surgiu a Aliança Feminina Equatoriana (AFE), uma organização que reuniu de maneira policlassista mulheres que, em boa medida, tinham posições de esquerda, mas não só, embora de modo reiterado tenha se mencionado a AFE como um apêndice do Partido Comunista, questão que revisa uma rigorosa pesquisa que indica a necessidade de estudar essa ligação de maneira mais profunda. De acordo com esse ponto de vista, haveria de se pensar que as mulheres da AFE mantinham certa autonomia, que não é possível assimilar seus desejos e anseios aos mandos do Partido, e que puderam contribuir fortemente para modificações das relações de gênero em suas correntes.

A área de atuação da AFE foi a cidade de Quito, e a ideia principal era criar núcleos afins em fábricas, empresas e universidades, embora esses objetivos pareçam ter sido apenas parcialmente alcançados. Dentre as militantes mais destacadas no período entre 1938 e 1944, encontram-se a secretária-geral Matilde Nogales, acompanhada em diferentes cargos por Virginia Larenas, Nela Martínez Espinosa, María Luisa Gómez de la Torre, Raquel Verdesoto, Julia de Reyes, Carlota Félix de Garcés, Aurora Estrada e Ayala de Ramírez Pérez, Zoila Ugarte de Landívar, Leonor de Carbó, María Angélica Idrobo, Hipatia Cárdenas de Bustamante, María Zaldumbide de Dennis, Virginia Larenas, Matilde Hidalgo de Procel, Lucía Lavijo Peñaherrera, Dolores Cacuango, Lucrecia López e Rosa Lovato. Em 1945, ocupou a presidência da AFE Nela

Martínez Espinosa — figura na qual irei me aprofundar mais à frente — e a seguiram María Luisa Gómez de la Torre, Esther de Castrejón, Judith Elisa Mujica, Clemencia Salazar, María Angélica Idrobo, Aurora E. y Ayala de Ramírez Pérez, Rosario Mendizábal, Mercedes Pacheco Zoila de Torres e Letty Guerrero. Em 1950, a secretaria-geral esteve nas mãos de Aurora Estrada y Ayala de Ramírez Pérez, seguida de Virginia Córdova Illescas e Sara del Pozo. Chama a atenção que essa organização de mulheres pudesse abrigar militantes de diversas forças partidárias — desde mais à esquerda e ligadas ao Partido Comunista até as liberais —, que puderam reunir várias classes sociais e conectar profissionais e mulheres trabalhadoras quase analfabetas.

Deve-se lembrar a ordem eclética da coalizão Aliança Democrática Equatoriana (ADE), que unia "o padre e o comunista" — como se dizia —, que atuou na conjuntura de meados nos anos 1940 para pôr fim ao autoritarismo do presidente Carlos Arroyo del Río. Em maio de 1944, eclodiu a revolução denominada "A Gloriosa", e o dado singular desse acontecimento foi a atuação da presidenta da AFE, Nela Martínez Espinosa, que esteve no comando do Estado como ministra do governo — seguramente a primeira mulher na América Latina nesse exercício —, enquanto se aguardava a ascensão de José María Velasco Ibarra. Nela era escritora e costumava usar de diversos pseudônimos quando escrevia textos para a imprensa. Havia se filiado ao comunismo em 1933 e teve especial preocupação com a condição das trabalhadoras e as populações indígenas. Foi representante na Convenção Constituinte, na qual na sessão pouco depois da revolução, em nome da AFE, sustentou que pretendia "fazer eco sobre a dor unânime de mais da metade dos equatorianos, que tal é a situação das mulheres dentro da população do Equador, que se sentem em situação de inferioridade econômica perante a lei".

Nela costumava sublinhar a dominação de classe e não se privou de assinalar certas diferenças com os feminismos. A AFE foi se extinguindo e, no início da década de 1960, Nela incentivou a criação da União Revolucionária de Mulheres Equatorianas, comprometida em realizar transformações radicais na sociedade, mantendo contatos orgânicos com a Federação Democrática Internacional de Mulheres (FDIM), que fomentava o comunismo internacional. Seu órgão de expressão foi *Nuestra Palabra*, e foram anos de muita repressão devido à ditadura governante. Uma figura notável foi Dolores Cacuango, representante indígena que pertencia também ao Partido Comunista. Dessa época data o surgimento da União Nacional de Mulheres do Equador, que impulsionou reformas, dentre as quais o voto universal e obrigatório para as mulheres, da mesma maneira que advogou pelos direitos civis. Sobressaía a atuação de Irene Paredes Vásconez, que presidiu a associação nos anos 1970 e advogou por reformas ampliatórias da cidadania feminina.

Durante os anos 1980 apareceram novos grupos, e deve-se mencionar o Centro de Ação da Mulher de Guayaquil (CAM), ao qual se deve a iniciativa da "Primeira Oficina de Encontro Nacional sobre Teoria Feminista", que se desenvolveu em 1986 em Ballenita, na costa do Pacífico. Outro grupo foi o Ação pelo Movimento de Mulheres (AMM), que se estabeleceu em Quito e em Guayaquil. Apenas na década de 1990 surgiram associações nacionais, que em sua maioria tinham um acentuado tom liberal e "institucional", mas conviviam com os grupos mais radicais que lutavam por ações populares e inclinadas a incluir também mulheres indígenas. Afirmou-se que certas propostas, como a "igualdade de oportunidades", tiveram como espelho o modelo hegemônico masculino que, nas atuais condições de imposição do modelo neoliberal, exacerbou as formas patriarcais, com o aumento da exploração dos corpos femininos. Entre as expressões feministas mais à esquerda se encontravam o Movimento de Mulheres em El Oro, o Movimento de Mulheres de Bahía de Caráquez, o Movimento Lua Crescente, a Assembleia de Mulheres de Cotacachi, os Coletivos Feministas de Quito, a Rede de Mulheres Transformando a Economia (Remte), vinculada à Fundação de Estudos, Ação e Participação Social (Fedaeps), que deve muito aos esforços da renomada feminista Magdalena León, uma das mais importantes vozes em matéria de economia feminista da região. Ao iniciar-se o novo século, a Flacso Equador consolidava sua iniciativa de estudos de gênero, e os multiplicados grupos feministas reivindicavam o combate à violência, a autonomia em matéria de sexualidade e a legalização do aborto.

PERU

O território do Peru foi cenário de desenvolvimentos próprios na marcha pela conquista dos direitos das mulheres. Mas, antes que surgisse uma luta específica em prol de suas prerrogativas, revelam-se figuras femininas audaciosas. Não se pode deixar de mencionar Micaela Bastidas, a companheira de Tupac Amaru II, que mostrou tanta convicção e sofisticação que acabou cruelmente sacrificada; a ela se somam María Parado de Bellido, que ingressou na luta pela independência e também pagou com sua vida, e Ventura Callamaqui, que conseguiu organizar sua própria comunidade indígena em apoio aos patriotas. Tampouco se pode deixar de evocar a aguerrida Francisca Zubiaga y Bernales — "La Mariscala" [A Marechala] —, figura determinante entre as lideranças protagonizadas por seu marido, o presidente general Agustín Gamarra, que foi finalmente deposto pela Confederação Peruano-Boliviana em 1834. Essa galeria de mulheres certamente heroicas deveria ser completada com as inumeráveis anônimas que ainda esperam reconhecimento. No fim do século XIX, se encontra no Peru um grupo de letradas importantes, foco de irradiação para os países vizinhos, em particular a Argentina, entre as que se destacam as já mencionadas Juana Manuela Gorriti, Clorinda Matto de Turner, Mercedes Cabello de Carbonera, assim como Elvira García y García, dedicada educadora de meninas na virada dos séculos.

A sociedade peruana viveu um doloroso momento durante a denominada Guerra do Pacífico (1879-1883), na qual perdeu para o seu adversário, Chile, alguns territórios em disputa — fronteiras do Peru, Chile e Bolívia. Muitas famílias viram alterada por completo sua sobrevivência nas áreas ocupadas pelas tropas chilenas e se mudaram para Lima. Entre essas famílias está a de María Jesús Alvarado Rivera, uma das pioneiras do feminismo peruano. Embora tivesse uma educação muito básica, sua inteligência e sensibilidade — e sua dedicação constante ao autodidatismo — a levaram a escrever da perspectiva da reivindicação de direitos para as mulheres. Durante 1908 — ano especialmente confuso no Peru, durante a primeira presidência de Augusto Leguía, pois novamente se acirraram os conflitos limítrofes com Chile, Bolívia e Equador —, María Jesús publicou em diversos veículos de Lima textos relacionados à emancipação das mulheres, destacando-se um deles em *El Álbum* [O álbum] — como narra Sara Beatriz Guardia no artigo "María Jesús Alvarado, a primeira feminista do Peru" —, no qual ponderava especialmente o significado da educação para a autonomia. Em 1911, proferiu uma conferência pública com o título de "O feminismo" no marco da Sociedade Geográfica, que teve inusitada repercussão na mídia. Nela, fez um percurso pelas diversas etapas históricas mostrando as circunstâncias dolorosas da sujeição e manifestou que, "não obstante tão infindáveis séculos da escravatura, de forçada ignorância, de completa inércia mental, não se extinguiu a chama da inata inteligência da mulher". Surpreende a menção de inúmeros nomes de mulheres que se destacaram em diferentes campos de atuação, sobretudo no conhecimento científico, e outra circunstância bastante excepcional: a homenagem que rendeu a um bom número de contemporâneas. María Jesús fez então um resumo do programa feminista, a saber: 1) dar maior amplitude e facilidades à educação da mulher, desenvolvendo seu intelecto e capacidades da mesma maneira que o homem; 2) dar acesso aos empregos públicos e profissionais liberais, para que possa subsistir por seus próprios esforços, melhorando sua condição econômica e social; 3) que sejam concedidos os mesmos direitos civis concedidos ao homem, libertando a mulher casada da dependência do marido a que a lei a submete, privando-a dos direitos de que goza como solteira; e 4) que sejam outorgados os direitos políticos para poder intervir diretamente no destino nacional, como membro inteligente e apto que é do Estado.

Alvarado não somente advogava pelos direitos das mulheres, mas pelas prerrogativas que se deviam às populações indígenas, apoiando a Associação Pró-Indígena, em boa medida uma iniciativa de Dora Mayer e Pedro Zulem. Em 1914, fundou a organização Evolução Feminina com María Irene Larragoitia, que, como dito, foi considerada "a instituição que lhe deu oportunidade de escrever e propor reformas jurídicas, como a participação das mulheres na direção de sociedades de beneficência pública". Estimou-se que o núcleo reuniu cerca de oitenta mulheres, em sua maioria letradas, que exerciam o magistério e pertenciam a setores médios da sociedade peruana. Uma de suas iniciativas foi a criação da Escola Moral e Trabalho, destinada às meninas desprovidas de recursos, na qual aprendiam diferentes ofícios — mecanografia, taquigrafia, contabilidade, artesanato, idiomas — e que inclusive teve uma gráfica própria.

Leguía foi eleito presidente pela segunda vez em 1919. Seu governo se caracterizou por um autogolpe quase no início do mandato, pelas reformas autoritárias e pela perseguição dos adversários. Ainda nesse ambiente adverso de meados da década de 1920, surgiram diversos grupos de mulheres. Em 1924, visitou o Peru Carrie Chapman, a famosa feminista norte-americana que havia sido fundadora, com outras mulheres de destaque, da International Women's Suffrage Alliance em Berlim no ano de 1904, organização que depois viria a se tornar a International Alliance of Women. A visita tinha a ver com a necessidade de impulsionar os direitos cívicos das mulheres e criar organismos que tivessem esse objetivo. Surgiu assim o Conselho Nacional das Mulheres, do qual María Jesús se tornou secretária, embora estivesse no nível da presidência. As funções do Conselho se orientaram centralmente à beneficência para as mulheres, e ele se transformou num organismo conservador. Ao longo de 1925, se registraram repressões, especialmente contra os movimentos indígenas, e, dado que María Jesús Alvarado teve uma atitude solidária ao possibilitar o uso da gráfica da escola para que pudessem imprimir folhetos de denúncia — como afirmava o governo —, foi detida durante vários meses, e sua casa e a gráfica, destruídas. Em maio desse ano se exilou na Argentina, onde tudo indica que foi calorosamente acolhida; pôde escrever o romance *Nuevas cumbres* [Novos picos] e trabalhar no magistério, até o golpe de 1930, quando foi censurada e precisou sobreviver com trabalhos de confeitaria. Pôde retornar ao seu país somente em 1936.

Enquanto isso, surgiram em Lima novas associações, mas seguramente a mais importante foi a Feminismo Peruano, impulsionada por Zoila Aurora Cáceres, que pôde estudar na Alemanha e na França — seu pai foi o almirante Andrés Cáceres, que presidiu o Peru e que havia se destacado na Guerra do Pacífico. Essa formação no continente europeu a inclinou à escritura e se devem a ela textos substanciais, sobretudo um romance modernista e transgressor como *La rosa muerta* [A rosa morta]. Zoila foi casada por pouco tempo com o escritor guatemalteco Enrique Gómez Carrillo e não hesitou na decisão pela separação, o que na época era um verdadeiro escândalo. Manteve-se próxima às ideias socialistas e frequentemente dava conferências para os círculos de operários. Ocupava-se de obras que ofereciam serviços de saúde para as classes trabalhadoras. O feminismo que defendia advogava por mais cultura e educação para as mulheres, assim como para a sua independência econômica, e sustentava a necessidade de cidadania para elas. Não se pode deixar de mencionar que nesse período apareceram expressões políticas e culturais ligadas à esquerda: a Aliança Popular Revolucionária Americana (Apra), fundada no México no início da década de 1920 por Raúl Haya de la Torre, que estava exilado naquele país, e o trabalho de José Carlos Mariátegui e da revista *Amauta*, criada e dirigida por ele, que obteve boa quantidade de contribuições femininas. Em 1930, surgiu o Partido Comunista, que, embora com restrições contra o "feminismo burguês", apoiava os direitos das trabalhadoras e o voto.

Foi na queda da ditadura de Leguía que a associação Feminismo Peruano impulsionou o debate sobre o sufrágio na Constituinte de 1932, mas sem sucesso. Durante essa década surgiram círculos novos, dentre os quais se encontram a Legião Feminista Pró-Cultura e a União Feminina de Ciências, Letras e Artes; foram anos difíceis, pois se apresentaram sérias divergências entre os grupos de mulheres. A Feminismo Peruano mantinha diferenças com o Conselho Nacional das Mulheres, que, como dito, tinha uma posição conservadora, e na verdade não poderia ser identificada como "feminista". E também era questionada pelas novas vozes de mulheres do Apra, como Magda Portal — uma das mais renomadas poetas peruanas, presa em 1934 durante quase dois anos — e Carmen Rosa Rivadaneira, que atacavam Zoila Aurora Cáceres com o argumento de que havia colaborado com o ditador Leguía. As militantes apristas afirmavam então o preceito de que o fundamental era eliminar as injustiças sociais, e as mulheres deviam colaborar com os homens para isso. Mas, nos anos 1940, tal posição mudou: ao menos Magda Portal enfrentava a cúpula do Apra, entre outras razões, pela falta de reconhecimento das mulheres. Em 1941, apareceu o Comitê Nacional Pró-Direitos Civis e Políticos da Mulher, em cuja liderança estava Elisa Rodríguez Parra de García Rossell, e em meados dessa década María Jesús Alvarado fundou uma nova associação, a Evolução Feminista. Desde que voltou, contudo, estava mais preocupada com o ressurgimento da Escola Moral e Trabalho, impulsionando tarefas culturais e atividades pró-eugênicas, pois pensava que precisava melhorar as condições reprodutivas da população peruana. O surgimento da Evolução Feminista tornou a colocá-la na liderança da conquista do voto, e a essa agência se somaram a Associação Feminina Universitária e, pouco tempo depois, a Associação de Advogadas Trujillanas — em sua maioria ligadas ao Apra —; finalmente, em 1955, o voto foi conquistado sob o governo ditatorial do general Manuel Odría, mas em condições censitárias, já que somente poderiam votar maiores de 21 anos e alfabetizadas, além de casadas a partir de 18 anos, se soubessem ler e escrever. Nas eleições de 1956, chegaram aos assentos parlamentares uma senadora e sete deputadas.

Os feminismos peruanos se reavivaram no fim dos anos 1970. A onda renovadora encontrou muitas mulheres estimuladas pelo desejo de enfrentar os valores patriarcais. Uma delas não era peruana: nascida na Noruega, chegou ao Peru acompanhando seu esposo; tratava-se de Helen Orving. Junto com outras inquietas, dentre as quais se encontravam Cristina Portocarrero, Ana María Portugal, Rosa Dominga Trapasso, Timotea Galvin, Hilda Araujo, Narda Henríquez, Lourdes Zegarra, Rosa María Salas, Rosario Pérez Fuentes, Lía Morales, Carmela Mayorga, Elizabeth Andrade, Ana María Miranda, Elena e Violeta Sara-Lafosse e Silvia Loayza, procuraram analisar a condição das mulheres, indagar conceitualmente a problemática feminina e colaborar na formação de associações que lutaram por direitos.

No início dos anos 1970, achavam-se em ação o Movimento de Promoção da Mulher, o Grupo de Trabalho Flora Tristán, a Frente Socialista da Mulher e a Ação para a Libertação da Mulher Peruana (Alimuper). A Conferência do México de 1975 se projetou com força e surgiram novos agrupamentos, como o Movimento Manuela Ramos — cujas participantes, as "Manuelas", atuavam em diversas atividades de atenção às mulheres dos bairros populares — e Criatividade e Mudança, e foram promovidos o Movimento El Pozo, o Cendoc Mulher e o Círculo de Feministas Cristãs Talitha Cumi. Essa faceta do feminismo peruano é bastante peculiar, muito menos presente em outros países: a experiência de feministas identificadas com o catolicismo, a ligação de mulheres religiosas com o trabalho a favor de prerrogativas — como Rosa Dominga Trapasso, que nasceu nos Estados Unidos, chegou ao Peru em 1954 e pertencia à Congregação Irmãs de Mariknoll — e o papel desempenhado pela Pontifícia Universidade Católica do Peru, na qual se formaram notáveis feministas como Virginia Vargas e Patricia Ruiz Bravo.

Em 1979, surgiu o Centro da Mulher Peruana Flora Tristán, que não se deve confundir com o já citado núcleo homônimo, que atuou no começo dos anos 1970. Nesse ano, finalmente se reconheceu a completa universalidade do voto — foram incluídos na cidadania homens e mulheres que não sabiam ler e escrever. Deve-se ter em conta o contexto peruano: os graves acontecimentos da década de 1980, a sangrenta atuação do Sendero Luminoso — entre suas tão numerosas vítimas houve ao menos dois prefeitos assassinados — e a ação repressiva igualmente violenta do Estado peruano.

Parte dos novos fenômenos surgidos na ação política foi a separação de muitas militantes dos clássicos partidos de esquerda, alegando que estes atuavam sob regras patriarcais. Houve um acontecimento importante: em julho de 1983 se realizou em Lima o II Encontro Feminista da América Latina e do Caribe, que reuniu seiscentas participantes — bem mais do que o anterior realizado em Bogotá —, com grande quantidade de oficinas nas quais se pôde discutir um amplo leque de problemas. À medida que transcorria a década, observaram-se conflitos entre as organizações: por um lado, as denominadas "institucionalistas" e, por outro, as que se intitulavam "autônomas"; os subsídios que podiam beneficiar algumas dessas organizações — provenientes de diversas agências do exterior — complicavam notavelmente as relações e criaram divergências.

Mas, para além dos enfrentamentos, da crise e dos temores que padeceram as associações — o Centro da Mulher Peruana Flora Tristán foi várias vezes ameaçado pelo Sendero Luminoso —, não há dúvida de que os feminismos peruanos impulsionaram a agenda latino-americana, e se assistiu em pouco tempo a uma completa renovação das demandas. As dimensões do corpo e da sexualidade, a dissidência com os marcos normativos heterossexuais e a luta pelo aborto, que originou inúmeras mobilizações, resultaram em acentuado empenho de diversos grupos feministas que existiram para além dos limites da capital, Lima, estendendo-se sobretudo aos centros urbanos do interior. A ação das feministas pôde chegar também a grupos de mulheres indígenas, apesar das dificuldades para a articulação entre mundos tão diversos. Estenderam-se com muita envergadura associações populares que levaram à criação de organizações, como a Federação Popular de Mulheres de Villa El Salvador (Fepomuves), e embora provavelmente não expressassem demandas feministas, constituíram um movimento articulado relacionado às necessidades dessas mulheres. Sustentou-se que em 1983 agrupavam mais de 10 mil delas sob a liderança de María Elena Moyano — conhecida como "Mãe Coragem" —, que chegou a ocupar a prefeitura de Villa El Salvador em 1993 e foi assassinada pelo Sendero Luminoso. Tinha 33 anos.

Para além das vicissitudes sofridas pelos feminismos peruanos, chegaram a ocupar um lugar de destaque na vida acadêmica, pois houve certa repercussão de suas ações em outros países da região. Antes do início do século XXI, as universidades peruanas já haviam incorporado programas e ciclos formativos acerca das mulheres, das relações de gênero, do feminismo e das sexualidades dissidentes. Como se ressaltava na comemoração dos 25 anos do Centro da Mulher Peruana Flora Tristán, numa publicação da qual participaram diversas autoras: "Graças ao feminismo, no Peru ganhou visibilidade a desigualdade vivenciada pelas mulheres, foram obtidas mudanças normativas e institucionais em seu favor, avançou-se no reconhecimento dos direitos sexuais e reprodutivos e se exerce uma vigilância permanente da vigência e cumprimento dos direitos humanos das mulheres. Esse papel vigilante se estende à institucionalidade democrática, marco no qual é possível uma agenda das mulheres."

BOLÍVIA

Na Bolívia, também não faltaram mulheres que resistiram aos poderes opressores. São inúmeros os nomes, mas vale destacar as aguerridas Gregoria Apaza e Bartolina Sisa, sendo esta última esposa de Tupac Katari, ambas cruelmente assassinadas devido às rebeliões contra o jugo dos colonizadores, e as incendiárias Mariana Zudáñez e Juana Azurduy de Padilla. Juana também é reconhecida como argentina, devido à integração territorial que subsistia no início da independência. Um lugar memorável cabe a Vicenta Juaristi Eguino, figura singular que inclusive se divorciou por causa da incompatibilidade de ideias com seu marido (o pragmático Mariano Ayoroa), e determinou que sua casa se tornasse o centro de operações dos patriotas. Na fratricida Guerra do Pacífico, que exigiu enormes sacrifícios das três sociedades (chilena, peruana e boliviana), destaca-se Ignacia Zeballos, que serviu com muita dedicação como enfermeira, tanto que lhe foram concedidas honras militares.

É nítida a posição pró-feminista de uma das mais destacadas escritoras do país, Adela Zamudio Rivera (1854-1928), nascida em Cochabamba; com apenas alguns anos de educação básica numa escola católica, ela se formou de maneira autodidata e construiu uma trajetória importante no magistério, pois dirigiu a Escola Fiscal de Senhoritas até 1905 e depois, em 1916, foi fundadora do Liceu de Senhoritas. De filiação liberal, manifestou-se com ousadia contra o clericalismo e as convenções, circunstâncias que se refletem em sua criação literária. Um de seus poemas, "Nacer hombre" — no qual se nota certa semelhança com Sor Juana Inés de la Cruz —, é incisivo em relação à execrável hierarquização entre os sexos. Não se casou e gostava de ostentar o pseudônimo de "Soledad" para rubricar sua criação literária. Teve embates com a Igreja por causa de sua acirrada defesa da laicidade no sistema educativo, e deve-se enfatizar que propunha melhorar a condição das mulheres mediante uma educação racional da qual estivessem ausentes as configurações religiosas. Embora não tenha fundado um movimento feminista, Adela manteve um apego inalterável à sua aposta na independência das mulheres, e recentemente o governo boliviano escolheu o dia de seu nascimento, 11 de outubro, para comemorar o "Dia da Mulher".

Nos anos 1920, houve um despertar dos sentimentos feministas, surgidos nas principais cidades centros culturais impulsionados por grupos de mulheres com certa instrução e que realizavam debates sobre sua condição e os direitos que lhes era devido. De acordo com uma importante pesquisa, Adela Zamudio Rivera desenvolvia suas atividades no Centro Artístico e Intelectual de Oruro, incentivado por Laura de la Rosa, Bethsabé Salmón de Beltrán e Nelly López. Esse centro publicava a revista *Feminiflor* em 1921, que provavelmente se tratou da primeira publicação feminista da Bolívia, embora tenham circulado outros impressos, tais como *Iris*, em Cochabamba, e *Ideal Femenino* [Ideal feminino] e *Venas del Plata* [Veias do Prata] em Potosí, durante a primeira metade dessa década. Outros núcleos eram o Círculo de Bellas Artes de Cochabamba, o Centro Juvenil de Senhoritas de El Beni, o Centro Ideal Feminino de La Paz, que em 1923 publicava a revista *Aspiración*, e o Ateneu Feminino de La Paz, que María Luisa Sánchez Bustamante havia fundado e que publicava as revistas *Eco Femenino* [Eco feminino] (1923) e *Índice* (1929). Nessa época, surgiram também outros agrupamentos em Oruro, Sucre e Cochabamba, mas o Ateneu Feminino de la Paz "serviu de referência para a defesa dos direitos das mulheres" dos anos 1920 a 1940. Sustentou-se que ele foi o primeiro centro que organizou uma campanha constante para que as mulheres adquirissem os direitos civis e políticos. Em 1924, celebrou-se em Lima a II Conferência Pan-

-Americana de Mulheres, na qual esteve especialmente representado o Ateneu, e em 1925 essa entidade também se fez presente no já citado congresso da Liga Internacional de Mulheres Ibéricas e Hispano-Americanas do México. Graças aos seus estímulos, foi realizada uma Primeira Convenção de feministas bolivianas, que solicitou entre outros direitos o voto, mas sustentou que devia ser reservado apenas para as analfabetas. Não há dúvida de que tal resolução expressava os sentimentos de classe de María Luisa Sánchez Bustamante — que foi uma "feminista *sui generis*" — e o de suas seguidoras, como Ana Rosa Tornero e Eduviges de Hertzog. Em 1929, houve uma Primeira Convenção de Mulheres, que teve sua tentativa de integrar todos os grupos femininos frustrada — as organizações de trabalhadoras foram convidadas, e os dissensos foram grandes, de modo que estas se separaram. As mulheres da Federação Trabalhadora Feminina e de vários grêmios se orientavam por ideais socialistas e anarquistas, e era muito difícil a comunicação com as mulheres do Ateneu.

O início da década de 1930 foi de particular comoção para a Bolívia, com a denominada Guerra do Chaco contra o Paraguai (1932-1935), por conta da disputa de uma ampla região na fronteira de ambos os países denominada "Grande Chaco". Esses anos foram de grande agitação devido a golpes de Estado — um dos presidentes, o militar Germán Bosch, se suicidou no exercício do primeiro mandato. Como consequência da derrota na guerra, o conflito aumentou e os sentimentos ultranacionalistas estimulavam fortes ressentimentos por parte dos setores militares. As mulheres tiveram participação decisiva no apoio dos esforços da guerra, inclusive se organizaram em "brigadas femininas", com iniciativa de Ana Rosa Tornero, com o objetivo de levar alimentos e assistência aos soldados no fronte de combate. Nesse duro trânsito se evidenciou a inexorável gravitação social das mulheres, e não é de surpreender a crescente reivindicação pelo reconhecimento dos direitos e o surgimento de uma série de movimentos que agitaram a cena. Em 1933, surgiu o Comitê de Ação Feminista, ao parecer de breve existência, mas de incisiva manifestação em diversos meios. Participaram dele Zoila Viganó, Etelvina Villanueva, María Pardo de Vargas, María Gutiérrez de Medinaceli, Herminia Carmona e María C. Lara, e dentre seus objetivos estava a conquista do voto.

Ao finalizar a guerra, nasceram organizações como a Legião Feminina de Educação Popular América (LFEPA) — com incentivo de Etelvina Villanueva —, que advogava pela "libertação da mulher", os direitos à educação e à cultura, assim como de sua educação sexual, e realizou iniciativas a favor do direito ao sufrágio. Por sua vez, Zoila Viganó deu vida à União de Mulheres Americanas (UMA), a seção boliviana da organização internacional com sede em Nova York, criada pela mexicana Margarita Robles. A UMA se organizou em Cochabamba e em Oruro, e Revollo Quiroga afirma que tanto a Legião como a UMA respondiam à necessidade de levar adiante uma proposta de paz, de amizade entre as mulheres de diferentes países e de elevação cultural para transformar a sociedade. Organizou-se também nessa época o Comitê Pró-Direitos da Mulher, e no fim dos anos 1930 surgiu a União Feminina Universitária, liderada pela dentista Elsa Paredes Candia e por Marina Lijerón Baldivia, então estudante de Direito e que esteve à frente da publicação *Nosotras*, vindo depois a exercer a presidência do Comitê.

No princípio da década de 1940, existia uma Federação de Sociedades Culturais Femininas que reunia alguns agrupamentos sob a presidência de Emma Pérez del Castillo de Carbajal. As entidades lá reunidas eram o Ateneu, a Associação de Mulheres Universitárias, o Comitê Cívico Departamental do Serviço Auxiliar Feminino da Pré-Militar e o Comitê Feminino Pró-Cultura, que atuava em conjunto com o Centro Feminino de Cooperação Americana.

Essa década foi muito intensa em conflitos; no cenário político apareceram forças como o Movimento Nacionalista Revolucionário (MNR), que reunia posições de um amplo arco, desde a extrema direita até figuras que discordavam dessas ideias, mas que de todo modo se expressavam com o calor dos sentimentos nacionalistas, eco das dramáticas circunstâncias da guerra perdida. O MNR interpelava as companhias mineiras estrangeiras e desafiava o imperialismo norte-americano, o que entusiasmou muitos grupos populares. Outras forças cresceram: mais à direita, a Falange Socialista Boliviana, e mais à esquerda, o Partido de Esquerda Revolucionária e o Partido Operário Revolucionário. Em 1942, houve uma sangrenta repressão nas minas de Catavi — na área de Potosí — com o conhecido protagonismo de María Barzola, viúva de um mineiro e ela própria *palliri*[2] — que seleciona minerais na superfície —, morta sob as balas dos soldados que reprimiam o movimento e se transformou numa heroína popular. Na série trágica desses anos, chegou à presidência o candidato de um agrupamento militar, Gualberto Villarroel, o qual, apoiado pelo MNR, convocou uma assembleia constituinte que em 1946 determinou o voto qualificado, reservado somente às mulheres alfabetizadas. À hostilidade dos setores dominantes se acrescentaram diversos atos, especialmente se forjaram *fake news* mediante ações sistemáticas, de rumores que em boa medida estiveram a cargo das mulheres dos setores opositores — organizadas na União Cívica Feminina —, que estimularam os ânimos e conduziram à insurreição. Villarroel foi derrotado e linchado pela multidão.

Instalaram-se depois governos oligárquicos que constituíram o denominado "sexênio" (1946-1952) que, como descrito, foi um período de luta por conta da repressão contra os partidos de esquerda e particularmente contra o MNR, contra os camponeses e os operários. Não se pode esquecer que circunstâncias

---

2 *Palliri* é como são conhecidas as pessoas que exercem o ofício de armazenar, escolher e triturar pedras de resíduo da indústria da mineiração, para encontrar mineirais. Trata-se de um trabalho exercido especialmente por mulheres. (N. T.)

culminantes foram massacrantes nas minas de Catavi e Siglo xx em 1947, e a "guerra civil" de 1949. A dita guerra foi expressada numa série de levantamentos em diferentes cidades do país liderados pelo MNR, que foram sufocados de maneira cruel.

Finalmente, começou a revolução de abril de 1952; após jornadas de intensas lutas, impuseram-se os setores que buscavam mudanças sociais e econômicas, e assumiu a presidência o líder do MNR, Víctor Paz Estenssoro, que levou adiante políticas decisivas, como a nacionalização das minas, a reforma agrária e a universalização do voto para homens e mulheres, eliminando a qualificação educativa. Foram processos muito intensos e conflituosos, e o MNR, que atraiu um vasto número de militantes femininas de particular atuação nos preparativos revolucionários, apelou para estratégias antes empregadas por seus adversários, entre elas a mobilização de certo número de mulheres que atuavam como forças de choque. Sua intervenção contrariava as populações operárias e camponesas, criando um clima de animosidade que terminou denotando o próprio termo com que se reconheciam, "Las Barzolas". Tinham como referência María Barzola, e, embora seja controversa a índole de sua ação, ela foi se estendendo, e "barzola" se transformou depois num epíteto difamatório. Entre as integrantes de "Las Barzolas" estão a histórica feminista a cargo do Ateneu, María Luisa Sánchez Bustamante — que por um breve período realizou uma formação de esquerda, o Partido de Esquerda Revolucionária, e depois voltou ao MNR —, Ela Campero, Matilde Olmos, Carmen Eguez, Luisa Z. de Caballero, Etelvina de Peña Córdova, Emma Gutiérrez de Bedregal, Benita Villanueva de Bedregal, Teófila Cossío, Adriana S. de Cuadros, Graciela de Rodríguez, Marina Pinto de Álvarez Plata, Rosa Uriarte de Sanjinés, Blanca Peña de Sandoval Morón, Isabel Zuazo e Rosa Lema Dolz de Lluch, nomes que merecem ser preservados para não cair no esquecimento. O Ateneu resistiu durante esses anos conduzido por Zoila Viganó e, embora não pudesse se assegurar que a entidade se alinhara ao MNR, boa parte de seus membros era simpatizante. Lydia Gueiler, trabalhadora bancária que se formou em contabilidade, desde a década de 1940 havia se identificado com o MNR, com destacada militância. Ela chegou a ocupar a presidência da Bolívia entre 1979 e 1980.

A agitação política foi constante na nação boliviana, com repetidos golpes de Estado. Nesse meio-tempo, Ernesto "Che" Guevara iniciou uma guerra revolucionária com base na teoria do foco guerrilheiro que foi interrompida tragicamente com sua captura e seu assassinato em 1967. Nessas lideranças houve a participação de mulheres, como Haideé Tamara Bunke Bider (conhecida pela alcunha de Tania), que também morreu nos combates.

Durante os anos 1960 e 1970, surgiram novos movimentos de mulheres — embora seja difícil catalogá-los como feministas —, como a Federação Democrática de Mulheres da Bolívia (Fedembol), a União de Mulheres de Bolívia (Umbo), a Brigada Feminina Urista do Partido Operário Revolucionário — de orientação trotskista —, a Frente de Mulheres do MIR e a Organização de Mulheres Aymarás de Kollasuyo (Omak). Em geral, houve núcleos femininos nas forças de esquerda com conteúdo de classe mais feminista. Devem ser lembradas as posições reticentes ao reconhecimento das sexualidades dissidentes de Domitila Barrios de Chungara, a notável resistente mineira, na Conferência do México em 1975. Também se organizaram grupos de mulheres com o objetivo principal de melhorar a assistência a seus lares, como os denominados Clubes de Mães e os Clubes de Mulheres Camponesas, e se sustentou que ao longo das décadas existiram 4 mil clubes de mães que agrupavam 295 mil mulheres em área urbana e rural. Nessa jazida se formou a localizada na zona de El Alto, integrada à capital La Paz, que ganhou o nome de Comitê de Receptoras de Alimentos.

Em 1980, surgiu a Confederação Nacional de Mulheres Camponesas Indígenas Originárias da Bolívia Bartolina Sisa, cujas integrantes ficaram conhecidas como "Las Bartolinas", com foco na demanda de direitos para as comunidades aborígenes, que organizou vários congressos em torno da decisão, finalmente tomada em 1994, de contribuir para criar uma força política que pudesse representar os interesses do campesinato. Assim ocorreu em 1995, com sua incorporação ao Movimento ao Socialismo (MAS) — criado em 1987 —, em cujo seio surgiu a liderança de Evo Morales.

Os agrupamentos departamentais puderam se aproximar mais das necessidades das mulheres, mas houve diferenças na ênfase de reivindicação de seus direitos. Embora no cenário da década de 1980 tenham gravitado as organizações de mulheres camponesas, como a Confederação Nacional de Mulheres Indígenas da Bolívia (CNAMIB), nas áreas urbanas se estabeleceram novos núcleos que, em linhas gerais, se assimilaram a organizações não governamentais (ONGs) e se multiplicaram na década de 1990. Constituíram-se o Fórum de Mulheres Políticas e a Coordenação Política da Mulher, que compartilharam as reivindicações dos direitos das mulheres, em particular o reconhecimento de sua participação na vida cidadã.

Em 1990, desenvolveu-se o Primeiro Encontro Feminista em Cochabamba, com especial iniciativa da organização Tijeras Feministas, em que se reuniram pouco mais de 150 participantes. Em 1991, aconteceu o II Encontro Feminista Boliviano, a pedido do Fórum da Mulher, e puderam se reunir mais de duzentas mulheres em Santa Cruz, as quais prosseguiram com o debate sobre a necessidade de reconhecimento das diversidades étnicas, sociais e culturais e, em 1992, o III Encontro Feminista acolheu mais de quatrocentas participantes em La Paz. O ciclo dessas décadas foi especialmente complexo para os feminismos bolivianos, marcados crucialmente pelas origens étnicas e de classe, que foram chaves argumentativas para interferir na especificidade das reivindicações das mulheres e, em alguma medida, dissuadir as agências que não perseguiam esse objetivo.

Deve-se levar em conta, além disso, duas circunstâncias: em primeiro lugar, o abrigo teórico acerca da "complementariedade" dos sexos nas sociedades originárias, apreciação que prevaleceu na perspectiva política e acadêmica dessas décadas finais do século XX, e a investida contra as organizações acusadas de cooptação "institucional", em ordem de suas características proeminentes de ONG captadoras de recursos estatais e internacionais. Nas circunstâncias singulares da Bolívia subsiste um imaginário que recusa a ideia da divisão sexual do trabalho, posto que tem longa aceitação o pressuposto das "tarefas complementares". Esse imaginário, bastante extenso e vigoroso, prefere acentuar que os conflitos provêm das condições de vida, e não do regime patriarcal. As representações forjadas acerca da complementariedade ressaltam as diferenças de classe e etnia entre os conjuntos sociais, muito mais que as diferenças de gênero, e com certeza teve efeitos sobre as organizações de mulheres. Os núcleos femininos tiveram, assim, mais dificuldades para acertar com reivindicações que superem as reclamações referidas às condições deficitárias da vida comunitária.

Num marco renovado de contestação a certas opacidades do feminismo e especialmente a seus contaminantes "institucionais", e como resposta às esquerdas misóginas, em 1992 surgiu a organização feminista libertária Mulheres Criando, impulsionada por ativistas que desejavam também ressaltar a oposição às convenções heterossexuais, entre as quais Julieta Paredes e María Galindo. Nos anos recentes houve uma cisão e Paredes criou outra organização, Feminismo Comunitário, próxima à crítica pós-colonial, e foram produzidas novas formações. Para além das dificuldades vividas para articular em canais comuns os discursos das mulheres e das feministas, durante os anos 1990 houve reformas legais substanciais, como a lei contra a violência doméstica, a sanção do corpo feminino nos cargos de representação popular, a caracterização penal dos delitos contra a liberdade sexual, o esboço orçamentário com perspectiva de gênero. O governo de Evo Morales significou uma virada em relação a um maior reconhecimento das mulheres na esfera pública, e foi ampliado o número de organizações em boa medida apegadas a construir referências que abarquem o arco multiétnico das mulheres bolivianas. Quando o texto deste livro estava sendo finalizado, ocorreu o golpe de Estado que derrubou Evo Morales. Embora as interpretações sobre os erros cometidos possam se tornar frequentes, voltaram as cenas execráveis que se acreditavam apenas como circunstâncias do passado, com mortes, perseguições, violenta discriminação racista e exibição de fundamentalismo religioso. Entre os acontecimentos da resistência, uma marcha massiva de mulheres *de pollera* — como são identificadas as que vestem os trajes emblemáticos das etnias originais — foi atendida. Não há dúvida em relação aos resíduos patriarcais que tomaram o poder na maltratada Bolívia.

CHILE

As convenções patriarcais não foram mais restritivas no Chile do que em outros países latino-americanos, e o fato é que talvez uma das primeiras traduções ao espanhol da obra de John Stuart Mill, *A sujeição das mulheres* (1869), tenha sido publicada nesse país em *La Revista de Santiago* entre 1872 e 1873, pela jovem Martina Barros, que na época tinha 22 anos. Um dos diretores da revista era o liberal Augusto Orrego Luco, estudante de Medicina e namorado de Martina, que mais tarde se casaria com ela. Orrego fez uma introdução crítica ao texto com o objetivo de "amenizar" as posições de Mill, embora a assinatura tenha sido de Martina, conforme ela relata em suas memórias *Recuerdos de mi vida* [Memórias de minha vida], de 1942. Embora ao longo da vida nossa tradutora tenha se manifestado em prol da melhora da condição feminina — em 1917 ela havia escrito um artigo a favor do voto feminino, na *Revista Chilena*: "El voto femenino" —, suas posições eram conservadoras e em suas memórias deixava claro que as mulheres deveriam ter mais cultura, mas não podiam rivalizar com os homens, em cuja superioridade acreditava, sustentando que o lar era seu verdadeiro lugar. Além da tradutora precoce de Mill, deve-se destacar que a primeira mulher na região que se formou na universidade foi a chilena Eloísa Díaz Insunza, que obteve seu diploma em Medicina em 1886. Não deixa de ser singular no Chile que uma década antes havia ocorrido uma incipiente mobilização de mulheres nas cidades do norte La Serena e San Felipe, reivindicando que fossem reconhecidas como eleitoras, sob a influência das ideias liberais.

A Guerra do Pacífico foi um acontecimento infeliz que acarretou numerosas adversidades, embora o país tenha por fim vencido essa disputa e, na transição para uma economia que enfatizou sua dependência da extração mineira, a sociedade chilena tenha sido palco de um confronto crescente entre os setores trabalhistas e empregadores. Os conflitos foram especialmente relevantes a região Norte, onde a organização operária encontrou amplo canal com lideranças radicalizadas, como Luis Emilio Recabarren, criador do Partido Trabalhista Socialista no ano de 1912 em Iquique, eixo das mobilizações operárias. Foi singular a aceitação dos direitos das mulheres por essa força, o apoio determinado de Recabarren às lutas pela emancipação feminina e pelo direito ao voto, frequentemente expressas no jornal *El Despertar de los Trabajadores* [O despertar dos trabalhadores] — e o fato de esse tipo de reivindicação ter circulado numa publicação radicalizada, que também lutou pela via parlamentar, é muito original na região. A aliança peculiar dessa formação de esquerda com o programa feminista merece nossa atenção. Vários círculos afins surgiram, mas devem ser destacados os Centros Femininos Anticlericais — como foi sua primeira designação, de acordo com Julia Antivilo Peña —, que tiveram expressão em várias partes do país, "onde atuavam mulheres que acreditavam ser necessário e moralizante combater a lepra fatal do clericalismo arrogante e avassalador", como escreveu uma de suas incentivadoras, Teresa Flores.

Nos primeiros anos do século, deve-se reconhecer o ativismo da pedagoga María Espíndola de Muñoz, feminista e livre-pensadora, que representou o Chile no citado Primeiro Congresso Internacional Feminino de Buenos Aires, em 1910, no qual foi uma das primeiras palestrantes. Lá, ela levantou a necessidade de criar uma federação latino-americana feminina, moção que foi aprovada como Federação Feminina Pan-americana, mas tudo indica que só conseguiu avançar não mais que alguns passos. Em 1913, visitou o Chile uma figura notável que viajou por quase todos os países da região, a espanhola Belén de Sárraga (às vezes se escrevia Zárraga), livre-pensadora e maçom — muitas vezes identificada como militante anarquista —, que com uma oratória inflamada advogou por direitos políticos femininos em conferências bastante concorridas nas principais cidades. Sua presença no Chile incentivou a criação dos Centros Femininos "Belén de Sárraga" na região produtora de sal do Norte, enquanto o de Iquique — talvez um dos mais desenvolvidos — foi incentivado por Teresa Flores, Juana A. de Guzmán, Nieves P. de Alcalde, Luisa de Zavala, María Castro, Pabla R. de Aceituno, Ilia Gaete, Adela de Lafferte, Margarita Zamora, Rosario B. de Barnes e Rebeca Barnes. Era um grupo muito ativo e, embora não fosse inteiramente feminista, grande parte de sua atividade visava à promoção da igualdade.

Em 1915, surgiu o Círculo de Leitura sob a inspiração de uma das figuras que mais se destacariam no feminismo chileno, Amanda Labarca. Embora tenha nascido num lar muito tradicionalista, Labarca conseguiu fazer o ensino médio e se formar como professora de castelhano do Instituto Pedagógico da Universidade do Chile. Amanda foi estudar na Columbia University em 1910 e depois na Sorbonne, na área de educação, e essas viagens a colocaram em contato com feministas. Ela se casou com Guillermo Labarca e adotou o sobrenome do marido em franca rebelião com sua família, Pinto Sepúlveda, que se opunha ao casamento.

O Círculo realizava leituras com debates e, embora a princípio não tivesse uma inspiração claramente feminista, muitas das mulheres ali reunidas se voltaram para a corrente alguns anos depois. Em 1917, as mulheres ligadas ao Círculo pertencentes aos grupos de elite decidiram reunir-se numa associação bastante exclusiva, o Clube de Senhoras, no qual atuaram Delia Mate de Izquierdo, Elvira Santa Cruz Ossa, Inés Echevarría de Larraín, que viveu por bastante tempo, chegando bem aos anos 1930, e dentre seus palestrantes estava Martina Barros de Orrego. O Clube esbanjou uma série de alternativas culturais, como ensino de línguas, leituras, conferências, concertos, cinema e, embora as posições elitistas tenham persistido, havia certa disposição para a conquista de maior independência para as mulheres. O Clube manteve a publicação *La Voz Femenina* [A voz feminina], dirigida por Teresa Valderrama Larraín, que expressava a necessidade da elevação cultural das mulheres, e suas leitoras provinham dos setores mais bem posicionados. No que diz respeito às publicações destinadas ao público feminino, não se pode deixar de observar as páginas pioneiras de *La Aljaba* [A aljava], que foi publicada em Valparaíso entre 1905 e 1907, por Carmela Jeria; de *La Aurora Feminista. Órgano Defensor de los Derechos de las Mujeres* [Aurora feminista: Órgão defensor dos direitos das mulheres], apoiado por Eulogia Aravena Zamorano em 1904; e *La Palanca*, dirigida por Esther Valdez de Díaz.

Duas novas entidades surgiram do Círculo de Leitura em 1919, o Conselho Nacional de Mulheres e o Centro Feminino de Estudos. O Conselho foi liderado por Celinda Arregui de Rodicio, acompanhada por Eloísa Díaz Insunza — a já mencionada primeira mulher a se formar em Medicina —, Beatriz Letelier, Hayra Guerrero de Sommerville, Isaura Dinator de Guzmán, Juana de Aguirre Cerda, Carmela de Laso e Fresia Escobar, entre outras. Era um grupo de mulheres de classe média que trabalhava na docência, nas letras e nas artes. O Centro Feminino de Estudos, por sua vez, talvez não tenha alcançado a mesma projeção do Conselho, mas foi um estímulo às agências que abriram na década de 1920 com diversos partidos que defendiam os direitos femininos. De fato, em 1921 surgiu o Partido Feminino Progressista Nacional — deve-se lembrar que Arturo Alessandri havia chegado à presidência do país com um programa que prometia reformas sociais e civis que abrangiam as mulheres. Esse partido foi liderado por Sofia de Ferrari Rojas, responsável pela publicação *Evolución* [Evolução] e que não só encorajou a conquista de direitos, mas também insistiu que as mulheres cultivassem as artes, as ciências e as formas superiores de educação. Ferrari Rojas e sua companheira de militância Luisa Zanelle López participaram da Pan American Conference of Women, ocorrida, como já mencionado, em Baltimore em 1922. A segunda formação que surgiu no início da década foi o Partido Cívico Feminino, dirigido por, entre outras, Estela La Rivera de Sanhueza, Elvira de Vergara, Berta Recabarren e Graciela Lacoste Navarro. Seu programa era amplo e exigia igualdade de remunerações, que houvesse uma moral única para homens e mulheres, educação sexual e medidas para ajudar as mães pobres. Foi expresso no jornal *Acción Femenina* e, como assinalou Ana María Stuven (em "El asociacionismo femenino: la mujer chilena entre los derechos civiles y los derechos políticos" [Associacionismo feminino: a mulher chilena entre direitos civis e direitos políticos], de 2008), as publicações do período defendiam as prerrogativas das mulheres, mas não cessaram de "conciliar os papéis tradicionais de mãe e esposa com o exercício da virtude republicana pelo sufrágio e a obtenção dos direitos civis, desafiando o mundo masculino". Essas forças, junto com o Conselho Nacional de Mulheres, pressionaram pelo sufrágio feminino, mas ele não foi alcançado.

Com a queda de Alessandri, pelo golpe de Estado executado por jovens oficiais do Exército — propiciando uma tensão singular entre os setores que pleiteavam transformações sociais e os que se opunham —, além dos dois grupos partidários feministas mencionados, surgiu uma terceira força, o Partido Democrático Feminino, em 1926, no qual se destacaram Rebeca Varas, Gabriela Barros e Celinda Arregui de Rodicio — já vista na fundação do Conselho Nacional de Mulheres. O partido propunha, sobretudo, a conquista do sufrágio. Celinda insistiu em outra formação feminista quando sua iniciativa partidária perdeu vigor, a que chamou de Bando Feminista e a cujo cargo estava atrelada a organização do Congresso Interamericano de Mulheres, realizado em Santiago do Chile em 1926.

Em outubro de 1927 — e com o objetivo de comemorar o quinquagésimo aniversário da autorização dada às mulheres para fazerem os estudos universitários —, surgiu em Valparaíso a União Feminina do Chile, cujas principais figuras eram Delia Ducoing de Arrate (Isabel Morel), Gabriela Mandujano, Aurora Argomedo, Arsena Bahamonde, Graciela Lacoste Navarro, Josefina Day de Castillo, Celmira Carreón de Quevedo, Mary Cerani de Sánchez, Berta Santiago Hernández, Elena Picand, Elisa Lacoste e Mary Carr Briceño. Esta organização teve uma jornada única.

Como se percebe, a década de 1920 viu um florescimento notável de grupos feministas, e até mesmo uma formação católica em Valparaíso — a Juventude Católica Feminina, liderada pela sufragista Teresa Ossandón — fez suas demandas serem ouvidas. E embora as posições emancipatórias coexistissem de forma contraditória com os desafios arcaicos de não abandonar o mandato doméstico, as chilenas foram um pouco mais longe na mobilização pela igualdade jurídica e pelo direito ao voto.

Os anos 1930 foram muito promissores para as organizações feministas, na medida em que puderam se expandir. Uma delas, que alcançou maior aceitação, foi a citada União Feminina do Chile (UFCH), que, partindo de Valparaíso, conseguiu se tornar uma referência nacional, realizando um trabalho jurídico de atendimento para mulheres e oferecendo atividades culturais e cursos voltados à profissionalização que atraiu muitas adeptas. Tinha representantes em lugares tão distantes como Talco, ao norte, e Magallanes, ao sul, e tendia a ser uma organização inclusiva ao atingir mulheres das classes médias e também dos setores populares, muitas vezes expressando preocupação com a situação da classe trabalhadora, especialmente dos operários do sal, e também da população indígena mapuche, que sofria de antigos problemas. O órgão de difusão foi *Nosotras* e recebeu contribuições de muitas tintas importantes, dentre elas a da notável escritora Gabriela Mistral e a da própria Amalia Labarca. Para a União Feminina do Chile, não havia espaço para a identificação de "sufragistas", já que esse nome correspondia ao movimento inglês — liderado por Emmeline Pankhurst —, que aspirava a uma forma radicalizada de defesa de direitos. Suas partidárias afirmaram com especial ênfase que a base de sua ação estava na causa da maternidade, como foi o caso da grande maioria das manifestações feministas do período. A UFCH realizava outra publicação com o mesmo nome da entidade, *Unión Femenina de Chile*, desde janeiro de 1934, coexistindo com a *Nosotras*. Em outubro de 1934, ocorreu uma cisão que levou à saída de Delia Ducoing de Arrate e algumas de suas companheiras, o que ocasionou uma mudança no quadro de membros do diretório e a decisão de se ter um novo órgão de imprensa. À frente da organização estavam Ignacia Campos de Guzmán, Micaela Cáceres de Gamboa — há tempos na entidade Sociedades Mutualistas, que reunia diferentes órgãos assistenciais —, Laura Fuenzalida de Sanguinetti e Romelia de Badilla. O grupo de mulheres que militou na União Feminina do Chile era composto de letradas, mestras, professoras, universitárias — havia médicas, dentistas, advogadas, uma farmacêutica e uma química —, mas também reuniu com militância um bom número de empregadas.

Em 1933 surgiu um novo movimento, o Comitê Pró-Direitos da Mulher, que teve outro enquadramento, em 1934, sob o Agrupamento Nacional de Mulheres, por meio de uma assembleia realizada em Valparaíso, e não há dúvida do impulso dado pela União Feminina a essa organização. Em março daquele ano, o voto das mulheres em nível municipal havia sido sancionado, o que foi um avanço, e os principais pontos do acordo para dar lugar ao Agrupamento Nacional levaram à necessidade de reunir numa única aspiração todas as mulheres do Chile, não importando a situação social, ideologia ou crença religiosa. Foi um dos programas mais abrangentes promovidos pelas lutas feministas da região. Propunha trabalhar ativamente para a nomeação de mulheres competentes, honradas e de reconhecido espírito público nas eleições municipais. Um aspecto muito importante foi a obtenção de direitos políticos. Exigiram também o cumprimento das leis sociais e a proteção das trabalhadoras mães, sendo exigida uma remuneração justa para o trabalho feminino, especialmente para as trabalhadoras. Não é de surpreender que o programa de ação contivesse o reconhecimento da paternidade ilegítima, um aspecto nefasto de boa parte dos códigos civis. O programa exigia a repressão ao alcoolismo e aos jogos de azar, obstáculos na vida familiar, e a melhoria de moradia das famílias de operários. Solicitou-se a alteração não só do Código Civil, mas também do Código Penal, e por último defendeu-se a manutenção de uma campanha constante de opinião a favor da paz e do desarmamento. Como se vê, o espírito desse programa contemplou as sensibilidades de boa parte dos feminismos já abordados em outros países, mas destacam-se a preocupação com as mulheres trabalhadoras, a obtenção de salários iguais, a conquista de uma residência digna e o objetivo de modificar as leis civis e criminais, e é nesse ponto que há certa originalidade do canal chileno. O Direito Penal raramente foi mencionado nas demandas de toda a região, o Estado quase autorizou o assassinato de mulheres quando se tratou de defender a honra de cônjuges e pais por circunstâncias atenuantes.

Nesse ano agitado, as mulheres dos setores conservadores também se manifestaram sob a liderança de Alicia Edward de Salas, na Ação Nacional de Mulheres do Chile, que reuniu um grande número de simpatizantes. Outra entidade conservadora e católica também surgiu, a Ação Patriótica de Mulheres, e ambas, com o apoio das forças políticas de direita, queriam levar candidatas conservadoras aos municípios onde já era possível votar. Mas as feministas se dispuseram a lutar com firmeza, de modo que ressurgiu o Partido Cívico Feminino, com ênfase nas questões sociais, algo visível na nova tendência que saiu em seu jornal *Acción Femenina* [Ação feminina], no qual há grande quantidade de notas relacionadas ao trabalho de mulheres e crianças, e cuja identificação com o marxismo é evidente. Em outubro de 1935, Romelia T. de Badilla, integrante da UFCH, ganhou as eleições para vereadora em Viña del Mar.

Um acontecimento singular ocorreu em maio de 1935, quando uma organização que teve enorme influência por muito tempo e em diferentes geografias, o Movimento Pró-Emancipação das Mulheres do Chile — o MEMCH —, nasceu na base de acordos com diferentes agências femininas, dentre as quais a UFCH. Entre as principais apoiadoras da empresa estavam Elena Caffarena — sem dúvida a protagonista —, Gabriela Mandujano, Marta e Felisa Vergara, Eulogia Román, Domitila Ulloa, Olga Poblete, Flor Heredia, Evangelina Matte, Aída Parada, María Williams Ramírez e Clara de Yunge. Elena nasceu em Iquique num lar de classe média, sem privações, participou do Centro Feminino "Belén de Sárraga", formou-se advogada e estava se aprofundando nos problemas da mulher trabalhadora e nas demandas feministas. Em 1929, casou-se com Jorge Jiles Pizarro, advogado e militante do Partido Comunista e, embora Elena não tenha aderido a essa força, suas posições estavam permeadas pelos ideais de emancipação das classes trabalhadoras e das mulheres.

Em 1937, por ocasião do primeiro congresso do MEMCH, cinco pontos fundamentais foram estabelecidos em sua plataforma, a saber: 1) proteção da mãe e defesa dos filhos; 2) a melhoria do padrão de vida das mulheres proletárias; 3) a plena capacidade política e civil das mulheres; 4) a elevação cultural da mulher e a educação dos filhos; e 5) a defesa do regime democrático e da paz. O MEMCh foi um movimento único no feminismo latino-americano porque foi o primeiro a defender explicitamente medidas contraceptivas que pudessem evitar mais agravos às famílias da classe trabalhadora — apenas o anarquismo se distinguiu por sua adoção precoce da contracepção —, além de figurar entre os primeiros movimentos de apoio explícito ao aborto. Seu crescimento se beneficiou do contexto que favoreceu as reformas com a Frente Popular que levaram Pedro Aguirre Cerda à presidência do país. O MEMCH foi contra o fascismo e acompanhou a Guerra Civil Espanhola, especialmente ajudando exilados republicanos, e não deixou de apontar as condições miseráveis das mulheres das camadas populares, ao mesmo tempo que exerceu uma pregação inflexível pela conquista dos direitos femininos. Seu órgão de imprensa, *La Mujer Nueva* [A mulher nova], incluiu um programa de libertação social e das mulheres. Em 1944, surgiu a Federação Chilena de Instituições Femininas (FECHIF), que fez parte do MEMCH e destacou a necessidade de obter o sufrágio, além de chamarem a atenção para a possibilidade de as mulheres conservadores obterem a maior quantidade de votos nas eleições municipais. Esse esforço também orientou o Comitê Unido Pró-Voto Feminino, surgido naquela época. Todos os grupos feministas exigiam com mais ênfase o direito de votar em meados da década de 1940, o qual foi finalmente conquistado em dezembro de 1948, embora tenha sido concedido unicamente a mulheres alfabetizadas. Só em 1970 foi estabelecido o voto universal para as mulheres.

Por volta de 1950 ocorreram algumas crises, principalmente na FECHIF, com a saída de militantes de esquerda, mas em 1952 María de la Cruz foi eleita primeira senadora. Ela fundou o Partido Feminino Chileno em 1946 com convicções feministas manifestas; não foi uma desconhecida nas lutas por direitos, mas seu principal equívoco foi ter acompanhado a nomeação do presidente Carlos Ibáñez del Campo, contrariando a opinião da maioria das feministas de esquerda. Quando María de la Cruz chegou ao Senado, irrompeu uma campanha para denunciá-la por manifestar ideias e propostas que claramente a aproximavam do peronismo — movimento que se enraizou nos setores populares da Argentina. María admirou a efusão de justiça social realizada pelo general Juan Domingo Perón e, especialmente, a ação de Eva Perón em prol das mulheres e crianças indefesas. A campanha de difamação, à luz das interpretações de nosso tempo, teve um elemento central em sua condição de mulher; ela foi acusada de receber dinheiro espúrio das autoridades argentinas e, finalmente, como resultado de uma denúncia de corrupção — que parece ter sido uma circunstância menor —, foi destituída de seu posto. Isso acarretou uma comoção com graves consequências, pois o evento foi exibido como um sinal da incapacidade feminina para ocupar cargos públicos. Somente em 1965 outra senadora, Julieta Campusano, foi eleita para representar o Partido Comunista.

Começa então um ciclo de atonia feminista se for levada em conta a força das etapas anteriores, circunstância que foi interpretada por outra notável feminista, Julieta Kirkwood, nos anos 1980, em *Feminismo y participación política en Chile* [Feminismo e participação política no Chile] (1982), como uma fase de "silenciamento" da ação no Chile. De fato, houve uma retração da atividade política sustentada pelas organizações que haviam sido decisivas no passado. Não obstante, a participação feminina nas cadeiras parlamentares se ampliou, especialmente quando as mulheres analfabetas obtiveram o direito ao voto. As mulheres dos partidos de esquerda puderam dar nuances à paisagem de representantes conservadoras geralmente eleitas em nível municipal, mas sua adesão foi mais marcada pela lealdade partidária, e as manifestações pareciam subordinadas às reivindicações da transformação social das esquerdas. As mulheres que acompanharam o governo socialista de Salvador Allende (1970-1973) — eleito presidente com a frente Unidade Popular — foram participantes ativas nos processos de distribuição de direitos daquela etapa singular, mas quase não houve demandas feministas específicas.

Em setembro de 1973, um sangrento golpe de Estado derrubou Allende: era o início da ditadura do general Augusto Pinochet. Foi iniciado um infeliz ciclo de assassinatos, desaparecimentos, perseguições e exílio em massa. Contingentes de mulheres dos setores abastados, com expressões muito conservadoras, levaram à derrubada de Allende. Devem ser destacadas as características de classe, sentimentos e sensibilidades, especialmente do grupo que promoveu, em 1972, o Poder Feminino, cuja liderança foi Elena Larraín — que havia feito parte do grupo conservador Ação Nacional de Mulheres do Chile.

Superando as adversidades, surgiu uma corrente de resistência feminista e, na década de 1980, como dupla reação contra a ditadura e as forças patriarcais, o novo Movimento pela Emancipação das Mulheres do Chile (MEMCH 83) e o documento de convocação teve as assinaturas de Elena Caffarena, Delfina Guzmán, Teresa Carvajal, Laura Soto, Olga Poblete e Pilar Serrano, dentre outras, que representaram mais de uma vintena de organizações. Estiveram presentes o Movimento Feminista, o Movimento de Mulheres que Povoam, a organização Mulheres do Chile, o Departamento Feminino da Coordenação Nacional Sindical, as Mulheres Democráticas, a União de Mulheres do Chile, a Comissão de Direitos da Mulher da Comissão Chilena de Direitos. Outros grupos que surgiram foram a Frente de Libertação Feminina, Las Domitilas, Las Siemprevivas e o Comitê de Defesa dos Direitos do Povo. Nesse ciclo de resistência, surgiram órgãos específicos de defesa dos direitos humanos e o Movimento Concertación[3] das Mulheres pela Democracia, que, por um lado, serviu como instrumento unificador e, por outro, criou resistências por sua adesão à frente de centro-esquerda Concertación. A agitação das mulheres foi decisiva no referendo em que triunfou o "Não" — em outubro de 1988 —, que impediu Pinochet de prolongar a ditadura por mais uma década. O slogan fundamental que uniu a maioria dos movimentos — para além de sua disparidade — era "Democracia no país e em casa".

---

[3] "Concertación de Partidos por la Democracia", ou apenas "Concertación", é uma coalizão de partidos políticos de esquerda, centro-esquerda e centro que governou o Chile por quatro gestões, nos períodos: 11 de março de 1990 a 11 de março de 2010, sendo até 2013 a principal referência na oposição ao governo de Sebastián Piñera. Depois, seus partidos se uniram com outras forças de centro-esquerda para formar a "Nueva Mayoría", que desde 11 de março de 2014 até a mesma data em 2018 foi a coalizão oficial no segundo governo de Michelle Bachelet. (N.T.)

Havia dois fenômenos presentes nessas agências: a dificuldade de se criar identidade fora dos partidos políticos, pois as forças partidárias a condicionavam, e a relutância das militantes políticas em se identificar com o feminismo. Isso só poderia trazer consequências graves, como Julieta Kirkwood apontou no texto já citado, no qual sustentou:

> Como vimos na história dos primórdios do movimento feminista e, como costuma acontecer em todos os movimentos ou processos de libertação política e social, o problema da emancipação feminina, ou da libertação de sua opressão, surge com muita força; mas depois do período de elaboração e criação do socialismo democrático, esse problema aparece como subordinado, aguardando uma espécie de "segundo turno" eterno.

Os anos 1990 foram intensos e começaram com a busca da unidade no Primeiro Encontro Feminista de Valparaíso (1991), que deu origem à organização Iniciativa Feminista, e a unidade de ação também foi invocada no Segundo Encontro Feminista de Concepción (1993). Contudo, as feministas discordaram sobre a nova divisão entre "institucionalistas" e "autônomas". As dissidências se acentuaram por conta dos encontros internacionais, da crítica feminista que propunha o distanciamento do Estado — questionava-se a interferência do Serviço Nacional da Mulher — e as dificuldades de manifestação nos partidos de esquerda. Mas as agendas, como no resto da América Latina, deram lugar de destaque à denúncia da violência e ao reconhecimento da sexualidade lésbica, junto com as reivindicações por outros direitos altamente pessoais. Não se pode ignorar que a volta dos exilados foi um combustível singular para o renascimento do feminismo chileno. E não há dúvida de que o novo século trouxe mais associações de mulheres e suas repercussões na vida acadêmica, embora não tenham faltado análises precursoras sobre a participação feminina.

Foram iniciados programas voltados para a mulher, como o Centro de Estudos da Mulher (CEM) na Academia de Humanismo Cristão e, posteriormente, o Centro Interdisciplinar de Estudos de Gênero (Cieg) da Faculdade de Ciências Sociais da Universidade do Chile. Mais tarde se criou o Mestrado em Estudos de Gênero e Cultura, com duas unidades, nessa Faculdade e na de Ciências Humanas. O território chileno tem sido palco de um movimento feminista diversificado, com apontamentos pioneiros na região latino-americana.

PARAGUAI

A história deste país revela figuras femininas de especial coragem e resistência, principalmente na encruzilhada da segunda metade do século XIX, em decorrência da chamada Guerra da Tríplice Aliança, ou Grande Guerra, um dos acontecimentos mais infelizes na região. Convém lembrar que foi durante a atuação do marechal Francisco Solano López que o império do Brasil, da Argentina e do Uruguai entraram em conflito aberto por diferentes interesses fronteiriços, econômicos, ideológicos e políticos. Argumentou-se que os fatores-chave foram a desconfiança nas políticas expansivas e mercantis do Paraguai, cujo governo estava orientado para o fortalecimento de um mercado nativo, e a interposição dos interesses britânicos. A guerra estourou em 1864 e terminou em 1870, com uma grave derrota para o Paraguai, que teve repercussões trágicas e duradouras. Com efeito, além da destruição do território, das carências sofridas, esta nação foi demograficamente devastada. O número de mortos na guerra é altíssimo, não só como resultado da conflagração direta, mas também pelas doenças que se alastraram à época, como cólera e febre amarela. Estima-se que morreram cerca de 1 milhão de habitantes (talvez 50% da população paraguaia) e calcula-se que cerca de 80% da população masculina foi dizimada, contando-se entre as vítimas uma elevada quantidade de crianças.

Sem dúvida, também houve consequências terríveis nos países vitoriosos, mas não comparáveis ao que ocorreu no Paraguai. Durante décadas, a população feminina foi predominante no país, mas os volumes populacionais foram se equilibrando lentamente ao longo do tempo. A sociedade paraguaia já pôs em prática amplas formas de concubinato, poligamia e poliandria, que têm sido chamadas de "amor livre" — nas quais não se pode imaginar uma passagem "matriarcal", pois as formas culturais, justamente pelo déficit dos homens, acentuaram suas prerrogativas. Sabe-se também que, no regime das relações entre os sexos, os "desvios morais" das mulheres não tinham o rigor sancionador do resto das nações latino-americanas. Mas, dadas as dificuldades econômicas e sociais, não é de surpreender que o feminismo tenha entrado um tanto tarde no Paraguai por meio de algumas mulheres que conseguiram adquirir conhecimento, como tem sido comum em toda a região. Uma das vozes femininas dissonantes, embora dificilmente possa ser identificada como feminista, foi Ramona Ferreira, jornalista que apoiou o periódico *La Voz del Siglo* em 1902. Ela era uma livre-pensadora e iconoclasta muito hostilizada pelos grupos conservadores, que acabaram por silenciar o jornal e a forçaram ao exílio em Buenos Aires. Não faltaram denúncias a favor dos direitos das mulheres naquelas folhas precursoras. Uma das primeiras paraguaias engajadas no feminismo foi Serafina Dávalos, que obteve o título de professora na Escola Normal de Assunção, em 1898, e pôde estudar — certamente de forma gratuita — o ensino médio no Colégio Nacional e matricular-se na Faculdade de Direito e Ciências Sociais da Universidade de Assunção, onde se formou com o título de advogada em 1907, sendo a primeira universitária paraguaia. Em 1905, foi uma das fundadoras da Escola Mercantil para Meninas, e como era frequente naquela primeira fase do século, Serafina apostou na educação das mulheres para a obtenção de outros direitos, e tudo indica que aderiu ao livre-pensamento e se candidatou à maçonaria. Em 1910, participou do Primeiro Congresso Feminino realizado em Buenos Aires, que, como se verá, foi um marco na história do feminismo argentino, com o discurso de encerramento recaindo sobre ela, sem dúvida um sinal de reconhecimento por parte das organizadoras.

Em abril de 1920, estimulada pelo fato de um grande amigo da causa feminista, o deputado Telémaco Silvera, ter apresentado o projeto pela igualdade jurídica e sufrágio, Serafina, junto com Virginia Corvalán, Ermelinda Ortiz, Emiliana Escalada, María Felicidad González e Élida Ugarriza, dentre outras vinte mulheres, criaram o Centro Feminista Paraguaio, cujo objetivo, dentre outros, era colaborar para a realização do Congresso da Aliança pelo Sufrágio Feminino que se realizaria em Madri. Virginia Corvalán foi uma influente militante que também se formou em Direito em 1923, e a ela se deve a tese *Feminismo, la causa de la mujer en el Paraguay* [Feminismo, a causa da mulher no Paraguai], na qual analisava a situação das mulheres e, embora considerasse que certas características podiam ser reconhecidas como valores dos homens, assinalou com ênfase que as mulheres eram igualmente inteligentes e deveriam ser valorizadas. Emiliana Escalada, que se formou em Farmácia, expressou preocupação com as mulheres de grupos populares; na década de 1930, ingressou no Partido Comunista e, em 1947, atuou na resistência feminina. María Felicidad González, formada pela prestigiosa Escola Normal de Paraná — na Argentina —, destacou-se no magistério e foi representante no Congresso de Baltimore em 1922. Élida Ugarriza obteve o título de advogada, foi uma das mais destacadas sindicalistas no magistério paraguaio, chegando a liderar a greve dos professores de 1925, e depois passou a ocupar a chefia da Direção-Geral das Escolas, sem abdicar de suas orientações socialistas.

Durante os anos 1920, as feministas paraguaias defendiam reformas civis num contexto muito relutante em limitar o poder masculino, já que o imaginário dominante afirmava que o déficit masculino quase não havia sido superado. Naquela época, o Paraguai vivia ciclos de graves tensões políticas, os governantes não conseguiam cumprir seus mandatos — com exceção de Eduardo Shaerer, que permaneceu na presidência entre 1912 e 1916 —, e os conflitos enfrentavam fortemente o Partido Liberal e o Partido Colorado — este, surgido com a

Guerra da Tríplice Aliança, teria um papel decisivo na segunda metade do século. No fim da década de 1920, foi novamente estruturada uma organização, a Associação Feminista, na qual Virginia Corvalán e María Felicidad González se reencontram e se inscrevem novas participantes, entre elas Isabel Llamosas, advogada e professora de cursos para detentos — uma circunstância bastante excepcional. A singularidade dessa agência destinada a promover os direitos das mulheres, no entanto, foi a integração dos homens, dentre os quais estava Telémaco Silvera.

Na década de 1930, o país foi abalado por outra guerra, a do Chaco, na qual o Paraguai enfrentou a Bolívia entre 1932 e 1935. Foi a primeira guerra entre países latino-americanos no século XX e cerca de 100 mil combatentes foram mortos, a maioria deles bolivianos. O Paraguai mais uma vez mergulhou em grave precariedade, embora tenha sido o vencedor; o conflito deixou sequelas gravíssimas e é evidente que em seu curso a organização das feministas foi impossível. As mulheres tiveram um ótimo desempenho no fronte de batalha, cumprindo tarefas de enfermagem e logística, mas também assumiram a figura de "madrinhas" dos combatentes, ou seja, escolheram um soldado para incentivar e auxiliar, iniciativa da Associação Feminina "Madrinhas de guerra para os defensores do Chaco", surgida em 1932. Tiveram de manter lares e ocupar o lugar dos homens, mas as reivindicações estavam ligadas à maternidade corajosa, em boa medida inspirada na construção mitológica da "grande mãe guarani". Na década seguinte, as direitas tiveram interferência de uma coalizão entre o Partido Colorado e o Partido Revolucionário Febrerista. Este último tinha uma identificação socialista, surgida em 1936 depois da guerra, quando ocorreu uma revolta — em fevereiro daquele ano, daí o seu nome — que catapultou Rafael Franco ao poder, e teve como seguidores intelectuais, estudantes, operários, camponeses, indígenas, embora esses setores também tenham sido afetados pela situação difícil do Partido Comunista Paraguaio, que surgiu em 1928.

A pedido das novas forças, surgiu em 1936 a União Feminina do Paraguai, que reuniu inúmeras mulheres motivadas não só pela conquista de seus próprios direitos, mas também pela necessidade de preservar a paz, já que enfrentavam terríveis consequências da guerra do Chaco. À frente da União estava María Freixe de Casati, nascida na Argentina, que se especializou no ensino de corte e costura, criando seu próprio sistema, conhecido como "sistema Casati". Também participaram Lorenza de Gaona, Rosa Schiepper, Inés Encisco Velloso, e as conhecidas Serafina Dávalos, Virginia Corvalán e Élida Ugarriza. Essa agência é responsável pela publicação da primeira revista feminista paraguaia, *Por la Mujer* [Pela mulher]. Outra publicação do momento foi a revista *Aspiración* [Aspiração], dirigida por Lelia Bogado, aparentemente de curta duração.

A partir de 1940, o Paraguai viveu sob o governo autoritário de Higinio Morínigo, que simpatizava abertamente com os países do Eixo, embora tenha tido de mudar de lado diante evidência de que os Aliados ganhariam a guerra, quando então moderou a perseguição contra seus adversários, estabelecendo um acordo entre "colorados" e "febreristas". Esse acordo, porém, por fim foi rompido e com graves consequências. Nesse mesmo ano, surgiu o Conselho de Mulheres do Paraguai, cujo objetivo principal era reunir as diferentes expressões preocupadas com a condição feminina, embora não pareça ter sido um organismo emblemático. Em 1946 — no interregno da "primavera democrática" que Morínigo consentiu e que pareceu garantir um ciclo mais oxigenado de liberdades —, nasceu a União Democrática de Mulheres, reunindo mulheres de diversas origens ideológicas, mas centralmente ligadas pela necessidade de que se mantivessem as liberdades e o Estado de direito. A presidência coube a Beatriz Mernes de Prieto, que havia recebido parte de sua educação na Inglaterra e se destacava no magistério. Inspirou, dentre outras, Teresa Cazenave de Sánchez Quell, Lilia Freis de Guerra e Esther Ballestrino. Esta última teve uma história trágica: morando na Argentina, durante a última ditadura militar foi sequestrada e assassinada em 1977, quando fazia parte do grupo das Mães da Praça de Maio, que procuravam seus filhos desaparecidos.

Em janeiro de 1947, ocorreu a insurreição liderada por Rafael Franco, da qual participaram vários grupos de oposição, principalmente febreristas, liberais e comunistas, desencadeando uma guerra civil que, embora tenha durado apenas alguns meses, foi bastante sangrenta, pois o próprio exército paraguaio estava dividido, e as forças insurrecionais contra Morínigo se entrincheiraram na cidade de Concepción. Muitas mulheres participaram desse levante, com destaque para as de esquerda, como Emiliana Escalada, Clotilde Pinho Insfran e Filomena Marimón. O resultado final foi a derrota dos insurgentes, com muitos detidos e um grande número de exilados homens e mulheres — dentre elas Esther Ballestrino —; estima-se que cerca de 30 mil fugiram do Paraguai, a maioria para a Argentina e o Uruguai, e a União Democrática das Mulheres teve de ser extinta.

Em maio de 1954, o general Alfredo Stroessner deu um golpe de Estado e permaneceu no poder por quase 35 anos. Stroessner utilizou fórmulas despóticas a que não faltaram aspectos modernos, constituindo uma "modernidade conservadora", caracterizada pela transformação das estruturas do Estado e também pela tenaz perseguição às forças de oposição, especialmente as de esquerda, confirmando a participação ativa no Plano Condor, que torturou e fez desaparecer milhares de militantes da região sul-americana com o consentimento dos Estados Unidos.

Alguns anos antes, em 1951, havia surgido a Liga Paraguaia pelos Direitos da Mulher, da qual participavam mulheres conservadoras, mas que defendiam a conquista de direitos. A Liga tinha sido criada em âmbito governamental e era presidida por Isabel Arrúa Vallejo, que tinha trabalhado na diplomacia e dirigido o jornal da organização, *El Feminista* [O feminista], o que parece paradoxal, pois destacava o curso de ação a favor das mulheres, "o feminismo". Se o jornal expressava adesão aos direitos femininos, muitas vezes continha intrigas contra o comunismo, que considerava ameaçador. Houve inúmeras participantes na Liga, incluindo Elena Díaz de Vivar de León, Elsa Wiezell de Espínola, Concepción Rojas Benítez, Dora Vargas de Coscia, Mercedes Sandoval de Hempel, Amelia Aguirre de González, Sara S. de Thompson Molinas, Lidia Kallsen de Torres, María Elena Olmedo, e as conhecidas Serafina Dávalos e Virginia Corvalán atuaram como conselheiras. A maioria pertencia à classe média alta, muitas eram estudantes universitárias e simpatizavam com o Partido Colorado e, acima de tudo, eram anticomunistas. A Liga foi muito receptiva ao regime de Stroessner — a esposa do presidente, Ligia Mora de Stroessner, foi nomeada presidenta honorária da entidade.

Mas não faltaram tensões, já que, em decorrência da mobilização para a votação no início de 1961, duas de suas integrantes, Greta Gustafson e a advogada Mercedes Sandoval de Hempel, foram detidas por algumas horas. Embora o tom geral de seu desempenho tenha sido moderado, não há dúvida de que a Liga foi importante para a conquista do voto, obtida somente em julho de 1961, o que fez do Paraguai o último país latino-americano a estabelecer esse direito. Essa conquista permitiu que algumas mulheres alcançassem assentos parlamentares naqueles anos, todos pela Associação Nacional Republicana (ANR), o nome legal do Partido Colorado. Não faltaram contatos com organismos internacionais, em especial com o Conselho Interamericano de Mulheres (ICM), e deve-se lembrar que a paraguaia Concepción Leyes de Chaves, educadora e escritora, presidiu a organização entre 1953 e 1957. A Liga está situada nas malhas da Guerra Fria e sua atuação não pode ser descontextualizada das circunstâncias da época, já que o Paraguai teve papel central no acompanhamento das políticas dos Estados Unidos, nos programas estratégicos destinados ao controle regional, e foi aliado inegável das políticas de segurança implantadas na América Latina.

Depois de obter o voto, a agência passou a ser conhecida por Liga Paraguaia pelos Direitos da Mulher e acentuou sua conotação conservadora. Deve-se pensar que foi extremamente difícil sustentar organizações independentes, muito menos radicalizadas, durante o longo ciclo de Stroessner, mas dentro dos aspectos "modernizantes" do regime surgiram iniciativas relacionadas à condição das mulheres, especialmente dos habitantes rurais, com programas visando beneficiá-los com recursos internacionais. Desde a década de 1960, surgiram movimentos de resistência, havia focos de guerrilha duramente reprimidos e muitos de seus membros foram mulheres. A perseguição às organizações de esquerda perdurou durante os anos 1970 — especialmente o Partido Comunista, cujos principais líderes foram assassinados. Muitas foram encarceradas e submetidas a graves tormentos, como Dora Molas de Maidana, Gladys Saneman, María Margarita Báez, Carmen Casco de Lara Castro, Diana Bañuelos e Celsa Ramírez, para citar apenas algumas.

Stroessner foi derrubado em fevereiro de 1989, mas poucos anos antes do evento surgia a União das Mulheres do Paraguai (UMP), na qual se destacaram as ações de Ligia Prieto, Perla Yore e Gloria Estragó. Foi um organismo comprometido com os direitos das mulheres, especialmente das trabalhadoras e camponesas, e, por sua associação com as forças de esquerda, em particular o Partido Comunista, lutou pela anistia e democratização do país. Em 1985, de uma cisão da UMP surgiu a Frente Ampla de Mulheres, a primeira organização que dedicou um amplo espectro de suas atividades às mulheres rurais, e também a primeira a desafiar o regime ditatorial com a celebração do Dia da Mulher paraguaia, em 24 de fevereiro de 1987, na ótica da oposição. Um ano depois foi criada a Coordenação de Mulheres do Paraguai (CMP), com a integração de pelo menos catorze organizações de militantes de todo o país, com representantes como Clara Rosa Gagliardone, Line Bareiro, Mercedes Silvero, Mercedes Sandoval de Hempel — a consagrada pioneira paraguaia —, Graziella Corvalán, María Victoria Heikel, Mirtha Rivarola e Gloria Rubin. Também foi inaugurado com renovado ímpeto feminista o Grupo de Estudos da Mulher Paraguaia (Gempu) do Centro Paraguaio de Estudos Sociológicos (CPES), promovido por Graziella Corvalán, Laura Zayas, Mirtha Rivarola, María Lis Roman, María Eugenia Arce, que publicou a revista *Enfoques de Mujer* [Enfoques de mulher]. Para algumas, foram decisivas as experiências das conferências do Cairo e Nairóbi em 1985 — especialmente esta última — e do V Encontro Feminista da América Latina e Caribe, realizado em San Bernardo, Argentina, em 1990.

Em 1988, foi criada a Multissetorial de Mulheres Políticas, que incluía, entre outras, Perla Yore, Antonia Guillén e Ramona González, Adalita Schaerer, Martha Ashwell, Silvana Boccia, Catita Decoud, Georgina Zacarías e E. Goibu, Adalina Galeano, María Teresa Escobar, Angélica Roa e Carmen Colazo, em representação de várias forças partidárias. A Multissetorial deu origem à Rede de Mulheres Políticas do Paraguai, que permitiu a livre adesão de quem militava nos diversos partidos, apoiando programas de igualdade de gênero e evitando assim as adversidades das formações partidárias. A agenda dos feminismos se abriu às novas demandas, as militantes lésbicas criaram grupos como Aireana e Alter Vida — para citar apenas os pioneiros — e cresceram as manifestações pela conquista de direitos na arena política, na ordem civil, na dimensão da sexualidade e na legalização do aborto. Em suma, as décadas de 1980 e 1990 testemunharam uma renovação das demandas feministas no Paraguai, uma articulação das aspirações de mulheres de diversos grupos urbanos e rurais, e manifestações ousadas que também as incentivaram a reivindicar reconhecimento e direitos a novos grupos de sexualidades e gêneros dissidentes.

BRASIL

O despertar do feminismo no Brasil — que, ao contrário de outras nações latino-americanas, foi colonizado por Portugal — costuma estar ligado a uma figura precursora, Nísia Floresta Brasileira Augusta. Seu nome verdadeiro era Dionísia Gonçalves Pinto, e, em 1831, publicou artigos em defesa da condição feminina e pelos direitos das mulheres num jornal de Recife, em Pernambuco. Fundou escolas para meninas e, em 1849, precisou se mudar para Paris, onde foi uma das seguidoras de Auguste Comte, o famoso criador do "positivismo" — e um nome fundamental na patrística da Sociologia como disciplina. Afirma-se que Comte foi um dos que elogiaram seu texto *Opúsculo humanitário*, de 1853, no qual tratava de aspectos da emancipação feminina. A verdade é que Nísia foi uma das quatro mulheres que acompanharam o caixão de Comte em seu enterro, em 1857. Deve-se a ela uma tradução para o português, embora com muitas intervenções de sua própria pena, do famoso texto de Mary Wollstonecraft, *Em defesa dos direitos da mulher*, como narra Maria Simonetti Gadêlha Grilo em *Buscando a luz sobre Nísia Floresta Brasileira Augusta*.

Outro antecedente pró-feminista pode ser encontrado em Francisca Senhorinha da Motta Diniz, que apoiava *O Sexo Feminino*, publicação que reivindicava os direitos das mulheres, em meados da década de 1870 no Rio Grande do Sul, e posteriormente transferida para o Rio de Janeiro. Não faltaram jornais "femininos", porém um dos que mais se destacaram por suas notas iconoclastas foi *A Família*, de Josefina Álvares de Azevedo, publicado pela primeira vez em São Paulo e depois no Rio de Janeiro entre 1880 e 1890, e, longe do que seu nome indica — uma defesa pela manutenção da "célula básica" da sociedade a todo custo —, reivindicou o divórcio e os direitos civis das mulheres.

De forma muito vertiginosa, o Brasil passou de um regime imperial — mais moderno e inclusive mais democrático do que algumas formas republicanas da América Latina no fim do século XIX — para um regime republicano em 1889. A abolição definitiva da escravização tinha sido decretada apenas um ano antes, e é preciso lembrar que Brasil e Cuba foram os últimos países a adotar essa medida. A luta pelo abolicionismo atraiu muitas mulheres, principalmente nordestinas, e uma reação coletiva em torno dos direitos próprios começou no início do novo século. Uma publicação que não pode deixar de ser evocada, editada em São Paulo por Prisciliana Duarte de Almeida, foi a revista *A Mensageira*, que circulou entre 1897 e 1900, e, embora não tivesse identificação feminista, costumava conter matérias que exaltavam os direitos das mulheres. Entre as primeiras militantes da causa, está a professora baiana Leolinda de Figueiredo Daltro, que também foi uma destacada ativista indígena, defensora ferrenha da educação das populações indígenas, e em 1910 fundou o Partido Republicano Feminino (PRF) no Rio de Janeiro com a poeta Gilka Machado, o qual defendia sobretudo os direitos civis. Com simpatia nos círculos positivistas, Leolinda foi incentivada a se candidatar à cidadania, mas foi rejeitada. O PRF protagonizou várias ações em prol do reconhecimento da mulher e, em 1919, Leolinda se apresentou como candidata à prefeitura da cidade do Rio de Janeiro. Nessa conjuntura, surgiu uma jovem que havia estudado Ciências Naturais em Paris, Bertha Maria Julia Lutz, e lá havia entrado em contato com feministas europeias. Em 1919, foi contratada no Museu Nacional do Rio de Janeiro; foi a primeira vez que uma profissional do sexo feminino foi contratada nessa área, e sua nomeação teve grande repercussão. Bertha era muito inteligente, especializou-se em Zoologia e tudo indica que conseguiu ter mais autonomia. Nesse mesmo ano, organizou a Liga pela

Emancipação Intelectual da Mulher, da qual participou uma figura singular da corrente libertária, Maria Lacerda de Moura, que, embora não pudesse ser rigorosamente identificada como "feminista", se destacou por sua ação emancipatória de todas as fórmulas de subordinação. Em 1922, Bertha deu impulso à Federação Brasileira pelo Progresso Feminino (FBPF), que substituiu a Liga, e o novo organismo reuniria representantes de diversos grupos femininos. Nesse mesmo ano, ela concorreu à Conferência Pan-Americana das Mulheres de Baltimore e isso significou um vínculo duradouro, já que a mais importante agência de direitos do Brasil aderiu à proposta da União Pan-Americana de Mulheres, e Bertha ocupou a vice-presidência do órgão.

Em dezembro daquele ano, a pedido da Federação, foi realizado no Rio de Janeiro o Primeiro Congresso Internacional Feminista e, segundo o arquivo fotográfico, participaram a representante da Alliance of Women — e notável promotora dos direitos femininos em toda a região —, Carrie Chapman Catt, e feministas locais como a própria Bertha Lutz, Margarida Lopes de Almeida, Júlia Valentim da Silveira Lopes de Almeida e Rosette Manus — conhecida militante alemã —, para citar apenas algumas. Em 1925, Bertha Lutz representou as feministas brasileiras na Conferência Interamericana de Mulheres de Washington.

Durante a década de 1920, o Brasil viveu intensas transformações sociais e culturais, foram anos em que se intensificaram os conflitos trabalhistas, ocorreram os levantes de jovens oficiais do Exército e a célebre Coluna Prestes percorreu várias regiões sob a liderança de Luiz Carlos Prestes; da mesma forma, expressaram-se as estéticas "modernistas" — um canal fértil de renovação nas letras e nas artes. Em 1928, ocorreu em São Paulo algo inusitado quando Bertha, junto com as ativistas da FBPF Carmen Velasco Portinho e Maria Amália Faria, lançou de um avião panfletos sobre a cidade, reivindicando o direito ao voto das mulheres.

Em 1930, o Brasil foi abalado pelo golpe de Estado realizado por um grupo de forças sob a liderança de Getúlio Vargas, que conduziria o país por um ciclo contraditório, com editais nacionalistas a favor do controle dos recursos naturais e da ampliação do mercado interno, e também com sinais autoritários que se acentuariam com a instauração do Estado Novo, em 1937. Ainda é difícil explicar por que Vargas, dado seu caráter patriarcal — era uma personalidade muito complexa —, tomou a decisão de outorgar o sufrágio feminino por meio de um decreto de fevereiro de 1932, direito estendido apenas às mulheres alfabetizadas — como era regra também para os homens — e que possuíam renda, que foi ratificado na Constituição de 1934. Bertha Lutz presidiu a comissão especial formada no Congresso para assessorar as transformações do estatuto feminino e, em 1936, por um breve período, integrou a Câmara dos Deputados. Mas a primeira deputada federal eleita pelo estado de São Paulo em 1933 foi a médica feminista Carlota Pereira de Queirós.

O Partido Comunista Brasileiro atuava desde 1922, alcançando certa expansão nos meios operários das grandes cidades e nos círculos intelectuais e artísticos. Como resultado de uma tentativa fracassada de levante em 1935 por parte de alguns comandos militares, houve uma forte repressão que culminou na prisão de boa parte dos participantes, dentre eles Luiz Carlos Prestes — o emblemático líder da Coluna que queria emancipar os camponeses e trabalhadores —, que, depois de um exílio na Bolívia, Argentina e União Soviética, aderiu ao comunismo. Sua esposa, Olga Benário, de origem judaico-alemã, foi deportada pelo governo Vargas e morta num campo de concentração nazista, deixando uma filha. A mobilização pela vida de Olga ganhou o cenário internacional, foram muitas as manifestações que clamaram para que ela não fosse deportada e, depois, para que o encontro da menina com sua avó Leocádia, mãe de Prestes, fosse facilitado no México; o suplício de Olga foi emblemático.

Dentro do Partido Comunista, na década de 1930, se destacaria Patrícia Rehder Galvão, conhecida como "Pagu", figura que tem provocado várias formas de reconhecimento por parte das feministas devido à sua personalidade autônoma, transgressora, à sua singular criatividade e solidariedade com as classes trabalhadoras, por cuja causa ela esteve várias vezes na prisão.

Embora Vargas tivesse simpatia pelo Eixo, o Brasil alinhou-se aos Aliados por razões estritamente pragmáticas, e participou na guerra na fase final. Em 1944, as Ligas Femininas foram criadas sob a égide oficial com propósitos centralmente assistenciais. Mas Vargas foi deposto em outubro de 1945, e então surgiram movimentos de mulheres, como o Comitê de Mulheres pela Anistia, que mais tarde deu origem ao Comitê de Mulheres pela Democracia, e embora seu objetivo fosse alcançar a democratização política, continha aspectos reivindicatórios da condição feminina. Em 1946, Alice de Toledo Ribas Tibiriçá — que havia atuado no combate à lepra — uniu-se com ímpeto à conquista de direitos e promoveu com outras mulheres o Instituto Feminino para o Serviço Construtivo, que posteriormente deu origem à Federação de Mulheres do Brasil (FMB), entidade que aderiu à Federação Democrática Internacional de Mulheres (FDIM), surgida em Paris em 1945 com estreita relação com as organizações comunistas. A FMB atraía participantes de diversas correntes partidárias, embora houvesse um grupo massivo de simpatizantes e militantes comunistas. Seu órgão de expressão foi em boa medida o *Momento Feminino* — que havia sido promovido pelo Partido Comunista — e integravam a equipe de redação e administração Arcelina Mochel, Lia Correa, Sylvia de Leon Chalreo, Eneida Costa de Morais, Heloísa Ramos de Morais, Maura de Sena Pereira e Glória Cordeiro de Andrade. A Associação Feminina do Distrito Federal (à época no Rio de Janeiro) foi um dos porta-vozes ligados à FMB, e suas preocupações fundamentais eram, como esta, a situação das mulheres da classe trabalhadora, o problema das condições trabalhistas, o custo de vida e a infância desamparada. A FMB durou até 1957, quando a militância comunista se desintegrou devido às divergências e à informação que já circulava sobre os crimes do stalinismo. Durante o governo de Juscelino Kubitschek, foi ordenado o encerramento de inúmeros grupos de mulheres, certamente as mais próximas a posições de esquerda.

Na década de 1960, surgiram várias organizações femininas conservadoras, uma vez que as direitas temiam pelas orientações mais radicais que pairavam no governo do país, e o alarme se espalhou diante da ameaça comunista na medida em que se projetava uma virada por conta da Revolução Cubana. Em abril de 1964, um golpe cívico-militar abreviou o governo de João Goulart, e algumas mulheres, exaltadas, não deixaram de se manifestar exigindo o fim do "governo comunista". Assim começou o infeliz ciclo de golpes institucionais no Cone Sul atrelados à Guerra Fria no clima da "doutrina da segurança nacional". A ditadura brasileira teve um relançamento em 1968, e sua consequência foi o acirramento da perseguição, com milhares de pessoas presas e exiladas. Foi a primeira diáspora sul-americana massiva por motivos políticos, seguida pelas do Chile, do Uruguai e, mais tarde, da Argentina.

Entre as primeiras manifestações contra a ditadura está o Movimento Feminino pela Anistia (MFPA), que surgiu em 1975, liderado por Therezinha de Godoy Zerbini — cujo marido havia sido um dos generais leais ao governo constitucional. Foi uma agência peculiar porque reuniu mulheres contrárias à ditadura e sensíveis às perseguições. Elas agiam em sigilo, e, a pedido de sua liderança, não deviam apresentar qualquer identificação partidária; além disso, embora se expressassem como mulheres, não compartilhavam ideais de uma "mobilização feminista". Therezinha, como manifestou em várias oportunidades, acreditava que as mulheres transmitiam uma imagem de humanitarismo, uma convocação à solidariedade, e a ideia de que o importante era convencer o regime de que devia abrir as prisões e permitir o regresso dos exilados. Mas dentro do MFPA — que se espalhou por várias cidades brasileiras, principalmente São Paulo, Rio de Janeiro e Belo Horizonte — houve sementes de resistência feminista. A crise surgiu sobretudo pela inibição das bandeiras políticas, e uma das que rompeu com o grupo foi Helena Greco, que mais tarde fundou o Movimento Feminino pela Anistia e as Liberdades Democráticas. Em 1979, o regime decretou a anistia. Na luta pela redemocratização, muitas feministas criaram núcleos nos lugares onde haviam se exilado, e devem ser lembrados o Comitê das Mulheres Brasileiras (em Santiago do Chile cuja *alma mater* foi Zuleika Alambert), o grupo criado em Berkeley por Branca Moreira Alves, e o círculo de Mulheres Brasileiras, fundado em Paris no início dos anos 1970. Também circularam publicações feministas, como *Nós Mulheres*, entre 1974 e 1976, que teve como uma das apoiadoras Danda Prado, e *Brasil Mulher*, talvez a mais envolvida na agenda feminista da época, que surgiu em 1974 na cidade de Londrina, Paraná, e perdurou até 1980.

No início dos anos 1980, aumentou o número de núcleos feministas, e não apenas nas capitais, com inegáveis reflexos de oposição à ditadura de uma posição de esquerda. O impulso da "segunda onda" internacional veio em meio à luta geral antiautoritária, enquanto o regime acalmava suas características persecutórias. Um grupo importante foi assumido como feminista no meio acadêmico — integrado por mulheres como Heleieth Saffioti, Rose Marie Muraro, Branca Moreira Alves, Rachel Soihet, Maria Helena Kühner, Eva Alterman Blay, Mariza Corrêa, Anette Goldberg, Elisabeth Souza-Lobo, Maria Lygia Quartim de Moraes, Silvia Pimentel, Moema Toscano, Heloisa Pontes, Zuleika Alambert, Elisabeth Juliska Rago, Albertina de Oliveira Costa, Joana Pedro e Ana Alice Costa —, de modo que, no Brasil, houve talvez menos dificuldades para se inserirem em centros dedicados à pesquisa e em universidades tanto públicas quanto privadas. Muitas dessas feministas haviam voltado do exílio graças à anistia, e seu papel foi muito importante na renovação conceitual que norteou numerosos estudos com notável renovação das questões de gênero. Uma parte delas se comunicou com as mulheres dos bairros mais pobres, atuou nas favelas e trabalhou para conscientizá-las sobre as circunstâncias existenciais, incluindo o conhecimento da sexualidade, seus direitos nessa dimensão e o enfrentamento à violência doméstica. Mas eram vínculos difíceis, muitas vezes tensionados pelas posições das próprias esquerdas, que preconizavam ser necessário privilegiar a "contradição principal", que era a luta de classes, evitando atritos. As expressões feministas deslocaram o eixo, reconhecendo a subjugação patriarcal dos próprios segmentos populares, mas era evidente que naquela luta ocorreram desentendimentos entre as próprias militantes, e a reorganização partidária passou a ter consequências nas práticas autônomas dos movimentos feministas. Houve divisões, e nessas fraturas não foram poucas as feministas identificadas com as forças partidárias.

Em relação à violência, houve uma reação expressiva em decorrência do julgamento que em 1979 condenou inicialmente a apenas dois anos de prisão o assassino de Ângela Diniz, belíssima mulher do jet set brasileiro, com a alegação de "legítima defesa da honra". As feministas foram às ruas protestar sob o lema "Quem ama não mata"; o assassinato foi um choque para milhares de mulheres em todo o país. As feministas que surgiram no Brasil em 1975 remetem sobretudo à conjuntura que as levou a aderir, durante a fase de abrandamento da ditadura, ao ativismo a favor da anistia e da recuperação democrática, e que essa saga foi identificada como feminista porque incorporava o programa de "reivindicações gerais de toda a sociedade", com certos temas "específicos das mulheres".

Entre o fim dos anos 1970 e o início dos anos 1980, muitas associações feministas surgiram em várias cidades, basta lembrar o Centro Brasileiro da Mulher e o Coletivo Feminista do Rio de Janeiro; a Associação de Mulheres, a SOS Violência, a organização Brasil Mulher, o grupo Sexo Finalmente Explícito e o Centro de Informação da Mulher (CIM) de São Paulo; o Coletivo Feminista e o SOS Campinas, de Campinas; o SOS Corpo, de Recife; a organização Maria Mulher, de João Pessoa; o grupo Brasília Mulher, que atuou na capital brasileira.

Quase no fim da ditadura, os Conselhos Estaduais da Condição Feminina foram criados no âmbito governamental, pelo menos nos estados de São Paulo, Minas Gerais e Paraná, e com a volta da democracia em 1985, foi criado o Conselho Nacional dos Direitos da Mulher. De modo pioneiro, se estabeleceram no território brasileiro as primeiras unidades policiais para atendimento às mulheres vítimas de violência, exemplo que foi seguido por vários países da região. Essas iniciativas por parte do Estado deram origem ao conceito de "feminismo de Estado" — sublinhando formas de cooptação. Durante a década de 1980, ocorreram encontros massivos de feministas, principalmente em São Paulo, nos quais se reivindicavam com maior radicalismo os direitos à autonomia, o fim das fórmulas patriarcais violentas e, muito especialmente, o direito à sexualidade dissidente. Mas, na década seguinte, as entidades dedicadas à promoção dos direitos das mulheres, em especial saúde, moradia e educação, espalharam-se, adotando o formato de ONGS, como aconteceu no resto dos países, o que gerou inúmeras críticas por parte das feministas independentes.

Em 1994, surgiu uma agência com o objetivo de alcançar certa unidade dos diversos canais feministas, a Articulação Brasileira de Mulheres (ABM), com sede em Natal — capital do Rio Grande do Norte —, e que era uma tentativa de fortalecer a independência das múltiplas manifestações de militantes, de esquivar a cooptação do Estado e de retomar programas que efetivamente ampliassem o reconhecimento e os direitos das mulheres. Houve também incentivos para reforçar as posições das organizações da sociedade civil e colocá-las no seio da Conferência de Pequim de 1995. Alguns anos depois, em 2000, surgiu o movimento Marcha Mundial das Mulheres, em grande medida vinculada ao Partido dos Trabalhadores (PT) — força de aglutinação de vários canais de esquerda, que surgiu em 1980 e levou Luiz Inácio Lula da Silva à presidência entre 2003 e 2010. A questão das mulheres negras foi ampliada graças às organizações de militantes afrodescendentes, e, embora não se possa dizer que estivesse ausente das preocupações quando os caminhos feministas foram retomados a partir de meados da década de 1970, é incontestável que o tema não ocupou um lugar nessa agenda. As mulheres dos setores populares, as moradoras das favelas, em sua maioria negras pobres, como dizia o jornal *Nós Mulheres*. O jornal destacou que era fundamental enfatizar as lutas que as mulheres das classes trabalhadoras tiveram de realizar, em que a autêntica luta feminista estava cifrada. A reivindicação de classe não podia ser separada das lutas feministas.

Entre os movimentos criados para demandar pontos de vista específicos na segunda metade da década de 1980, surgiram, entre outros, o Coletivo das Mulheres Negras da Baixada Santista e o Geledés — Instituto da Mulher Negra. Em outras palavras, os movimentos feministas promoveram os movimentos de mulheres, embora não se identificassem como feministas. Pode-se afirmar que a relação entre movimentos de mulheres e movimentos feministas foi proveitosa, especialmente porque as militantes destes últimos puderam se expandir para lugares das periferias onde mulheres de setores populares atuavam relativamente organizadas.

Enquanto isso, no decorrer da década de 1990, os centros universitários dedicados à pesquisa sobre a condição feminina e as relações de gênero e sexualidades foram notadamente fortalecidos. A grande maioria das universidades públicas brasileiras desenvolve programas nessas áreas e há uma importante oferta de cursos de mestrado e doutorado. Surgiram diversas publicações acadêmicas feministas, com destaque para a *Cadernos Pagu*, que tem apoio do Núcleo de Estudos de Gênero Pagu da Unicamp desde 1993, e a revista *Estudos Feministas*, publicada a partir de 1992, por instituições acadêmicas do Rio de Janeiro e posteriormente acolhida na Escola de Filosofia e Ciências Humanas da Universidade Federal de Santa Catarina.

Nas últimas décadas, o Brasil experimentou um crescimento muito importante dos movimentos de mulheres e das sexualidades dissidentes. Este país consagrou uma presidenta mulher, Dilma Rousseff, por dois mandatos, mas ela foi destituída dramaticamente em 2016, por meio de um complô que não pode fugir, entre suas arestas, da perspectiva analítica das relações de gênero. Com as eleições presidenciais de 2018, chegaram ao governo atores profundamente misóginos, homofóbicos, lesbofóbicos e transfóbicos. O Brasil vive uma notável regressão no que concerne aos direitos para as mulheres e para as pessoas situadas no arco da dissidência de gênero, com uma investida de formações ideológicas reacionárias "antidireitos".

URUGUAI

Não deve surpreender o fato de que a proximidade da República Oriental do Uruguai com a Argentina tenha possibilitado fortes laços entre algumas de suas feministas. Uma das figuras emblemáticas do feminismo argentino foi María Abella Ramírez e, embora tenha vivido a maior parte do tempo em La Plata, capital da província de Buenos Aires, onde se formou professora, nasceu no Uruguai e manteve estreitas relações com ativistas pelos direitos das mulheres em seu país. O modelo liberal do Uruguai adquiriu formas radicalizadas pela configuração de um segmento decididamente laico e civilista no Partido Colorado (surgido em 1836), e que no início do século xx era liderado por José Batlle y Ordóñez, que ocupava a presidência do Uruguai. O que é singular no batllismo, como é identificado esse processo de liberalismo radical, era o compromisso com o avanço de reformas sociais que mitigassem as diferenças entre capital e trabalho — a jornada de trabalho foi fixada em oito horas —, para tornar possíveis os direitos individuais — desde 1907 houve divórcio obrigatório, estendido em 1910 e ainda mais em 1913, pois a lei permitia o divórcio da mera vontade do cônjuge — e, especialmente, para apoiar as prerrogativas femininas. No Uruguai, mesmo as forças anarquistas mostraram alguma simpatia pelas reformas batllistas, e não foram poucos os que emigraram para aquele país como resultado das perseguições desencadeadas na Argentina entre 1909 e 1910 durante as comemorações do Centenário da separação da Coroa espanhola.

Naquela época, María Abella Ramírez se entusiasmou com a criação de uma Federação Feminina Latino-Americana, proposta da delegada chilena María Espíndola de Muñoz no

Primeiro Congresso Feminino Internacional de Buenos Aires, realizado em 1910. Tudo indica que ela tentou criar a seção uruguaia da Federação, mas é difícil estimar o grau de sucesso que alcançou entre seus compatriotas. Foi muito importante o número de uruguaias que participou desse congresso. Nas *Actas. Primer Congreso Femenino-Buenos Aires-1910: Historia, actas y trabajos* [Primeiro Congresso Feminino Buenos Aires-1910: História, atas e trabalhos] (2008) aparecem treze, embora não signifique que todas tenham estado realmente presentes nas sessões. Para o movimento de emancipação feminina no Uruguai, foi muito importante a radicação no país de Belén de Sárraga, a intrépida espanhola que abalava o público com seus marcantes discursos a favor dos direitos femininos e especialmente do direito ao voto, a quem já localizamos no Chile, onde teve reconhecimento substancial. O cenário uruguaio foi muito propício a rupturas, dada a influência, já mencionada, do canal liberal radicalizado, de modo que a primeira minuta do voto feminino tenha sido apresentada no Congresso uruguaio em 1914, talvez um evento pioneiro na região. Em 1911, a Universidade das Mulheres foi criada — na verdade, era uma vigorosa instituição dedicada ao ensino médio, cujo corpo docente tinha sensibilidades modernas. Em 1915, surgiu em Montevidéu a Associação Magisterial Pró-Sufrágio Feminino, tendo como uma das líderes Ana Matheu de Falco.

Contudo, a militante mais destacada do feminismo uruguaio nas primeiras décadas do século XX foi Paulina Luisi, que alcançaria uma projeção ímpar nos demais países da região e além dela, já que provavelmente Paulina se tornou uma das mais renomadas feministas latino-americanas da região. Nasceu na província argentina de Entre Ríos, mas desde criança sua família mudou-se para o Uruguai e, embora seus pais não tivessem muitos recursos, fizeram um esforço notável para que Paulina e suas irmãs pudessem estudar. Formou-se em Medicina em 1908, sendo a primeira mulher universitária do Uruguai. Suas irmãs Clotilde e Inés também cursaram a universidade, e uma terceira, Luisa, tornou-se professora e destacou-se como poeta. Argumenta-se que o compromisso com a educação e independência das filhas se devia à adesão ao livre-pensamento de seus genitores. Paulina se identificou com o feminismo desde cedo e, um pouco depois, se aproximou do socialismo. Em 1913, ela visitou serviços de saúde na França enviada pelo governo uruguaio e lá esteve em contato com destacadas feministas.

Em 1916, liderou a criação do Conselho Nacional de Mulheres como braço do International Council of Women, criado em 1888 e que naquela época havia assumido um compromisso decisivo com a promoção do sufrágio em todos os países. O Conselho foi o principal canal de reivindicação dos direitos das mulheres, e dentre as que a acompanharam estavam Dolores Estrázulas de Piñeyrua, Isabel Pinto de Vidal, advogada, que anos depois seria a primeira senadora pela América Latina, Francisca Beretervide — também advogada —, Esperanza de Sierra, Berta de María de Pratt, Enriqueta Compte y Riqué, Adela Rodríguez de Morató, Cata Castro de Quintela, Maria Passano de Fiocchi, Fanny Carrió de Pollieri, Elisa Villemur de Aranguren, Carmen Cuestas de Nery e Luisa e Clotilde Luisi. Em julho de 1917 apareceu a publicação *Acción Femenina* [Ação feminina], que expressava as posições do organismo. O periódico circulou até 1925, embora nesse período tenham se manifestado dissidências. Os objetivos do Conselho eram "associar todas as mulheres para trabalhar pelo maior progresso de nosso sexo, elevando seu nível moral, intelectual, material, econômico e jurídico. Dedicar todas as nossas energias para melhorar a situação social, o que as leis e os costumes garantem às mulheres", segundo o primeiro número da *Acción Femenina*.

A atividade do Conselho foi dividida em várias comissões, incluindo as dedicadas ao auxílio aos menores — havia uma preocupação expressa pela minoria desamparada, chegando mesmo a se propor a fundação de uma espécie de colônia agrícola com um residente no local para contê-la —, a de assistência às mulheres — claramente voltada às questões de saúde —, a da biblioteca — destinada a propagar a cultura feminina e dos setores populares — e, claro, não faltou a comissão de administração e finanças. Mas havia especial interesse no trabalho da comissão da conferência e no de educação, já que no período grande parte do conhecimento foi proporcionado por meio de sessões em que o público podia ouvir diretamente os palestrantes, e da perspectiva central de Paulina Luisi deveria prestar-se especial atenção à higiene e saúde. O programa do Conselho, no primeiro número da citada revista *Acción Femenina*, permite vislumbrar a caneta de nossa militante por sua obstinação com as questões de saúde. Com efeito, esse programa defendia que era preciso trabalhar por todos os meios para que fossem construídas casas higiênicas, com abundância de luz, ar e água; que era preciso garantir que a instalação de banheiro fosse obrigatória em cada casa alugada, da mesma forma que era preciso lutar pela instalação de banheiros-chuveiros em cada escola do Estado, e cuidar para que os filhos tomassem banho pelo menos a cada oito dias.

Outro aspecto referia-se à necessidade de operar cozinhas de baixo custo, onde se entregassem alimentos higiênicos, fartos e nutritivos a preços ínfimos, com a cooperação de particulares e instituições de caridade. Havia também uma verdadeira cruzada a ser feita na luta contra a tuberculose; devia explicar-se ao povo, como arma de defesa, os sintomas característicos da doença desde seu início, e o paciente com tuberculose precisava ser instruído a aprender a se cuidar e a não transmitir a doença. Um aspecto incontornável era o cuidado com as doenças venéreas, e outro capítulo era o combate ao alcoolismo, ação fundamental na qual as mulheres deveriam se engajar. A voz de Luisi cresce principalmente quando fala em primeira pessoa às mães de família para que por todos os meios evitem qualquer contaminação com álcool nos lares, a começar pelo aparentemente inofensivo "copinho", que era por onde, acreditava, se iniciavam as crianças no consumo de etílicos. Em suma, o programa de saúde foi central nessa manifestação, dada sua profissão, e não é de se estranhar que introduzisse a necessidade de controle das doenças venéreas, já que Luisi fazia desenhos voltados para a "educação sexual" e esta foi uma de suas grandes preocupações, ao lado do combate à prostituição e ao tráfico de mulheres, circunstâncias que a levaram a representar o Uruguai em conferências internacionais. O Conselho, por meio da *Acción Femenina*, se referia de forma um tanto evasiva à questão da saúde sexual, mas garantiu que era necessário que a população tivesse conhecimentos sobre higiene e profilaxia, essenciais para a saúde das pessoas e de seus filhos. O assunto parecia "muito delicado" e talvez "em total desacordo com uma série de ideias educacionais consagradas", mas com "delicadeza e sabedoria" deveria ser abordado de forma indesculpável.

O Conselho Nacional de Mulheres do Uruguai teve a originalidade de se preocupar, através de uma comissão *ad hoc*, com os problemas da migração, mas focou na questão do controle do tráfico de mulheres, já que, como mencionado, Paulina Luisi foi uma das mais importantes militantes em toda a região em matéria de perseguição aos cafetões e eliminação da subjugação sexual. Houve, é claro, uma comissão especializada nas reformas civis necessárias para igualar as mulheres, cujo trabalho gerou as demandas mais urgentes. O Conselho também dedicou uma comissão para questões inerentes à paz e à arbitragem, embora o propósito se referisse à paz interna. Outra questão era a do trabalho feminino; não havia dúvida de que as mulheres eram estimuladas a ganhar a vida, desde que escolhessem com certa sensibilidade "feminina" as profissões para que seu desempenho não fosse frustrante, condizente com a condição, uma clara indicação do que se considerava apropriado. Uma comissão específica se dedicou à reforma política que permitisse o sufrágio e, embora houvesse um importante grupo de homens defensores desse direito, enquadrados no liberalismo radical e no socialismo, as posições opostas também se manifestavam. O programa pleiteava que era necessário chamar a atenção da população masculina para a falta de familiaridade em relação aos direitos das mulheres.

No mesmo âmbito do Conselho, surgiu em 1919 a Aliança Uruguaia de Mulheres pelo Sufrágio Feminino, também sob a liderança de Paulina Luisi, um segmento que buscava ser mais independente e que se concentrou na demanda por sufrágio, talvez como uma reação à oportunidade perdida na reforma constitucional de 1918. A Aliança estava ligada à International Woman Suffrage Alliance (IWSA), entidade que surgiu em Berlim em 1904, então liderada pela conhecida Carrie Chapman Catt. Dentre suas atribuições estava o combate ao tráfico de mulheres, e o órgão convocou o novo presidente Baltasar Brum, singular defensor da causa feminina, para arbitrar os meios de acabar com o flagelo. Em linhas gerais, foram seguidos os objetivos programáticos do Conselho e, quando se referia à igualdade dos sexos, havia variações conforme o ponto focal de interesse, inclusive modificando-se a própria base argumentativa, já que para algumas questões se admitia a premissa. Em dezembro daquele ano, houve uma grande manifestação exigindo a prorrogação de direitos na Universidade da República. No início da década de 1920, já existiam algumas tensões, sobretudo entre Paulina e Isabel Pinto de Vidal, então presidente do Conselho, e embora o grupo se apresentasse como liberal, não se podem ignorar os fortes laços desta última com o Partido Colorado e a proximidade de Paulina com o Partido Socialista. Também surgiram controvérsias sobre a administração. Paulina participou da Conferência de Baltimore em 1922 e foi eleita vice-presidente honorária, o que parece ter acentuado as diferenças. Também é preciso lembrar que fazia parte da Liga Internacional de Mulheres Ibéricas e Hispano-Americanas. Finalmente, por volta de 1924, junto com outras mulheres, Paulina se afastou do Conselho, embora permanecesse ligada a ele, pois houve atos em que este órgão e a Aliança Uruguaia de Mulheres participaram conjuntamente.

Em 1927, as mulheres de Cerro Chato, para saber a que departamento deviam pertencer, puderam votar, e depois surgiram vozes feministas como a de Bernardina Muñoz e Modesta Fuentes de Soubiron. No fim da década, as demandas pela conquista de direitos políticos se intensificaram e, em dezembro de 1929, houve uma notável manifestação na Universidade da República com várias representações de mulheres, na qual foram comemorados os dez anos da assembleia precursora. Dentre as palestrantes estavam a própria Paulina Luisi, Carmen Onetti, Isabel Arbildi de la Fuente, Adela Barbitta Colombo, María Inés Navarra, Elvira M. Martorelli, Luisa Machado Bonet de Abella, Laura Cortinas, Olivia de Vasconcellos, Leonor Horticou e Cristina Dufrechou. O evento teve como tema "Chegou a hora de reconhecer os direitos da mulher uruguaia!". Alguns anos depois, em 1932, conquistaram o direito ao voto, que só pôde ser exercido em 1938.

A nova década projetou algumas militantes, principalmente as mais liberais, e incorporou novas feministas. Sara Rey Álvarez, advogada com formação na França e na Inglaterra, esteve à frente do Comitê Pró-Direitos da Mulher, criado em maio de 1932 como mais um instrumento da própria Aliança. Um pouco depois, em 1933, Sara criou o Partido Independente Democrático Feminino (PIDF); seu órgão de expressão foi a publicação *Ideas y Acción* [Ideias e ação]. Paulina Luisi morava no exterior na época e não aprovou totalmente a iniciativa. O contexto tornou-se rarefeito com a ditadura de Gabriel Terra (1932-1938) e teve graves consequências para os grupos feministas. Algumas foram decididamente opostas à ditadura, mas outros grupos eram funcionais e até apoiados pelas forças conservadoras, como o próprio PIDF. Fazia parte desse feminismo de tom conservador Sofía Álvarez Vignoli de Demicheli, que, embora tenha promovido reformas civis decisivas, como ter contribuído para a sanção da igualdade jurídica entre mulheres e homens em 1946, manteve o princípio da moral da mulher casada, deixando inalterável o adultério feminino como uma questão agravada na nova codificação.

Em 1938, as mulheres uruguaias puderam votar — embora a fração batllista do Partido Colorado tenha se abstido —, e Isabel Pinto de Vidal e Sofía Álvarez Vignoli chegaram ao Senado. Fundado em 1920, o Partido Comunista venceu a eleição de Julia Arévalo de Rocha na Câmara dos Deputados, e o Partido Colorado impôs Magdalena Antonelli Moreno na mesma câmara. Apesar de o Uruguai ter sido o primeiro país a consagrar os direitos cívicos das mulheres em igualdade de condições com os homens — convém lembrar que o voto precursor outorgado em 1929 no Equador era qualificado —, o reconhecimento das mulheres na arena política era limitado.

É provável que tenha ocorrido certo refluxo do ativismo feminista entre as décadas de 1950 e 1960, pois, em particular nesta última, a sociedade uruguaia foi abalada por movimentos radicalizados que se intensificaram com as ações guerrilheiras promovidas pelo Movimento de Libertação Nacional-Tupamaros (MLN-T), no qual muitas mulheres se envolveram. Como aconteceu na Argentina, o objetivo da transformação social radical deslocou os impulsos feministas, levando-se em conta que, em grande medida, estes haviam sido sustentados por mulheres com tendência ao liberalismo. Em 1973, ocorreu um fatídico acontecimento com a interrupção do Estado de direito com o autogolpe perpetrado em junho de 1973 por Juan María Bordaberry, então presidente do Uruguai, que durou até 1984. O país foi devastado pela repressão, pela perseguição política e pelo retrocesso econômico e milhares de pessoas se exilaram, dando origem a um processo de regressão demográfica sem precedentes. Houve meninos e meninas apropriados pelos repressores cuja identidade ainda não foi recuperada, como aconteceu na Argentina, cuja ditadura atuou de forma articulada com a do Uruguai.

No início da década de 1980, surgiram os movimentos de mulheres, vários nos bairros periféricos, e alguns tiveram repercussão, como aconteceu com a Federação das Donas de Casa, a Comissão de Mulheres Uruguaias ligada à vida sindical e o Grupo de Mulheres Ecumênicas, que reunia mulheres de vários credos preocupadas com os direitos humanos. A partir de 1984, as organizações feministas ressurgiram, dentre as quais a Plenária de Mulheres do Uruguai (Plemuu), o Instituto Mulher e Sociedade, Cotidiano Mulher, Mulher Agora, Casa da Mulher da União, María Abella, Las Paulinas de Melo. A agenda havia sido renovada com a reivindicação de políticas de igualdade e completa democratização. Merece menção à parte o Grupo de Estudos sobre a Condição da Mulher Uruguaia (Grecmu), formado por acadêmicas e militantes que, em plena ditadura, em 1979, decidiram se agrupar como uma clara manifestação de resistência de seus cargos na Universidade da República. Entre as integrantes estiveram Suzana Prates e Silvia Rodríguez Villamil; deve-se ao Grecmu um grande número de trabalhos que indagavam sobre a condição feminina, e foi uma contribuição decisiva para o feminismo, que avançou com a recuperação da democracia. Outro grupo de análise foi a Associação Uruguaia de Planejamento Familiar e Pesquisas sobre Reprodução Humana (AUPFIRH). O slogan do feminismo renascido sob o feitiço da luta contra a ditadura era: "Nós mulheres não queremos só dar a vida. Queremos mudá-la." Em linhas gerais, o canal dos feminismos foi identificado com as esquerdas na grande virada pós-ditatorial, as novas conjunções inclinaram o pêndulo para a revogação total das exclusões sociais e de gênero. Como aconteceu no resto dos países analisados, a agenda havia se transformado, a questão da violência, sexualidades, reconhecimento político, saúde, aborto, eram os eixos que ocuparam grupos que se expandiram ao novo século em boa parte das cidades do interior.

Os estudos sobre gênero difundiram-se não apenas na área das Ciências Sociais da Universidade da República, como também foram introduzidos, ainda que com modestas atribuições, na Medicina e na Enfermagem. As mulheres uruguaias conseguiram conquistar uma série de direitos, e certamente o mais importante foi a legalização do aborto em 2012, embora a primeira tentativa tenha sido vetada pelo então presidente da progressista Frente Popular, Tabaré Vázquez. Somente durante o governo de José Mujica a lei foi sancionada e promulgada. Foi a terceira vez que a lei foi conquistada na América Latina, depois de Cuba e da Cidade do México. Uma luta que persiste — para além da conquista da cota de representação nas cadeiras parlamentares — é a presença efetiva das mulheres em cargos de representação popular e em todas as instituições do Estado. O ativismo feminista uruguaio tem se destacado por sua preocupação inclusiva e por seu significado como receptáculo de culturas femininas muito diversas.

ARGENTINA

O feminismo chegou à Argentina no fim do século XIX, e não é surpreendente que tenha atraído um bom número de simpatizantes devido à transição ao urgente passo para a modernidade que se vivia, para a interação com a Europa em grande medida produzida pela inundação imigratória e também à presença precoce do socialismo na área metropolitana de Buenos Aires. Entre as feministas pioneiras estava a primeira médica, Cecilia Grierson — de origem irlandesa e escocesa —, que se formou na Faculdade de Medicina da Universidade de Buenos Aires em 1889. Uma década depois, ela participou do Congresso de Londres, convocado pelo International Council of Women (ICW) — um organismo que surgiu nos Estados Unidos alguns anos antes —, e lá ela foi capaz de lidar com um grande número de feministas de diferentes países e certamente se apegar ainda mais à corrente. Ao seu ímpeto, deve-se, em grande parte, a criação em 1900 do Conselho Nacional da Mulher, no qual convergem mulheres em posições distintas no que diz respeito aos direitos que elas deviam obter. Nem todas concordavam com os ângulos mais incisivos do nascente feminismo local, inclusive sua presidenta Alvina van Praet de Sala, que pertencia ao segmento social mais alto e representava um tom moderado quanto aos avanços da condição das mulheres. Os dissidentes se aprofundaram, e anos depois Cecilia deixou o Conselho com um pequeno grupo de afiliados.

Em 1901, a Faculdade de Filosofia e Letras aprovou a tese de doutorado de Elvira López, *El movimiento femenista* [O movimento feminista], que, se por um lado fazia um balanço da situação das mulheres nas várias áreas da vida social, por outro indicava uma pequena quantidade de transformações nas quais ele apostava, já que claramente não considerava o sufrágio feminino até que as mulheres não tivessem sido devidamente instruídas nas lideranças políticas. Ela defendeu a autonomia econômica como uma necessidade material e moral, e não abandonou a ideia da maternidade, a principal gestora daquele texto que foi uma impugnação do forjar patriarcal. Não se pode ignorar que as socialistas constituíram um bastião do nascente feminismo argentino. O Partido Socialista foi organizado em 1896 e foi o primeiro a incluir o voto das mulheres em seu programa — assim como o Congresso da Social-Democracia de Erfurt havia decidido em 1892. Quase todas as socialistas tornaram-se feministas e, em 1902, surgiu o primeiro Centro Socialista Feminino. Embora nem todos os seus membros fossem ativistas feministas, acabou sendo o grupo que mais enfaticamente defendeu a sanção do divórcio obrigatório nesse mesmo ano, primeira vez que o tema foi debatido no parlamento argentino.

Em 1904, surgiu o grupo que reunia mulheres formadas em cursos universitários, o Centro de Universitárias Argentinas, embora, devido ao pequeno número de graduandas, tivessem de admitir alguns perfis de profissionais docentes; entre suas atividades estava oferecer colaboração nas tarefas de fiscalização do cumprimento da lei que proibia o trabalho de menores, sancionada em 1907. Em 1905, a segunda formada em Medicina, Elvira Rawson de Dellepiane, com grande apego aos ideais emancipatórios, promoveu o Núcleo Feminista, com o objetivo de obter direitos civis, cívicos, educacionais e de saúde das mulheres, sendo importante destacar que Elvira foi uma militante incansável ao longo de sua vida. Entre as primeiras feministas da Argentina, destaca-se também a já citada María Abella Ramírez — ou De Ramírez, visto que ficou viúva e se casou novamente com o tabelião Antonino Ramírez —, a uruguaia que se instalou na cidade de La Plata e que, como se viu, não parou de atuar em seu país de origem. Com um grupo formado principalmente por docentes, lá fundou em 1902 a *Nosotras*, publicação que abordava a emancipação feminina e a necessidade de conquista dos direitos civis e cívicos; numa de suas primeiras notas, ela dizia que "a mulher também é escrava, escrava da lei e dos costumes que a reprimem, das preocupações tradicionais que a prendem, e a mulher começa a se rebelar". María Abella Ramírez era uma livre-pensadora e havia entrado na "maçonaria por adoção", como era a fórmula para o ingresso das mulheres nessa irmandade ampliada na América Latina. Outra notável feminista daqueles primeiros anos do século foi Julieta Lanteri, também médica, formada em 1907, e, como María, certamente fez parte da maçonaria; a Logia del Rito Azul foi a editora de um de seus textos precursores, "La mujer y el librepensamiento" [A mulher e o livre-pensamento]. Julieta era italiana e durante toda a vida lutou pela conquista do direito ao voto. Um pouco mais tarde, em 1909, María Abella Ramírez editou outra publicação, *La Nueva Mujer* [A nova mulher], e reuniu muitas feministas e livres-pensadoras — entre elas Julieta Lanteri — que já haviam promovido a criação da Liga Nacional das Mulheres Livre-Pensadoras. Sua pregação enfatizava a necessidade de reformar o Código Civil, obter o sufrágio, sancionar o divórcio e fortalecer a educação feminina.

Por impulso do Centro de Universitárias, foi realizado o Primeiro Congresso Feminino Internacional em maio de 1910, em comemoração ao Centenário, e houve adesão de feministas da América Latina — tal como se viu em alguns dos países analisados — e da Europa. Deve-se dizer que o Conselho Nacional da Mulher, por sua vez, organizou outro evento, o Congreso Patriótico de Mulheres, no qual as apresentações tiveram um caráter moderado, pois o objetivo central era comemorar as contribuições femininas ao longo dos tempos. No entanto, houve participantes que assistiram a ambos os congressos, e não faltaram trabalhos que se destacaram, como o realizado por Mercedes Pujato Crespo, ao resenhar, pela primeira vez, a história das mulheres na publicidade argentina. O Primeiro Congresso Feminino Internacional foi um marco, as citadas feministas participaram e houve representações de organizações muito diversas, nem todas necessariamente feministas, e sem dúvida a presença do grupo latino-americano se destacou. Foi designada uma Comissão Honorária com personalidades internacionalmente reconhecidas, dentre as quais Emilia Pardo Bazán, Marie Curie, Maria Montessori e Ellen Key. O Congresso foi presidido por Cecilia Grierson, e o discurso de posse ficou ao encargo de Ernestina López, irmã de Elvira, proeminente integrante do magistério, a qual argumentou que as reivindicações do feminismo se baseavam no direito natural das pessoas, como a liberdade de trabalho, os benefícios de uma educação ampla, uma legislação baseada na equidade e o direito ao interesse pelas coisas e pelos seres que a rodeiam, pois resultaram em aspirações que, quando alcançadas, permitiriam à mulher desempenhar plenamente seu trabalho de "elevado humanismo".

    María Espíndola de Muñoz, a já citada militante chilena, falou em nome das delegações latino-americanas e contribuiu com imagens sobre o significado diferenciado das mulheres. As sessões transcorreram num conjunto heterogêneo de temas — sociologia, direito, educação, ciência, letras, indústrias, artes — e houve alguns debates intensos, em particular aqueles sobre direitos políticos, pois havia pelo menos duas facções entre as participantes, aquelas que sustentavam que esses direitos deveriam ser conquistados de forma evolutiva, sendo imprescindível uma maior preparação das mulheres para a obtenção da cidadania, e das que propiciavam o acesso imediato ao direito de voto em igualdade de condições com os homens. Dentre estas estavam María Abella Ramírez, Julieta Lanteri, Ana A. de Montalvo, María Josefa González — todas integrantes da Liga de Mulheres Livre-Pensadoras —, a socialista Raquel Messina e com ela as integrantes do Centro Feminino Socialista. Mas o Congresso, de todo modo, concluiu apoiando um amplo conjunto de prerrogativas — civis, cívicas, educacionais, sanitárias — e defendendo a assistência às mães dos setores operários, a criação de casas-lares, e não faltaram pedidos para extinguir a prostituição, o alcoolismo e outros distúrbios sociais. O divórcio foi especialmente sustentado pela socialista Carolina Muzzilli — singular militante da classe trabalhadora que pôde se formar como professora —, e "uma moral única para ambos os sexos" foi proposta pela peruana Dora Meyer. María Espíndola de Muñoz estava entusiasmada com a criação de uma Federação Feminina Americana, que não conseguiu se expandir. Uma voz que se fez ouvir em várias sessões foi a de Alicia Moreau, então estudante de Medicina, livre-pensadora, já inclinada às ideias socialistas, nascida em Londres em consequência do exílio de seus pais, que fugiram da França para a queda da Comuna, estabelecendo-se mais tarde na Argentina. O encerramento do Congresso, como já antecipado, ficou a cargo da delegada do Paraguai, Serafina Dávalos.

No mesmo ano do Congresso, María Abella Ramírez promoveu a Liga Feminista Nacional, com sede em La Plata, e em seu programa havia considerações sobre os direitos femininos, o divórcio absoluto e a proteção das mães. Nesse período, uma importante tarefa foi cumprida pela publicação *Unión y Labor* [União e trabalho] — entre 1909 e 1915 —, da qual uma das apoiadoras foi Sara Justo, e como havia uma preocupação crescente com a questão da infância, esse grupo decidiu apoiar a "Casa da Criança", incorporando com ênfase a pedagogia de Maria Montessori. Na mesma linha, a socialista Raquel Camaña lançou um novo grupo, a Liga pelos Direitos da Mulher e da Criança, que organizou numerosos encontros nacionais relacionados à proteção das crianças.

Em 1911, Julieta Lanteri pôde votar em âmbito municipal devido a uma modificação do estatuto eleitoral da cidade de Buenos Aires que permitiu aos estrangeiros votar. Era sua única chance, e Julieta fez uma apresentação judicial para que sua cidadania fosse reconhecida, mas o resultado final foi negativo. Por volta de 1918, com o fim da Primeira Guerra, foram reavivadas com vigor as palavras de ordem dos direitos civis e políticos, em particular as agências para a conquista desta foram notadamente aumentadas, de modo que a década de 1920 foi de expansão irrefutável das teses sufragistas. Inclusive grupos ainda mais conservadores foram integrados à saga reivindicativa. Vejamos. Alicia Moreau — que anos mais tarde formaria um casal com Juan B. Justo, o líder do Partido Socialista — viajou para os Estados Unidos, conheceu um grupo de médicas como ela e simpatizantes da causa feminista, e voltou ao país com a firme determinação de que as mulheres deveriam conquistar os direitos fundamentais, incluindo a obtenção da cidadania. Já como militante socialista, ela organizou dentro de seu partido uma agência dedicada a esses objetivos, a União Feminista Nacional, em outubro de 1918, e, um ano depois, para concentrar a luta na questão do sufrágio e da cidadania, Alicia promoveu um organismo *ad hoc*, o Comitê Pró-Sufrágio Feminino, que na verdade foi um dos mais ativos na década seguinte. O órgão de difusão foi *Nuestra Causa*, que reuniu a opinião de numerosas feministas e lutou pela melhoria da situação das trabalhadoras e pela extinção do tráfico e da prostituição. Elvira Rawson de Dellepiane criou a Associação Pró-Direitos da Mulher para obter a sanção de leis igualitárias e também teve presença ímpar na década de 1920. Por sua vez, Julieta Lanteri criou o Partido Nacional Feminista e, em seu nome, apresentou sua candidatura como deputada em março de 1919, e tentou votar sem sucesso. Outra feminista de destaque, a jornalista Adelia de Carlo, promoveu o Partido Humanista com o propósito central de elevar a condição das mulheres e obter direitos.

A década de 1920 foi agitada, em particular para a conquista do voto, começando com a organização de uma paródia sufragista em março de 1920, que se repetiu em novembro daquele ano, e uma interessante mobilização de mulheres em bairros muito diversos da cidade de Buenos Aires. Na província de San Juan, graças a uma grande mudança política, as mulheres conquistaram o voto em 1926, e a primeira deputada nessa jurisdição foi a advogada Emar Acosta, eleita em 1934, sendo ela também a primeira mulher legisladora da região. Posteriormente, uma intervenção na província acabou com essa prerrogativa.

Em 1926, essas agências conjuntas — especialmente as dirigidas por Julieta Lanteri, Alicia Moreau de Justo e Elvira Rawson de Dellepiane — realizaram a reforma civil que eliminou a tutela do marido, embora tenha permanecido a questão da administração dos bens da cônjuge. No fim da década, foram incorporados novos grupos, que, embora mais conservadores, como o Comitê Argentino Pró-Voto das Mulheres de Carmela Horne de Burmeister, acompanharam as demandas. Em 1932, a Câmara dos Deputados tratou tanto do projeto de sufrágio feminino quanto do projeto de divórcio vincular, e ambos obtiveram meia sanção, mas não conseguiram tratamento no Senado, frustrando-se ambas as demandas.

O período seguinte foi de estagnação das lutas feministas porque, em grande parte, a energia dos vários grupos foi redirecionada para a militância antifascista. Um enquadramento muito significativo surgiu devido ao encontro de mulheres de muitas pedreiras, socialismo, comunismo — fundado em 1921 —, liberais, militantes do Partido Radical, católicas liberais e de outras vertentes cristãs, sob o nome de Junta para a Vitória, que se propôs a apoiar as vítimas do autoritarismo europeu e, em particular, as da Guerra Civil Espanhola. Em 1943, ocorreu um novo golpe militar — o primeiro foi em 1930 —, e o Estado de direito só foi recuperado em 1946, com a vitória nas urnas do coronel Juan Domingo Perón, figura rejeitada pelos liberais e pelas esquerdas sempre que lhe era atribuída uma identidade fascista. Foi uma discordância dolorosa com as feministas, mas uma figura de importância crucial emergiu do peronismo na arena política e social: Eva Perón. O peronismo desenvolveu políticas muitas vezes caracterizadas como populistas, de desenvolvimento do mercado interno, nacionalização dos mananciais básicos da economia e redistribuição de renda. Eva Perón, conhecida como Evita, foi um aríete notável para essas políticas e, embora estivesse longe das concepções feministas canônicas, ela tinha intuições singulares sobre a condição feminina. Foi coadjuvante na conquista do voto em setembro de 1947 e desenvolveu um trabalho notável para organizar o Ramo Feminino do peronismo, o que fez com que, em 1952, as cadeiras parlamentares tivessem mais de 25% de mulheres, uma representação sem precedentes na região e em muitos países do mundo. A Fundação Eva Perón dedicou-se especialmente às mulheres trabalhadoras e à infância. Com o peronismo, o divórcio obrigatório foi conquistado, e em sua queda, por meio do golpe de Estado de 1955, essa prerrogativa foi suspensa *sine die* devido à enorme pressão da Igreja católica.

O peronismo foi banido, tendo sido proibida qualquer manifestação a favor de seus líderes — Evita tinha morrido em 1952 e havia conquistado um enorme apoio popular —, seus militantes foram perseguidos, de modo que depois se iniciou um período de muitos conflitos sociais. Nos anos 1960 e 1970, os movimentos populares se agigantaram, não só por causa das circunstâncias internas, mas também dos acontecimentos externos: a Revolução Cubana, os movimentos de descolonização, a Guerra do Vietnã. Produziu-se uma identificação massiva das gerações jovens, cujos pais haviam sido antiperonistas, com as massas populares peronistas. Além disso, a Argentina não apenas baniu o peronismo, como também o guarda-chuva da doutrina da segurança nacional, o que implicou também uma caça às formações de esquerda. O paradoxal foi que, sob um desses golpes, o protagonizado pelo general Juan Carlos Onganía, as mulheres obtiveram a completa igualdade formal civil em 1968, pois as casadas proprietárias recuperaram a administração completa de seus bens.

Como nos demais países da região, os focos guerrilheiros se inflamaram numa crescente que também incorporou muitas mulheres aos quadros principais: os Montoneros — mais ligados ao peronismo — e o Exército Revolucionário do Povo, com uma posição ideológica marcadamente de esquerda, e o mesmo aconteceu com outras expressões armadas. Embora nos Montoneros e no ERP houvesse seções dedicadas à condição feminina, estava-se longe de articulações conceituais feministas. Ainda que o clima político da insurgência desviasse a balança para considerações de opressão de classe, para se libertarem da sujeição econômica como países dependentes e não levar em conta as opressões de gênero, não faltaram movimentos feministas, embora quase não tenham sobrevivido entre as urgências do contexto. Naqueles anos, puderam ganhar terreno o Movimento de Libertação das Mulheres (MLM), a União Feminista Nacional, o Movimento de Libertação Feminina (MLF) e, um pouco mais tarde, a Associação para a Libertação da Mulher Argentina (Alma), entre outras agências que surgiram no interior e que, em sua maioria, incluíram aspectos cruciais para a autonomia feminina, como o aborto. Dentre essas feministas estavam María Luisa Bemberg, Gabriela Christeller, Leonor Calvera, Mirtha Henault — que apoiava o jornal *Nueva Mujer* [Nova mulher] —, Isabel Larguía e María Elena Oddone; esta última editou a publicação *Persona* entre 1974 e 1975. As tensões minaram os laços, e os conflitos situaram-se em torno do foco exclusivo na "libertação das mulheres" ou na subordinação ao objetivo, então hegemônico, de "libertação nacional e social".

Em março de 1976, ocorreu o golpe cívico-militar mais sangrento da história da Argentina, processo ao qual é correto denominar "terrorismo de Estado". A repressão teve características sinistras, com milhares de desaparecidos, a maioria confinada em campos de concentração que foram instalados em várias partes do país, especialmente em estabelecimentos das Forças Armadas — foi emblemática a Escola de Mecânica da Marinha, localizada em Buenos Aires —, com o abjeto acréscimo do sequestro de centenas de meninas e meninos cuja identidade foi mudada; calcula-se mais de quinhentos casos que resultaram em falsas adoções. Houve milhares de exilados em outros países da região — especialmente no México, no Peru, na Venezuela e no Brasil—, sendo também importante o número de refugiados na Europa, nos Estados Unidos e no Canadá. Foram as mulheres que enfrentaram a ferocidade do regime, mães e parentes que exigiram o aparecimento de filhos e também netos, cujas organizações ficaram conhecidas como Mães e Avós da Praça de Maio.[4] Essas mulheres realizaram buscas e transitaram sem cessar por inúmeras dependências para obter notícias de seus parentes, correndo muitos riscos; na verdade, também houve sequestros e desaparecimentos de mães ativistas.

A ditadura entrou numa guerra sem sentido com a Inglaterra a partir da ocupação das ilhas Malvinas — território que de fato pertence à Argentina e que foi colonizado pelos ingleses no século XIX. Foi uma forma desajeitada de ganhar legitimidade, dado o sentimento generalizado da Argentina de reivindicar aquele território. A derrota nesse conflito foi um golpe definitivo para os militares, que finalmente tiveram de convocar eleições e abandonar o poder no fim de 1983.

Durante os anos de chumbo da ditadura, os movimentos sociais estiveram sob controle. Porém, já em 1978, sinais de atividade foram registrados e, dentre as expressões mais contidas, um grupo de psicólogas — do qual também participaram alguns homens — iniciou uma releitura da condição das mulheres e do feminismo absorvendo os desafios da "segunda onda". Essas primeiras reuniões foram realizadas no Instituto Goethe de Buenos Aires, e dentre os participantes estavam Eva Giberti, Mabel Burin, Cristina Zurutuza, Clara Coria, Irene Meler, Gloria Bonder, Ana María Fernández, Clara Roitman, Ester Arbiser,

---

4 Las Madres y Abuelas de Plaza de Mayo, no original. (N.T.)

Mirta Stescovich e David Maldavsky. Quando chegou a democracia, algumas das integrantes desse grupo criaram o Centro de Estudos da Mulher (CEM) com o duplo propósito de ação política e pesquisa acadêmica. Também nesse segmento se originou a primeira Especialização em Estudos da Mulher na Faculdade de Psicologia, em 1987. Nos primeiros anos da recuperação democrática, assistiu-se a um renascimento do ativismo feminista: muitas mulheres que haviam resistido no país, orientando-se para o feminismo, encontraram-se com inúmeras exiladas que voltavam ao país com a nova identificação. Uma boa proporção foi de militantes sociais que agora incorporavam a necessidade de erradicar as bases patriarcais. O novo governo democrático sob a presidência de Raúl Alfonsín — em cujo partido, a União Cívica Radical, havia inúmeras feministas — também deu lugar ao Programa de Promoção da Mulher e da Família, posteriormente convertido em Subsecretaria da Mulher por Zita Montes de Oca, que foi apoiada por um grande número de feministas, incluindo Eva Giberti, Haydée Birgin, Norma Sanchís, Virginia Haurie, Silvia Berger e Monique Altschul.

Poucos anos depois, em 1992, foi criado o Conselho Nacional da Mulher, liderado por Virginia Franganillo, e foram notadamente ampliadas as ações para promover os direitos femininos. Em 1991, as argentinas deram um passo singular com a iniciativa pioneira da lei de cotas, que exigia a inclusão mínima de 30% das mulheres, com certa possibilidade de serem eleitas, nas listas de representação parlamentar. A conquista deveu-se ao trabalho da Multissetorial de Mulheres Políticas, que reuniu representantes de todas as forças partidárias.

As pedreiras feministas que surgiram no ciclo aberto depois da ditadura — provavelmente quase uma centena de organizações de diferentes portes foram fundadas no país — reivindicaram vários direitos, mas, como aconteceu no exame dos outros países, tiveram ampla acolhida a luta contra a violência — começando pela violência doméstica —, a modificação da lei civil habilitando a guarda compartilhada, o divórcio, a reforma do Código Penal modificando a caracterização dos crimes sexuais, e a abdicação total do "maternalismo", dando lugar aos direitos sexuais e à legalização do aborto. Embora as duras circunstâncias não tenham faltado aos feminismos dos anos 1980 e 1990, na Argentina os conflitos entre "institucionalistas" e "anti-institucionalistas" foram certamente mais tênues devido às menores possibilidades de acesso aos recursos internacionais. Para além do apoio ao direito à dissonância com a heterossexualidade, boa parte dos grupos feministas mostrou uma tácita admissão de dissidentes em vez de um reconhecimento explícito. Alguns núcleos de lésbicas surgiram nas grandes cidades na década de 1990; basta lembrar o Grupo Autogerenciado de Lésbicas (GAL), Fresas — depois Frente Sáfica —, Umas e Outras e, graças aos esforços de Ilse Fuscova e Adriana Carrasco, os *Cuadernos de Existencia Lesbiana* [Cadernos de existência lésbica] foram publicados em 1987. Posteriormente, nos anos 1990, novos grupos surgiram na região da capital, como As Outras, As Luas, Ameaça Lésbica e A Fulana.

Houve diversos encontros feministas, mas uma marca singular do país foram os Encontros Nacionais de Mulheres, que acontecem desde 1986, atraindo um público que às vezes ultrapassa a marca de 30 mil participantes. Uma imensa assembleia que se reúne em inúmeras oficinas e que permite a troca, a intensa sociabilidade que mudou subjetividades e certamente tem impulsionado muitos a uma adesão feminista. Os estudos acadêmicos sobre a condição feminina foram ampliados desde 1978 no Centro de Estudos do Estado e da Sociedade (Cedes), com pesquisas de Elizabeth Jelin, María del Carmen Feijóo, Silvina Ramos e Mónica Gogna. Também foram implantados no Centro de Estudos de População (Cenep) e houve contribuições de Catalina Wainermann, Marysa Navarro, Zulma Recchini de Lattes e Ruth Sautu. No fim dos anos 1980, surgiu a Associação Argentina de Mulheres na Filosofia, que reunia, entre outras,

María Isabel Santa Cruz, Diana Maffía, María Luisa Feminías e Gladys Palau. Quase no fim da década, começou a circular a revista *Feminaria*, apoiada pela feminista norte-americana — então radicada no país — Lea Fletcher, trazendo contribuições locais à teoria e à ação política feministas. Em Rosario, foi fundado na Faculdade de Letras da Universidade Nacional de Rosario o Centro de Estudos Interdisciplinares sobre as Mulheres (Ceim), na Faculdade de Humanidades da Universidade Nacional de Rosario, dirigido por Hilda Habychaim. Em 1991, foi realizada uma reunião que se tornou marco na Universidade Nacional de Luján, com as Primeiras Jornadas de História das Mulheres, e lá encontramos não apenas quem oficiava no campo da História, mas um amplo conjunto de acadêmicas das Ciências Sociais. Essas Jornadas chegaram ao presente com o nome de Jornadas de Estudos de Gênero e História das Mulheres. Nos últimos anos, as universidades públicas têm gestado programas, núcleos ou institutos que tratam do problema. Algumas oferecem mestrado e pelo menos duas, Buenos Aires e Córdoba, têm doutorados específicos. Como em outros países, houve um alastramento de feminismos que atingiram notas populares, fenômeno que se tornou inegável em diversas regiões do país.

Na Argentina, registrou-se um avanço singular dos direitos personalíssimos — isto é, dos direitos fundamentais que se referem à identidade, ao ato sexual e às orientações sexuais — sob a presidência de Cristina Fernández de Kirchner, ocupou o cargo durante dois mandatos. Foram sancionadas a lei do matrimônio igualitário (2010) e a lei de identidade de gênero (2012), o que possibilita a pessoas "trans" se registrarem civilmente com sua "identidade autopercebida". Mais recentemente, surgiu o Movimento "Ni Una Menos", contra todas as violências que o alastramento do feminismo conseguiu mostrar em todo o território, uma mobilização massiva que desafia as resistentes pedreiras patriarcais. Dada a sua transcendência, eu me estenderei sobre sua projeção no próximo capítulo.

TERCEIRA PARTE:

FEMINISMOS LATINO- -AMERICANOS DO SÉCULO XXI

NOTAS INTRODUTÓRIAS

Nas primeiras décadas do século XXI, precipitaram-se formulações feministas com diferentes perspectivas conceituais e políticas, mas certamente o que mais se destacou foi o fenômeno das manifestações públicas massivas, as mobilizações que ocuparam ruas e praças protagonizadas por milhares de mulheres em diversas sociedades latino-americanas. Assiste-se a formas ampliadas do feminismo, uma demonstração inédita de adesões com a participação dominante de mulheres mais jovens, originando pela primeira vez na história um acontecimento de massa. Nas páginas anteriores, e a propósito do que aconteceu nos diferentes países, foram delineados os aspectos centrais das correntes feministas históricas, modificadas pelas mudanças mais recentes; neste capítulo de encerramento, tratarei com mais detalhamento alguns eventos singulares ocorridos nos últimos anos. É incontestável que a agenda do primeiro ciclo do século XXI situou a violência de gênero, em todas as suas dimensões, como o problema mais premente, por isso me deterei neste tema, que tem ocupado as feministas e também milhões de mulheres que não se identificaram como tais. E associada à mobilização contra a violência, a luta pelo direito ao aborto legal deve ser mencionada, já que a criminalização da prática que persiste na maioria dos países da região, implica uma grave agressão do Estado, que atenta contra o direito humano básico da autonomia. Essa violência maximiza seu espectro letal com as numerosas mortes ocorridas por procedimentos realizados na clandestinidade, mortes em sua maioria silenciosas, evitáveis, pelas quais os Estados da região são plenamente responsáveis.

Para enfrentar as formas de violência, fora do âmbito familiar, muitas vezes foi necessário fazer referência à Convenção contra Todas as Formas de Discriminação (Cedaw), que tem servido como um grande marco no combate à discriminação desde 1979, embora cada país tenha ingressado nesse instituto em diferentes momentos. Voltarei apenas a alguns artigos dessa Convenção, os quais deveriam ser divulgados em todos os estabelecimentos de ensino da América Latina e, além destes, em todas as instituições públicas. Na parte IV, o artigo 15 diz que todos os Estados signatários devem garantir a igualdade entre mulheres e homens perante a lei. Acrescenta em outro item que se comprometem a reconhecer às mulheres, em matéria civil, uma capacidade jurídica idêntica à dos homens e as mesmas oportunidades para o seu exercício. Indica que reconhecerão às mulheres direitos iguais para assinar contratos e administrar bens, e lhes darão igual tratamento em todas as instâncias de justiça. Outro item da Convenção afirma que todo contrato ou instrumento que limite a capacidade jurídica da mulher deve ser considerado nulo. No seguinte, essas mulheres têm exatamente os mesmos direitos quanto à locomoção e à livre escolha de sua residência e domicílio.

O artigo 16 da Cedaw estabelece que os Estados signatários deverão adotar as medidas cabíveis para eliminar a discriminação contra a mulher em todos os assuntos relacionados ao casamento e às relações familiares e, em particular, deverão assegurar, em condições de igualdade entre homens e mulheres, o contrato de casamento. Devem ser garantidos às mulheres a escolha voluntária do cônjuge e o direito de casar apenas por livre-arbítrio e total consentimento. Os mesmos direitos e responsabilidades são garantidos durante o casamento e por ocasião de sua dissolução e como pais, qualquer que seja o estado civil. A Convenção assegura nesse artigo que deve ser garantido o direito de decidir, com liberdade e responsabilidade, sobre o número de seus filhos e o intervalo entre os nascimentos e de ter acesso à informação, à educação e aos meios que lhes permitam exercer esses direitos. Prerrogativas pessoais idênticas são garantidas ao marido e à esposa, incluindo o direito de escolher sobrenome, profissão e ocupação e exige os mesmos direitos de cada um dos cônjuges em matéria de bens, compras, gestão, administração, gozo e disposição dos bens. Em outro item, garante-se que o noivado e o casamento infantil não terão efeitos jurídicos e que os Estados devem adotar todas as medidas necessárias e estabelecer uma idade mínima para a celebração do casamento.

A Cedaw enfrentou muita dificuldade para ser implantada devido às obstruções, muitas vezes insidiosas, e impedimentos à sua aplicação efetiva. Foi preciso que as Nações Unidas aprovassem um instituto complementar em dezembro de 2000, o *Protocolo facultativo*, que em boa parte dos países da região conseguiu uma difícil sanção, com atraso, e alguns deles resistem, ainda que tenham assinado a Convenção. São observadas reservas para a ratificação plena da Cedaw e do Protocolo na Nicarágua, em El Salvador, na Colômbia e no Chile. O Protocolo tem a função de atuar como um código de procedimentos, pois indica as etapas e ações que devem ser realizadas sempre que quem for afetado em seus direitos possa acudir à Cedaw. Cabe levar adiante uma denúncia diretamente ou por meio de representação vicária, para a qual se exige o consentimento expresso da pessoa afetada. A ação coletiva também é aceita no processo de recurso à instância internacional em busca de resolução do problema. Vale lembrar os primeiros artigos do *Protocolo facultativo*: o artigo 1º estabelece que os Estados devem reconhecer a competência do Comitê para a Eliminação da Discriminação contra a Mulher para receber e considerar as demandas relativas aos direitos garantidos pela Convenção; o artigo 2º determina que as apresentações podem ser feitas individualmente ou por grupos de pessoas afetadas pela violação de direitos; e o artigo 3º estipula que as apresentações devem ser feitas por escrito, não podem ser anônimas e só podem ser admitidas as que provenham "de um Estado Parte da Convenção", para que não ocorram denúncias e manifestações oriundas de nações que não assinaram a Cedaw.

O Protocolo é essencial para viabilizar os procedimentos relacionados ao cumprimento dos direitos legais protegidos pela Convenção. Os obstáculos vieram, em geral, da oposição das forças mais regressivas e conservadoras, em particular do esforço opressor feito pelos prelados da Igreja católica, que interpretaram que a Cedaw abria a possibilidade de legalização do aborto, daí a demora na obtenção do Protocolo.

Era inexorável porém, um arcabouço de acordos para que os países enfrentassem o flagelo da violência com foco, e assim foi obtida a Convenção Interamericana para Prevenir, Sancionar e Erradicar a Violência contra a Mulher, aprovada em Belém do Pará, no Brasil, em 1994. Sem dúvida, entre as influências para a sanção dessa Convenção estava o comitê de acompanhamento das Nações Unidas em relação à Cedaw, que desde 1992 apontava aos Estados que "também podem ser responsáveis por atos privados se não adotarem medidas com a devida diligência para prevenir a violação de direitos ou para investigar e punir atos de violência e indenizar as vítimas". Em meados da década de 1990 já era difundida a reivindicação, por parte do ativismo feminista, da necessidade do corpus jurídico para enfrentar o flagelo de *todas as formas de violência*, visto que na maioria dos países a legislação se concentrava apenas a violência familiar, muitas vezes identificada como doméstica. Com efeito, a Costa Rica aprovou essa legislação em 1990 — expandida em 1996 —, o Peru em 1993, o Chile e a Argentina em 1994. As manifestações de uma miríade de grupos exigiam dos respectivos Estados ações enérgicas, sistemáticas e contínuas para combater todas as formas de violência de gênero. Em 1994, a Organização dos Estados Americanos (OEA) sancionou a Convenção, que finalmente foi ratificada por 32 nações — incluindo países membros que não pertencem à região de língua hispano-lusitana —, e desde 2004 foi criada a comissão de acompanhamento de sua aplicação, o Mecanismo de Acompanhamento (Mesecvi) integrado por um amplo grupo de especialistas. Cabe lembrar que a Convenção pôde ser sancionada, além das insistentes demandas dos segmentos feministas, pela atuação da Comissão Interamericana de Mulheres (CIM), que, como já foi dito, surgira em 1928, cumprindo um papel de destaque na conquista do direito ao voto.

Os primeiros artigos da Convenção de Belém do Pará — como é conhecida — merecem ser assimilados por todas as instituições públicas ou privadas, pois permitem apreciar o amplo horizonte da violência que os Estados-membros devem combater. O artigo 1º define as diferentes formas de violência contra a mulher, no sentido de compreender qualquer ação ou conduta, de acordo com seu gênero, que cause morte, dano ou sofrimento físico, sexual ou psicológico, tanto na esfera pública como na privada. O artigo 2º tem especial importância devido à ampliação do conceito de violência contra a mulher, que inclui a violência física, sexual e psicológica realizada em muitos lugares diferentes. Em primeiro lugar no seio da família ou em âmbito doméstico, ou em qualquer outra relação interpessoal, tenha o agressor morado ou não no mesmo endereço que o da mulher, e se refere a atos violentos, como estupro, maus-tratos e abuso sexual. Deve ser lembrado que a maioria da legislação na América Latina centrou no aspecto restrito da violência doméstica. O artigo em questão abrange todas as áreas, pois, além do âmbito doméstico, considera todos os outros lugares da comunidade com a possibilidade de ser perpetrado "por qualquer pessoa, e isso inclui, dentre outros, estupro, abuso sexual, tortura, tráfico de pessoas, prostituição forçada, sequestro e assédio sexual no local de trabalho, bem como em instituições de ensino, estabelecimentos de saúde ou qualquer outro local". Finalmente, a Convenção indica que o perpetrador pode ser o próprio Estado, ou que este tolere a violência, caso em que também haverá uma violação gravíssima.

A legislação produzida em cada país que incluiu suas disposições caracterizou-se por sancionar leis abrangentes, para se diferenciar das leis parciais anteriores, que contemplavam sobretudo a violência doméstica. No momento, os seguintes países alcançaram esse tipo de legislação contra a violência de gênero: Argentina (2009), Bolívia (2013), Colômbia (2008), Costa Rica (2009), El Salvador (2012), Guatemala (2008), México (2012 e 2018), Nicarágua (2012), Peru (2015), Venezuela (2007), Uruguai (2017), Paraguai (2018) e Equador (2018). Por outro lado, na maioria dos países latino-americanos, foram promulgadas leis penais que maximizam a pena em relação à morte de mulheres, admitindo o conceito de femicídio/feminicídio, embora tenha havido algumas discussões a respeito da conjunção semântica correspondente a ambos os termos. Recordarei que foi Marcela Lagarde quem traduziu para o espanhol o conceito originalmente proposto por Diana Russell. De forma sucinta, o *femicídio*, para muitas autoras — incluindo a própria Lagarde —, deve ser distinguido do *feminicídio*, associado aos "crimes impunes contra as mulheres", ou seja, quando o Estado enfatiza sua cumplicidade, quando não percebe e, portanto, não sanciona o verdadeiro motivo do crime, radicado na condição de gênero da vítima. Na modificação do direito penal latino-americano, foram utilizados os dois vocábulos, de modo que há nove países que usam a noção de femicídio e outros oito que usam feminicídio, segundo o relatório *Análise da legislação sobre femicídio/feminicídio na América Latina e Caribe e insumos para uma lei modelo* (2017), realizada pela ONU Mulheres/Mesecvi. Em alguns países, como a Argentina, a maximização das penas também atinge aqueles que matam por ódio ou por razões de gênero, diversidade sexual, etnia, mas não emprega em momento algum nenhuma dessas palavras. Mas, quase meio século após a conquista da Convenção de Belém do Pará, ainda existe uma grave negligência dos Estados signatários para impedir o flagelo da violência contra as mulheres.

Para as feministas que se situam na posição de "abolicionismo criminoso", como a proeminente jurista espanhola Elena Larrauri, a exigência punitivista que o amplo canal feminista desenvolveu em geral é pelo menos paradoxal nos próprios termos da luta pelo reconhecimento dos direitos das mulheres, e em sua opinião tem ecos patriarcais, pois o violento sistema patriarcal é identificado com a ordem jurídica, cuja característica é a atribuição e punição autoral. O abolicionismo tem suas raízes nas concepções libertárias, na noção de que a matriz do delito é social e atacou a noção autoral de transgressão da lei, dadas as razões que procedem do contexto justificador da autoria. A relação do feminismo com o castigo é realmente complexa, embora pareça incontestável que em todas as nossas sociedades o Estado ainda assegure o exercício da violência com o delito da impunidade e que as mulheres, e os mais vulneráveis sujeitos localizados na diversidade sexual e genérica, apresentem cidadania incompleta e corram o risco de sofrer toda sorte de agressões. Como evitar as punições estabelecidas quando os agressores apostam no resseguro em que se enquadra a ordem jurídica, de forma atávica? Há não muito tempo atrás, a maioria dos códigos penais latino-americanos abria espaço à "honra" para justificar a morte de mulheres, e quando esse atributo vertebral da construção masculina foi desafiado pelo avanço geral dos direitos individuais, a maior parte da legislação foi trancada num substituto plausível para o homicídio de cônjuges, amantes e outras fórmulas relacionais: "emoção violenta".

Mas também é verdade que comungar com qualquer fórmula punitiva não é exclusividade dos feminismos, uma vez que eles defendem a necessidade de ambientes livres de humilhação, aspiram ao surgimento de comunidades democráticas e, finalmente, concordam em promover sociedades mais justas. Não é por piedade do algoz que a maioria das partidárias do feminismo simpatiza com soluções não punitivas, mas sim por um entendimento razoável de que o patriarcado, mais do que indivíduos socializados sob seus preceitos, é que deve ser levado ao banco dos réus. Uma das principais vozes latino-americanas, Rita Segato, tem se empenhado em mostrar as "estruturas elementares da violência patriarcal" e suas instruções que constituem o tecido da "pedagogia da crueldade". As diversas correntes feministas debatem sobre estratégias de combate à calamidade da violência, e com certeza a maioria das ativistas está ciente de que ela não se extinguirá com o aumento das penalidades, nem mesmo com a judicialização das causas, salvo em determinadas circunstâncias. As mais variadas agências exigem, no mínimo, medidas preventivas e, essencialmente, uma profunda alteração da sociabilidade; clamam por mudanças substanciais para eliminar os preconceitos sexistas e discriminatórios na educação, exigem que haja informações sistemáticas sobre as sexualidades em todo o sistema educacional. Uma plataforma foi formada lá para desarticular as estruturas patriarcais.

O fim das violências letais gerou inúmeras manifestações, mas provavelmente um dos movimentos mais marcantes seja o realizado na Argentina pelo coletivo de mulheres "#NiUnaMenos". Em 2018 houve um grande salto nas manifestações em torno do debate sobre a lei do aborto no país, graças à Campanha Nacional pelo Aborto. Outra manifestação recente e singular foi a protagonizada pelas estudantes chilenas, em particular as pertencentes à Universidade do Chile, quando reivindicaram o fim do assédio sexual perpetrado sobretudo por membros do corpo docente. Irei me referir a esses movimentos com alguns detalhes mais adiante. As mobilizações de mulheres, feministas declaradas ou em transição, foram muito importantes na Colômbia para a trajetória dos Acordos de Paz, para além das dificuldades que hoje existem à sua realização, e dedicarei reflexões a essa saga. Uma introdução às novas manifestações que ligam as recentes insurgências femininas em comunidades nativas na América Latina também é inevitável. E, por fim, tratarei das mobilizações realizadas pelas mulheres brasileiras em relação à candidatura de Jair Bolsonaro — que acabou chegando à presidência em 2018 — sob o lema "Ele Não". As recorrentes manifestações misóginas e homo-lesbo-trans-fóbicas desse representante das mentalidades mais reacionárias da sociedade brasileira levaram às ruas milhares de manifestantes, principalmente mulheres, em várias cidades daquele país. Esses fenômenos de enorme massividade são a prova da excepcional fortaleza que a identidade feminista adquiriu na região. Embora provavelmente não tenham alcançado uma manifestação pública consistente, nos últimos anos os movimentos de mulheres e feministas enraizados nas populações indígenas têm se expandido de forma singular. Dedicarei algumas páginas a uma de suas produções de alto impacto, a atuação das feministas de *Abya Yala*, que surgiram com grande criatividade, estabelecendo tribunais para enfrentar a justiça patriarcal. Por fim, dedicarei reflexões sobre a perseguição das agências "antidireitos" contrárias à "ideologia de gênero", cujas ásperas e muitas vezes violentas ações ameaçam a liberdade em nosso continente.

#NIUNAMENOS E A CAMPANHA NACIONAL PELO ABORTO NA ARGENTINA

Embora na Argentina se tenha alcançado um importante *corpus* jurídico de combate à violência, a cena social foi convulsionada com novos assassinatos de mulheres. A mídia vem forjando uma mudança conceitual e a maioria dos comunicadores tem abandonado as fórmulas falaciosas de "crime passional", "assassinato por amor", "crime justificado por ciúme". A mídia há alguns anos passou a adotar a expressão politicamente correta "crime de gênero", embora o novo estilo muitas vezes tenha entrado em colapso diante dos assassinatos de adolescentes dos setores populares, já que tem sido frequente apresentar essas vítimas mostrando certos atributos e traços de comportamento, tornando-os "propiciatórios". As meninas *buscaram* esse destino brutal. Tamanho absurdo exigiu uma medida enérgica, estentórea, que pudesse reduzir o número de mulheres assassinadas, que, em 2015, alcançava a taxa de uma a cada trinta horas. Em 2014, um grupo de mulheres que atuava principalmente na mídia havia participado de um programa de leitura de textos de denúncias numa das áreas da Biblioteca Nacional sob o lema "Nem uma a menos", que contou com a presença de familiares de vítimas de feminicídio. Entre as protagonistas estavam Vanina Escales, María Pía López, Hinde Pomeraniec, Ingrid Beck e Soledad Vallejos.

Em maio do ano seguinte, uma adolescente de catorze anos, Chiara Páez, foi assassinada em uma cidade do interior por ter engravidado do namorado. Ela foi rejeitada pela família e pelo namorado, que provavelmente ajudaram a enterrar o corpo da garota na casa de um dos parentes. Esse acontecimento chocante fez a jornalista postar um breve apelo em um tweet, dirigindo-se em especial aos seus colegas, instando-os a "fazer algo" com urgência. Em pouco tempo, foi possível articular uma comissão organizadora que adotou o lema em forma de hashtag #NiUnaMenos, composta inicialmente por cerca de trinta mulheres, a maioria delas comunicadoras sociais. As discussões giraram em torno do lançamento de uma forte convocação para uma grande mobilização em todo o país, marcada para o dia 3 de junho. Havia muita expectativa porque a chamada foi realizada principalmente nas redes sociais, e embora fosse difícil calcular o efeito daquela convocatória, havia um estado particular de sensibilização, com certo cansaço, e é preciso dizer que a mídia tradicional cooperou com a iniciativa. Bem antes da hora marcada, o formigueiro humano foi perceptível em Buenos Aires, na área do Congresso Nacional, onde havia sido montado o centro da manifestação. Era quase impossível transitar pela área no momento de maior aglomeração, e foi extremamente comovente ver milhares de mulheres — e não poucos homens — carregando faixas feitas em casa com dizeres muito criativos, em grupos heterogêneos que certamente multiplicaram as presenças usuais das mobilizações de cada 8 de Março. A Comissão havia concordado com a leitura de uma petição naquele ato massivo de 3 de junho de 2015, em que se exigia a plena aplicação da lei contra a violência; a compilação e publicação de estatísticas sobre femicídios; a extensão a todas as províncias do país do escritório disponível para a Suprema Corte de Justiça para atender as denúncias das vítimas; garantias de acesso à justiça com apoio jurídico gratuito; a criação de abrigos; a proteção de meninas e meninos; a modificação efetiva dos currículos educacionais com a incorporação de oficinas preventivas específicas e, por fim, "a capacitação obrigatória sobre o tema violência machista para agentes do Estado, agentes de segurança e operadores judiciários, bem como para os profissionais que atuam na temática da violência em diversas dependências oficiais em todo o país". Este último pedido foi finalmente transformado em lei em dezembro de 2018, batizada de "Ley Micaela" em homenagem à Micaela García, de 21 anos, assassinada na província de Entre Ríos por um homem que, apesar de apresentar graves antecedentes criminais, gozava de liberdade autorizada por um juiz o qual havia sido advertido da ameaça que aquele indivíduo representava. O juiz em questão foi levado a julgamento, porém acabou sendo absolvido; na verdade, a cobertura patriarcal diluiu completamente a acusação de não cumprimento dos deveres.

Em todo o país, naquele primeiro dia 3 de junho, foram registrados inúmeros acontecimentos, e não apenas nas cidades mais populosas, mas também nas pequenas. A emulação de #NiUnaMenos atingiu vários países da região; basta lembrar o eco que encontrou no Uruguai — onde muitas mulheres se mobilizaram também em 3 de junho daquele ano —, no Equador, no Peru, na Colômbia, no México, na Venezuela, no Chile, na Guatemala, na Costa Rica, em Honduras e outras sociedades europeias nos anos subsequentes. O fenômeno do movimento voltou a reunir multidões no ano seguinte na mesma data, e foi acrescentado o lema "Vivas nos queremos" [Nós nos amamos vivas]. Não se pode deixar de mencionar que a posse do presidente Mauricio Macri, no fim de 2015, e a imposição de políticas neoliberais contribuíram para aumentar certas tensões no grupo promotor, em que, até aquele momento, havia uma pluralidade de identificações políticas, o que significou a saída de algumas integrantes e a chegada de outras. No dia 19 de outubro de 2016, concretizou-se a convocação de greve, que ocorreu com paralisações de algumas horas, seguida de mobilização, ações convocadas pelo movimento #NiUnaMenos junto a cerca de cinquenta organizações feministas e LGBTQIA+. No dia 3 de junho de 2017, o slogan das manifestações nas ruas e praças era "Chega de femicídios, o governo é o responsável". Foi enfatizado o confronto com o governo, já que a incorporação de novas organizações trouxe novas demandas, que incluíam o pedido de liberdade de Milagro Sala, lutadora social do norte do país que, à frente da organização Tupac Amaru, desenvolveu planos de habitação, cooperativas de trabalho, saúde, educação e recreação durante os anos de governo de Néstor Kirchner e Cristina Fernández de Kirchner, perseguidos pelo novo governo por suspeita de corrupção. A manifestação #NiUnaMenos em 2018 foi realizada com uma articulação decididamente contrária ao governo Macri e incluiu na pauta a lei do aborto, que já estava em debate no Congresso. Na verdade, o slogan era: "Sem #Aborto Legal não há #NiUnaMenos. Não ao pacto de Macri com o FMI." Como se pode ver, as organizadoras tinham uma posição clara contra a iniciativa do governo de solicitar um empréstimo ao FMI, o que resultou num maior aperto ao ajuste estrutural já ocorrido, e a atmosfera mais rarefeita por conta das diferenças partidárias era inexorável. Mas, para além das crises que esse singular movimento feminista viveu, de certa diáspora do núcleo original, sua marca significou uma convulsão singular em nossas sociedades. A articulação com os movimentos que tendem a obter a legalização do aborto foi um ponto singular que promoveu a denúncia contra a violência que tanto se deve a #NiUnaMenos.

A Campanha Nacional pelo Aborto Legal, Seguro e Gratuito tem diversos antecedentes na Argentina. Os feminismos renascidos com a democracia nesse país não deixaram de formular a necessidade de uma mudança no direito penal que, como acontece na grande maioria da região — exceto no Uruguai e na Cidade do México —, pode encarcerar mulheres por terem feito aborto. Durante as décadas de 1980 e 1990, as diversas correntes de ativistas não paravam de se manifestar sobre a legalização do aborto, e entre os núcleos específicos surgidos em 1988 destacou-se a ação da Comissão pelo Direito ao Aborto. Uma de suas integrantes foi a médica Dora Coledesky, talvez a feminista argentina que mais tempo dedicou a essa luta, que se exilou na França durante a ditadura militar e voltou ao país em 1984. Outras participantes de destaque foram Alicia Schejter, Safina Newbery, María José Rouco Pérez, Laura Bonaparte, Carmen González, Nadine Osídala e Rosa Farías. Em 1990, a Comissão incluía organizações como a Associação de Trabalho e Estudo sobre as Mulheres (Atem), o Lugar de Mulher, o Centro de Estudos da Mulher, o Instituto de Estudos Jurídico-Sociais da Mulher (Indeso) e, em maio, realizou-se a Primeira Jornada pelo Direito ao Aborto e à Contracepção, na qual se destacaram diversas contribuições, dentre as quais as de Alicia Cascopardo, Zulema Palma e Susana Mayol, tal como evoca uma das participantes, Mabel Bellucci. A Comissão costumava realizar manifestações em vários lugares, pois havia algumas ramificações no interior. O Fórum pelos Direitos Sexuais e Reprodutivos também começou a funcionar em meados dos anos 1990. Era preciso superar a questão paradoxal de incorporar aos direitos reprodutivos os que se opunham ao mandato reprodutivo. Além disso, houve outra circunstância: a franca assimilação dos direitos sexuais aos direitos reprodutivos (e não reprodutivos em todo o caso), o que levou a um bloqueio semântico que estava longe de ser o ponto de vista dominante entre as mobilizadas, pois calava fundo a necessidade de separar sexualidade de reprodução. O Fórum foi muito ativo na conquista da lei que permitia o acesso aos anticoncepcionais e nunca desistiu do pedido de descriminalização do aborto. Dentre as feministas que faziam parte desse grupo, estão Martha Rosenberg, Liliana Chiernajowsky e Cecilia Lifschitz, as duas últimas falecidas recentemente.

Um dos grupos que se identificou com a luta pela legalização do aborto de forma sustentada é o Católicas pelo Direito de Decidir, com raízes em todo o mundo. O grupo de mulheres católicas que se opõe à decisão categórica de impedir o aborto em qualquer circunstância, com sede em Nova York, conseguiu se estabelecer em todos os países latino-americanos, e na Argentina se constituiu num conjunto de simpatizantes de atuação singular. Para entender a projeção adquirida com a demanda pela legalização, é preciso retomar a experiência argentina em matéria de Encontros Nacionais de Mulheres, a que já me referi ao narrar a história do feminismo neste país. Originadas no retorno à democracia, esses encontros foram ocorrendo como assembleias de massa, já que nos últimos anos mais de 30 mil mulheres puderam se reunir em cada oportunidade. Oficinas sobre aborto eram comuns em cada uma dessas reuniões desde 1988, mas em 2003 as urgências aumentaram e as mulheres decidiram unir forças para demandar organicamente a lei do aborto seguro e gratuito. Em 2004, o Encontro concretizou a Campanha Nacional pelo Direito ao Aborto Seguro, Legal e Gratuito, adotando o lema — que já existia há muito tempo — "Educação sexual para decidir, anticoncepcionais para evitar o aborto, aborto legal para não morrer". Adotou também o emblemático lenço verde com inscrições brancas que caracterizaram a Comissão anterior. Um conjunto de mais de trezentas organizações compõe atualmente a Campanha, de modo que o movimento cresceu incessantemente, observável cada vez que a Campanha apresentava os projetos aos parlamentares cujas assinaturas se somavam a cada ano.

Em março de 2018, inesperadamente, o presidente Macri autorizou sua bancada a tratar da lei. Foram várias as razões, que podem ser sintetizadas em duas circunstâncias centrais: a queda da adesão às políticas governamentais devido à crise econômica, o que levou os operadores de comunicação do governo a criarem soluções para essa falta de engajamento e a ascensão de simpatizantes às manifestações do "Me too", que também contava com depoimentos locais. Embora a representação parlamentar do partido no poder incluísse alguns deputados que assinaram o projeto de legalização do aborto e contasse com membros do Poder Executivo que também se expressavam a favor, incluindo o ministro da Saúde, era sabido que a maioria dos deputados da força dominante se opôs obstinadamente ao movimento. Ocorreu então uma agitação extraordinária que levou milhares de manifestantes às ruas, especialmente adolescentes e jovens, sobretudo durante as sessões preparatórias do Congresso, onde foram ouvidas numerosas vozes, a favor e contra. Mas nada parecido com o que aconteceu nos dias 13 e 14 de junho, quando o projeto começou a ser debatido no plenário da Câmara dos Deputados. Uma massiva manifestação acompanhou o acontecimento de perto e as concentrações também se alimentaram em muitas partes do país; não há registro histórico de tal aglutinação pelo direito ao aborto em que se destacassem os mais jovens. Uma onda de lenços verdes cobriu as adjacências do Congresso, e visivelmente ocupou muito mais espaço do que a concentração de quem se opôs ao projeto, com o símbolo do lenço celestial e o slogan "Vamos salvar as duas vidas". Sem dúvida, a Igreja católica e o amplo espectro de cultos evangélicos — diferenciados dos derivados da Reforma Protestante — aguçaram o antagonismo feroz. A votação foi favorável ao aborto por apenas quatro votos, mas houve uma explosão dentro e fora do Congresso, e esse sucesso parcial aumentou ainda mais a participação, que atingiu não poucos homens. As manifestações de adolescentes em colégios confessionais foram inéditas, disputando com autoridades, professores e colegas de classe. A sociedade argentina ficou profundamente comovida com a irrupção de várias exposições de feminismo, com as identificações feministas que se manifestaram em diversos lugares. Porém, a lei do aborto não atingiu o número de votos a ser sancionados no Senado, em que se ouviram discursos tão constrangedores por sua chave misógina e patriarcal, pela redução flagrante dos direitos não só das mulheres, mas também das meninas e adolescentes. Mas o desafio foi colocado por uma configuração multifacetada de identidades feministas que permite afirmar que pela primeira vez é um acontecimento massivo, absolutamente generalizado e, com certeza, sem volta.

MAIO FEMINISTA NO CHILE:
INSURGÊNCIAS NASCIDAS NAS UNIVERSIDADES

Como vimos, as feministas chilenas traçaram um percurso que liga vários ciclos históricos a uma projeção social singular. Embora os grupos feministas no início do novo século tenham alcançado grande importância contra a violência e a favor do aborto (é preciso lembrar que em 2013 ocorreu uma ocupação na catedral de Santiago que reivindicou o direito ao aborto), e apesar do fato de os estudos feministas ocuparem lugar de destaque na oferta acadêmica, no ambiente estudantil registrava-se um profundo mal-estar devido às situações de violência em diferentes espaços de formação. Alunas de várias instituições de ensino superior relataram que era comum alguns professores assediarem estudantes sexualmente, e até atos mais graves, porém, na maioria dos casos, a eficácia das denúncias era limitada. Uma sólida malha defensiva costumava proteger esses homens, e não poucos gozavam de determinado prestígio acadêmico, o que tornava mais difícil obter uma sanção para os perpetradores. Na Faculdade de Filosofia e Ciências Humanas da Universidade do Chile — sede de um dos segmentos do mestrado em Gênero, já que o outro é oferecido na Faculdade de Ciências Sociais —, foram registradas várias manifestações de desconforto e queixas relacionadas com o comportamento agressivo de alguns professores, com sanção expressa num dos casos. Mas não se tratava apenas de professores assediadores, também foram muitas as circunstâncias em que vários alunos exerceram violência contra suas companheiras, tentativas de abusos, quando não condutas ainda mais graves. A gota d'água foi em abril de 2018, quando as estudantes de Antropologia da Universidade Austral do Chile, localizada em Valdivia, iniciaram uma ação decisiva ao acusar vários colegas de práticas de assédio e, diante da impunidade prevalecente, tomaram o prédio da Faculdade de Filosofia e Humanidades e posteriormente ocuparam outros setores, estendendo a tomada da sede da cidade de Osorno. Pouco depois, a ação se repetiu, dessa vez na Universidade do Chile, em cuja Faculdade de Direito um professor que também ocupava posição de destaque no sistema de justiça — nada menos que presidente do Tribunal Constitucional — havia tentado estuprar uma de suas discípulas e assistente um ano antes, em agosto de 2017. A jovem narrou as circunstâncias que a obrigaram a sair às pressas da sala onde trabalhava com o professor e se trancar no banheiro mais próximo, onde começou a vomitar de tanto que se sentia abalada. Sua denúncia foi de enorme valentia e encorajou outras companheiras a contar sobre as circunstâncias de assédio que haviam sofrido, e não apenas por conta daquele destacado acadêmico.

Quase um ano depois, na eclosão do protesto, as jovens decidiram ocupar aquela faculdade e foi uma das mais longas ocupações, com cerca de três meses de duração, o que levou à renúncia do reitor e ao enfrentamento de intervenções fundamentais para corrigir as violências de gênero pela reitoria da universidade. O alvoroço das ocupações alastrou-se a outros locais de estudos superiores — ao todo foram cerca de 25 —, alguns privados, devendo ser destacada ocupação de vários meses da Universidad Playa Ancha, em Valparaíso. Próximo ao mês de maio, as ruas do Chile se encheram de manifestações de jovens mulheres apoiadas, entre outras entidades, pela organização que havia sido fundamental nas mobilizações de estudantes do ensino médio solicitando ações do Estado de apoio ao ensino médio, a Coordenação Nacional de Estudantes Secundaristas. O movimento local "#NiUnaMenos" também aderiu à convocação e, entre as concentrações dos primeiros dias daquele mês, destacou-se uma convocada com o lema "Contra a cultura do estupro", que reuniu milhares de manifestantes nas ruas da capital chilena. Não se pode esquecer o papel da Confederação de Estudantes do Chile, cuja ação foi determinante para mais uma das manifestações de meados de maio, que atingiu uma projeção ímpar devido ao elevado número de participantes. Nessa saga houve outro acontecimento de grande repercussão, a tomada da Pontifícia Universidade Católica do Chile no fim de maio, uma praça na qual não faltaram iniciativas relacionadas aos estudos de gênero, mas em que dominaram linhas muito conservadoras. A petição elaborada pelas participantes neste ato exigia das autoridades uma série de modificações, sendo uma delas o estabelecimento de um novo protocolo de ação perante denúncias, sanções exemplares contra professores e funcionários assediadores, medidas de igualdade de gênero nos cargos de diretoria e cargos acadêmicos, além de solicitar a inscrição de alunos com a identidade de gênero indicada por cada um.

As mobilizações no Chile, decididamente mais acentuadas em maio de 2018, estabeleceram uma virada. Muitas jovens saíram às ruas com seus torsos nus, os corpos abrigando intervenções com diferentes expressões antipatriarcais. A exposição dos seios foi uma provocação às modalidades usuais de abuso por parte dos homens determinados a sustentar que os corpos das mulheres são seu patrimônio. A energia das mobilizações das garotas levou inclusive à ocupação de um espaço reservado aos garotos do ciclo do ensino médio, o Liceu Instituto Nacional General José M. Carrera, embora nesta instituição se tenha produzido boa parte das reivindicações estudantis que constituíam a "revolução dos pinguins" em 2006 — uma efervescência que exigia o fim da privatização da educação ao torná-la definitivamente pública. Não deixaram de evocar alguns dos slogans lançados nessas ruidosas manifestações que ocorreram em tantas ruas do Chile: "Assédio, abuso, também violações/ sobre isso se calam as instituições", "E como e como estão as *huevá* / Eles nos matam e nos estupram / e ninguém faz nada". Também foram ouvidos insultos ao capitalismo e às formulações neoliberais que voltaram ao Chile: "Mulheres contra a violência/ mulheres contra o capital / mulheres contra o machismo / mulheres contra o terrorismo neoliberal". A jornalista Faride Zeran comandou a publicação de *Mayo Feminista*, com depoimentos de algumas protagonistas; a rebelião contra o patriarcado, que reuniu um grupo significativo de vozes que, sob diversos pontos de vista, analisou a saga de insurgências femininas que acabava de acontecer. Não se deve perder de vista que estamos diante de uma mudança de época e que assistimos a um despertar fundamental do mal-estar na cultura e na sociedade que reúne, numa articulação magmática, o patriarcado com as políticas neoliberais que agravam, sobretudo, as adversidades das mulheres e pessoas localizadas em diversidades sexuais e de gênero. Há coincidências nesse texto em apontar o rejuvenescimento dos velhos recipientes feministas, visto que é evidente o desafio apresentado pelas novas gerações de mulheres, mas especialmente as autoras chegaram a um acordo quanto ao objetivo central, tal como afirmado na apresentação em outubro daquele ano:

> Uma história que parecesse não ter autor, com a qual devemos concordar, e da qual, no entanto, não fazemos parte. Essa história das dominações, de opressões, de relegação ao papel da reprodução é a história contra a qual *Mayo Feminista* se rebela. Os quintais do poder, os pátios comuns dos conventos onde nos reunimos para fazer política, ou melhor, uma política: uma outra política. A trama emaranhada do feminismo/dos feminismos, com seus nós e lugares-comuns, nos convoca a articulações de resistência. Os escritos que hoje nos reúnem provocam em todas nós, que estivemos e estamos nesse campo de disputa, a sensação de que, se somos loucas, somos cada vez mais loucas, e faz séculos que mulheres loucas estão tramando e tecendo o caminho que podemos percorrer hoje.

Não apenas o sistema universitário foi abalado durante os dias de maio de 2018, mas a sociedade chilena como um todo foi questionada. Uma das participantes do livro, a proeminente escritora Diamela Eltit, escreve:

> Seria preciso pensar esse cenário social e integrá-lo ao levante feminista firmado por mulheres jovens que modificaram seu horizonte vital em relação a um fato estrutural que recaía sobre elas: a constituição da família como prioridade, obrigação e dever. Portanto, quero afirmar que as mesmas mulheres "de baixo" produziram uma emancipação ao marcar uma linha de legitimação de outra circulação social. Em minha perspectiva, os estímulos mais poderosos vêm do local. De fato, esse retumbante movimento feminista altera a correlação de forças na medida em que agora comporta uma cota de poder público.

O abalo produzido deixou marcas profundas, convicções mais fortes e subjetividades transformadas. Como Kemy Oyarzún argumenta, uma transição para uma "democracia encarnada" pela "insubordinação do corpo feminino" e seus efeitos imediatos podem ser medidos por iniciativas para afetar todas as formas de violência em âmbitos educativos, mas devem ser esperadas ondas mais longas que reduzam de modo definitivo a arquitetura patriarcal em todos os grupos sociais. Essa é a aposta da mobilização massiva das novas gerações de mulheres no Chile, às quais se somam as diversas configurações de diversidade sexo-genéricas que aderem aos feminismos e também de homens cis que de boa-fé desejam transformar a fisionomia da interação humana nesse país.

Enquanto este livro era finalizado, acontecia no Chile um evento notável e em boa medida inesperado. Embora desde o retorno à democracia — realizado de forma condicional devido à hegemonia ideológica do pinochetismo e à adoção de políticas neoliberais aplicadas ao pé da letra — existissem diversas manifestações de descontentamento e reivindicações, desde outubro de 2019 se assiste a uma insurgência massiva que atinge vários grupos sociais, e não apenas as maiorias populares. Ressalte-se que as mobilizações estudantis foram um marco constante de reivindicações, e os protestos descritos nesta seção, liderados pelas feministas mais jovens, abalaram uma sociedade que, em sua maioria, parecia anestesiada. Quase inesperadamente, há um grande despertar em todo o território chileno, exigindo as consequências das políticas neoliberais incorporadas a nada menos que o texto constitucional. Com efeito, trata-se de modificar a Constituição do Chile, pois é a chave que autoriza dispositivos nefastos, até repressivos, de privação de recursos e permissão de concentração econômica em poucas mãos. Houve um retrocesso em termos de direitos sociais e individuais, como aconteceu com a reforma da aposentadoria que eliminou o sistema solidário de repartição por várias décadas.

Sem dúvida, as mulheres chilenas estão tendo uma participação notável nas mobilizações que surgiram em todo o país, como vulcões em erupção. A repressão foi muito violenta, principalmente para muitas mulheres jovens que, além dos tiroteios, sofreram abusos sexuais. Uma menção especial deve ser feita à resistência de muitos grupos de mulheres e, em particular, a iniciativa única de Las Tesis, que reuniu milhares de mulheres com uma música que teve um grande impacto, para além do território chileno, cuja letra fala por si mesma:

Y la culpa no era mía,
Ni donde estaba ni como vestía.
El violador eres tú.

Son los pacos, los jueces, el Estado, el presidente.
El Estado opresor es un macho violador[1]

É provável que, quando este livro for publicado, o imenso apelo "das/dos/des chilenes" para transformar a Constituição, obter direitos e alcançar mais igualdade de gênero tenha dado passos irrevogáveis.

---

[1] Em tradução livre: "*E a culpa não foi minha/ Nem de onde eu estava nem de como me vestia./ O estuprador é você./ São os policiais, os juízes, o Estado, o presidente./ O Estado opressor é um macho violador.*" (N.T.)

MULHERES MOBILIZADAS
PELA PAZ NA COLÔMBIA

Uma afeição inerente, constitutiva, pacifista não pode ser encontrada entre as mulheres. As mulheres estão longe de ser uma espécie de atribuição ética antibélica, e as feministas às vezes tiveram graves fissuras em relação à guerra. Virginia Woolf, em seu já citado *Três guinéus*, mostrou de maneira contundente que, embora a responsabilidade pelas guerras fosse de origem estritamente patriarcal, os coros femininos de apoio constituíam um espetáculo que devia ser suspenso quando a consciência da submissão crescia. Basta lembrar o que aconteceu entre as feministas quando estourou a Primeira Guerra, a dramática divisão ocorrida e, ao mesmo tempo, certas afinidades pró-guerra que acabaram se aproximando de grupos antes dissonantes. Mas não se pode evitar o reconhecimento das múltiplas ações das mulheres para intervir em processos dolorosos de confronto interno que ocorreram em nossas nações. Um dos cenários de luta armada sustentada tem sido a Colômbia, com um longo confronto entre as forças guerrilheiras, especialmente o mais duradouro realizado pelas Forças Armadas Revolucionárias da Colômbia (Farc) e pela ordem estatal desde a década de 1960. As características dessa guerra mostram ângulos abjetos. O próprio Estado facilitou a intervenção de grupos paramilitares, que acabaram degradando ainda mais os contextos do conflito armado. Omito o somatório de referências históricas sobre a prolongada violência vivida pelas zonas de ocupação e contraocupação, até o surgimento de expressões mais firmes para o armistício e a paz definitiva.

No fim da década de 1990, proliferaram os contatos para esse armistício, mas foram interrompidos quando as Farc assassinaram um dos reféns, integrante do Exército. A eclosão da guerra foi devastadora. As conversas foram retomadas no governo de Juan Manuel Santos, com um impulso decisivo que fez com que a mesa de diálogo que reunia os representantes de ambas as partes fosse finalmente instalada em Havana, Cuba. Chegar a um acordo era muito complexo devido às múltiplas dimensões do conflito, e as negociações muitas vezes pareciam estagnar. Mas, finalmente, os arranjos foram feitos, embora a validação pela população colombiana tenha falhado, pois, submetida a fortes tensões, uma proporção de pouco mais de 50% não votou pela paz no plebiscito de outubro de 2016. As pressões de grupos fundamentalistas que assustaram os cidadãos colombianos com imagens confusas sobre o significado do pacto com as Farc não foram estranhas. Mas o processo de exigência de paz precedeu o confinamento às conversas entre as partes litigantes que se originou no novo século e, como ocorreu em outros países na experiência mundial, as mulheres tiveram um papel protagonista. Destacarei algumas das mobilizações mais importantes do fim do século XX, principalmente as que aconteceram no novo século, segundo o registro da Rota Pacífica das Mulheres, uma das mais destacadas organizações mobilizadas pela paz. Entre 1996 e 2000 ocorreram manifestações de milhares de mulheres em Antioquia, Cartagena e Barrancabermeja (nesta última repetiram-se em agosto de 2001), e também em Medellín. Entre 2000 e 2007, foram realizados atos públicos com grande participação feminina, sobretudo em Barrancabermeja, Putumayo e na região de Cauca. Em novembro de 2007, o ato na fronteira com o Equador, na Ponte Internacional de Rumichaca, teve grande repercussão, em que cerca de 5 mil mulheres dos dois países se reuniram para reivindicar o fim do militarismo e o advento da paz. Outra grande manifestação ocorreu em Bogotá em novembro de 2009, mas talvez a maior, já que mais de 40 mil mulheres puderam se reunir para exigir o fim da violência, foi a de 25 de julho de 2013, também em Bogotá. O lema central desse ato vibrante, em grande parte patrocinado pela

Rota Pacífica das Mulheres, foi "Por uma solução negociada para o conflito armado interno", numa época em que as tensões cresciam e um desencanto se espalhava. María Himelda Ramírez Rodríguez, uma das manifestantes, conta em depoimento especial para este livro:

> Foi uma espécie de carnaval político. As delegações das regiões chegaram com seus traços de identidade, trajes de seus lugares: mantas *guajiras*, anáguas e turbantes do Pacífico, música e estandartes muito coloridos. As mulheres de Boyacá, um departamento da região andina, desfilaram em seus trajes camponeses e tecendo em fusos, em clara alusão à sua arte ancestral de tecer mantas e construir tecido social... Nós as recebemos com aplausos e lágrimas de emoção.

As manifestações femininas não pararam, pois a marcha rumo à paz definitiva, para além dos atos formais de consagração, está comprometida com a última mudança de governo. Os testemunhos de mulheres que abandonaram a luta armada em diferentes momentos não podem ser omitidos. Há revelações muito comoventes sobre esse processo, e talvez uma das mais chocantes seja a de María Eugenia Vázquez, a quem se deve *Escrito para no morir: Bitácora de una militancia* [Escrito para não morrer: Registro de uma militância]. Aqui está um trecho:

> Explorei minha condição feminina com propósitos conspiratórios: ser mulher servia para me enganar, evitar buscas e obter informações. Acima de tudo, os mais machistas, aqueles que nos subvalorizaram, não nos deram o status de seus inimigos, vantagem da qual aproveitamos. Mas se descobrissem que havíamos penetrado em seu território, o da guerra, seriam implacáveis. Eles nos castigavam duplamente, como subversivas e como mulheres. Por isso, em quase todos os casos de tortura de mulheres guerrilheiras, ocorre estupro ou abuso sexual de todo tipo.

Esse testemunho pungente se volta à condição feminina em situações extremas, em circunstâncias em que a vítima é reduzida a objeto, e recrudesce até o paroxismo o destino patriarcal que transforma as mulheres em bens patrimoniais. A mulher torturada é deixada à mercê de uma subjetividade também persecutória, que tem como base o vulgar consentimento presumido. Configurei aqui todo o horror da violação. É essencial tomar a palavra, que muitas vezes é o uivo de nossas congêneres vítimas, para mitigar o choque.

A MAIOR MOBILIZAÇÃO DE MULHERES NA HISTÓRIA DO BRASIL: "ELE NÃO"

A situação política no Brasil atingiu circunstâncias gravíssimas com o processo que culminou na destituição por via parlamentar da presidenta Dilma Rousseff. A resistência crescente dos setores econômicos mais poderosos — incluindo a mídia —, a deterioração da imagem do principal dirigente do Partido dos Trabalhadores, Luiz Inácio "Lula" da Silva, que havia presidido o país e que era alvo de denúncias de corrupção, a insatisfação das classes médias mais bem localizadas na pirâmide social, geralmente identificadas com os grupos dominantes e insatisfeitas com a economia que dava sinais de crise, levaram ao golpe que derrubou Dilma. Os discursos dos parlamentares — em sua maioria homens — que decidiram a queda da presidenta foram ofensivos à sua condição de mulher, e alguns foram de inegável gravidade, como o do deputado Jair Bolsonaro, que se permitiu homenagear o militar que a torturou, quando ela foi presa em 1970, por pertencer a grupos de esquerda que enfrentaram a ditadura; esse discurso foi o ápice do violento ataque verbal que caracterizou aqueles discursos misóginos e depreciativos. A derrubada de Dilma Rousseff abriu um interregno de perseguição aberta contra Lula, que foi condenado à prisão em março de 2018, sem provas, embora por "condenação íntima", como admitiu o juiz Moro, por causa relacionada à aquisição de um apartamento num balneário. Ficou evidente a manobra de afastar aqueles que contavam com o apoio majoritário para disputar as eleições que se realizariam em curto espaço de tempo. O Brasil vivia um clima de grande tensão e o cheiro da direita se espalhava, principalmente quando o governo de Michel Temer decidiu militarizar o Rio de Janeiro. Poucos dias depois da prisão de Lula, Marielle Franco — Marielle Francisco da Silva, seu nome verdadeiro — foi assassinada naquela cidade; graduada em Ciências Sociais, feminista, defensora dos direitos humanos, lésbica, que ocupava o cargo de vereadora. Sua morte gerou manifestações em várias cidades, teve projeção internacional e não restou dúvida de que não se tratava de um ato casual, mas sim uma ação planejada por integrantes dos serviços de segurança pública. Marielle era uma voz poderosa, de enorme convicção e coragem.

A impossibilidade de ter Lula como candidato era muito preocupante e optou-se por Fernando Haddad, mas dadas as circunstâncias e características da cultura política brasileira, foi muito difícil ter os votos de Lula transferidos para seu aliado. Não surpreende que a direita tenha indicado ninguém menos que Jair Bolsonaro, que iniciou a corrida eleitoral com uma proporção mínima de adeptos, mas a oposição obstinada a Lula acabou ampliando sua candidatura. Bolsonaro expressou as formulações mais antitéticas do "politicamente correto" e, sem escrúpulos, se expressou com linguagem fóbica contundente. Seus discursos inflamados contra homossexuais, lésbicas, pessoas trans e também seu desprezo pelos indígenas, afrodescendentes e outras etnias eram comuns... Sua ideologia era antifeminista, totalmente contrária ao aborto e partidária dos padrões patriarcais mais ortodoxos. Celebrava militares que haviam dado o golpe de Estado em 1964 e menosprezava a esquerda com os velhos anátemas do anticomunismo. Ele e sua terceira esposa — seu apego exacerbado aos valores familiares parece paradoxal — se uniram a uma das igrejas evangélicas e, com isso, reafirmaram sua adesão às formas mais convencionais de diferenças de gênero; certa vez, ele afirmou que era pai de meninos, mas por causa de "uma fraqueza", acabou tendo uma filha também. Insultos, em especial contra homossexuais, aparecem regularmente em seus discursos. No entanto, na encruzilhada dessas eleições, Bolsonaro estava fechando a brecha inicial que o mostrava como um candidato sem chances.

Houve também um episódio muito estranho de violência contra ele, um ataque com uma faca durante um ato na cidade de Juiz de Fora, Minas Gerais. Argumentou-se que o ataque foi preparado como uma estratégia de marketing eleitoral que valeu a pena, pois as pesquisas imediatamente demonstraram aumento na preferência da população. Uma versão plausível que tem ganhado espaço indica que esse ato e o local do ataque foram forjados para coincidir com uma sessão de intervenção médica, agendada com bastante antecedência, devido à necessidade de Bolsonaro realizar procedimentos devido a um grave problema de saúde. De fato, logo depois de assumir a presidência, em janeiro de 2019, Bolsonaro teve de pedir licença por conta do agravamento dos sintomas que o levaram a uma nova internação.

Nos dias dramáticos que antecederam as eleições, espalhou-se um clamor para impedir que Bolsonaro prevalecesse. Parte fundamental desse clamor foi protagonizado por mulheres, espantadas com a possibilidade do candidato chegar à presidência, e massivas manifestações públicas foram organizadas em várias partes do país. Rio de Janeiro e São Paulo, devido ao seu porte, foram palco das maiores concentrações em diversas ocasiões. Não se tratava apenas das mulheres cis, pois entre as que saíram às ruas para expor seu repúdio a Bolsonaro havia toda a diversidade sociossexual, e ainda surpreende o caráter espontâneo da maior parte dessas estridentes manifestações que ocorreram em praças, em outros grandes espaços ou que percorriam as artérias principais de centenas de cidades. Uma interpretação interessante de uma ativista deve ser citada:

> Bolsonaro [...] é um símbolo que se supera, um significado que transcende o significante e isso porque ele, e não só ele, é um reforço do pacto de masculinidade violenta, que é uma relação social. Nossa saída não é apenas permanecer vigilantes e ativos, mas permanecer onde estamos, e aqueles que ainda não chegaram

aonde estamos precisam ser levados com toda a força, precisamos manter nossas luzes acesas para tirá-los da escuridão que alimenta o inimigo.

A jornalista Flavia Biroli, no *Le Monde Diplomatique* de janeiro de 2018, respondeu à pergunta "De onde surgiram essas mulheres?". Nessa matéria, ela relatou marcos fundamentais na longa marcha pelos direitos das mulheres e as mais recentes conquistas ocorridas no Brasil. Ela lembrou o impacto das quatro Conferências Nacionais de Políticas para as Mulheres (2004, 2007, 2011 e 2016) e importantes mobilizações como as Marchas das Margaridas (2000, 2003, 2007 e 2011), a Marcha Nacional das Mulheres Negras (2015), a Marcha das Vadias (2011 e 2012), além das que se organizaram centralmente para apoiar a legalização do aborto. Nessas mobilizações, podiam ser lidos cartazes como o que dizia: "Feminismo é a ideia radical de que as mulheres são pessoas". Na nota de referência, a autora argumentou que a esses antecedentes era necessário somar o estouro feminista que vinha ocorrendo, pois ela dizia "o feminismo ultrapassou os circuitos dos movimentos, organizações e encontros existentes até aquele momento. O campo feminista se abriu e se tornou menos centralizado, com coletivos surgindo em todo o país".

A enorme expansão do feminismo, de fato, deve ser levada em conta para entender as manifestações contra Bolsonaro. As manifestações massivas a favor desse político de extrema direita foram muito significativas nas áreas do sul do país devido à maior rejeição desses estados à candidatura de Haddad — aliás, onde a oposição a Lula tem sido ostensiva. No Rio Grande do Sul, Paraná e Santa Catarina, grupos heterogêneos de mulheres formados por ativistas lésbicas, inúmeros grupos de gays e comunidades trans num arco muito variado tomaram as ruas contra a ameaça Bolsonaro. De qualquer forma, essas expressões ocorreram em quase duzentos lugares do Brasil, e provavelmente a maior concentração aconteceu em São Paulo, onde cerca de 200 mil pessoas exibiam animosidade radical contra o candidato Bolsonaro. Como se sabe, apesar dessas notáveis expressões de oposição, ele foi eleito presidente e, em muito pouco tempo, programas fundamentais retrocederam, o reconhecimento das pessoas trans cessou e novos slogans de estado foram estabelecidos, como a grotesca identificação azul para meninos e rosa para meninas... Em discursos mais recentes, a ministra da Mulher, Família e Direitos Humanos de seu governo, pastora Damares Alves, defendeu que "a mulher casada deve ser submissa ao marido...". É quase impossível imaginar uma regressão tão grave, um dano tão severo aos direitos das mulheres. Mas a resistência se intensifica e há novas manifestações contra as políticas regressivas instaladas no Brasil.

FEMINISMOS COM TONS NATIVOS E OS JULGAMENTOS DE ABYA YALA À JUSTIÇA PATRIARCAL

A importância que a luta antipatriarcal adquiriu dentro das comunidades indígenas já foi apontada. Trata-se de uma mudança profunda, se analisarmos a situação de algumas décadas atrás, quando era difícil instalar sentimentos e sensibilidades que respondessem às formas femininas subordinadas nos diversos povos indígenas por meio de agências específicas. Sem dúvida, a situação das nações centro-americanas — e de forma particular da Guatemala, Honduras e El Salvador, que sofreram genocídios em decorrência da repressão aos movimentos revolucionários — permitiu vislumbrar a crueldade contra as populações femininas, e se abriram caminhos para os coletivos de mulheres que incorporaram novas perspectivas inovadoras de direitos *para si*. As prevenções contra *o feminismo* foram em grande parte rompidas na medida em que novos canais puderam ser construídos. O ímpeto para responder às manifestações hegemônicas, produzidas por mulheres brancas e de classe média, poderia ser estendido, e foi imposto para substituir vias interpretativas que foram amplamente auxiliadas por manifestos "pós-coloniais" — embora deva ser admitido que os principais centros dinamizadores dessa perspectiva paradoxalmente estavam localizados fora da região.

A conversão feminista de algumas protagonistas das lutas das comunidades indígenas não pode ser omitida. É o caso de Berta Cáceres, assassinada em março de 2016 em sua terra natal, Honduras, uma das referências do Conselho Cívico das Organizações Populares e Indígenas de Honduras (COPINH), cuja atuação, desde 1993, teve como foco central o povo lenca, embora tenham estendido suas reivindicações a outros povos hondurenhos. Berta e muitas de suas companheiras e companheiros haviam atuado na guerra insurgente em El Salvador e, após os acordos de paz, voltaram para Honduras. Foram anos intensos para empoderar a comunidade lenca e também de mudanças notáveis em sua sensibilidade, como emerge dos depoimentos coletados por Claudia Korol e expressos em *Las revoluciones de Berta* (2018):

> Também refletimos sobre o papel das mulheres nos processos revolucionários. Por causa da cultura patriarcal e sexista nos espaços militares, sabe-se que aí o fardo é mais pesado. O assédio sexual, a discriminação — inclusive a discriminação por menstruar — eram constantes. É uma complexidade tremenda o que ocorre... Conheci um grupo de mulheres que tinha mais experiência em discussões e posições mais claras. Nenhuma de nós havia lido sequer um livro sobre feminismo. Não sabíamos o que era patriarcado. Era uma discussão muito distante.

Algumas páginas depois, lê-se esse testemunho:

> No início do COPINH, não pensávamos em feminismos. Mas o que sempre ficou claro para as companheiras é que tínhamos de lutar pelos direitos das mulheres... Havia muita força nas mulheres indígenas. Isso permitiu nos aproximarmos de algumas organizações feministas que têm um pensamento mais popular, estreitarmos os laços e coordenarmos ações, por exemplo exigindo punições para estupradores e agressores de mulheres... Em Honduras não houve um movimento feminista forte. Por muito tempo foi elite... Pudemos sentir a incompreensão de alguns grupos feministas que desprezavam a questão indígena... Nos últimos anos, especialmente depois do golpe, temos nos articulado muito bem com essas organizações feministas que têm outro trabalho e outra tradição, que reconhecem que existe luta de classes, que existe diversidade. Acho que o elemento diversidade é sempre muito importante, porque embora sejamos mulheres, somos diversas. A riqueza do feminismo também é essa diversidade.

O despertar para a sua própria condição levou Berta a apoiar as medidas do então presidente deposto José Manuel Zelaya que, entre outras iniciativas, vetou uma lei que impedia o acesso a pílulas anticoncepcionais de emergência. A resistência à derrubada de Zelaya teve um motor na COPINH, e as ações antes e depois desse gravíssimo acontecimento devem ser lembradas. Berta Cáceres foi uma figura decisiva nessas circunstâncias, a articuladora das mobilizações e uma líder singular na resistência que se seguiu à queda de Zelaya. A repressão foi violenta nos anos imediatos, já que assassinatos e prisões eram comuns. Uma das vítimas foi Margarita Murillo, que também havia sido combatente em El Salvador, aderiu ao feminismo e criou a agência Fórum de Mulheres pela Vida. Berta havia feito uma referência central, em suas lutas pela dignidade, às formas patriarcais. Conforme expresso no livro já citado de Korol:

> Percebemos que é impossível estar neste planeta contra as injustiças se não apostamos no desmantelamento deste sistema de morte que se chama patriarcado. E essa reflexão interna nos toca profundamente... Está presente nas decisões, nas estruturas, na nossa linguagem, nas nossas práticas, nas nossas visões... Nenhuma luta pela justiça e pela construção de um mundo melhor é possível sem a presença das mulheres. Na história da humanidade, sempre buscaram minimizar e tornar as mulheres invisíveis, mesmo em organizações progressistas. Mas aqui estamos nós, na vanguarda da defesa de Honduras, para defender os direitos das mulheres, das comunidades, do nosso povo, que é praticamente a mesma batalha por justiça e equidade.

E um pouco depois, agregava:

> Durante esse tempo, os feminicídios aumentaram porque, numa cultura patriarcal, a militarização aumenta a agressividade para com as mulheres. Nós, que viemos de regiões indígenas, sabemos

que existe uma tripla dominação, que se apresentou sem rodeios durante a ditadura. Vimos como, com a militarização, os corpos das mulheres se tornaram despojos de guerra. E quando a mulher é indígena ou negra, na prisão, o racismo se soma à crueldade de gênero... Nós, que somos as mais afetadas pela ditadura, sabemos que devemos superar o patriarcado e o racismo e participar da resistência com muita criatividade e iniciativa.

Não há dúvida de que Berta Cáceres abraçou a causa feminista como um programa indissociável da saga que buscou a dignidade dos povos indígenas. Sua figura representa a mudança ocorrida nas próprias comunidades, ao tornar visível a condição das mulheres. Muitas militantes como ela foram ligadas a uma reformulação da disputa contra o patriarcado, e suas palavras ainda ressoam:

> O patriarcado não é exclusivo do sistema capitalista, nem de uma cultura ou de outra, nada mais. Acredito que temos de garantir que nesse processo — que é um processo para refundar até o nosso pensamento — comecemos a desmantelar o pensamento de que outros têm de decidir sobre nossos corpos... O feminismo tem de ajudar a nós, mulheres, a continuarmos a dar essa contribuição de cores, diversidade, riqueza, em que realmente damos outro sentido à luta, um sentido de vida, de criatividade, de arte, e é isso que dá mais força a esse movimento de resistência.

O depoimento de Berta é muito comovente, e não há dúvida de que ela incentivou fortemente muitas mulheres indígenas a encontrarem seu próprio caminho libertador, entre cujas construções mais importantes está o coletivo feminista *Abya Yala* — que era a designação original do território da América Latina antes de que a colonização assim a denominasse —, composto principalmente por mulheres de ascendência nativa. Francesca Gargallo se referiu, em *Feminismos desde Abya Yala: ideas y proposi-*

ciones de las mujeres de 607 pueblos en nuestra América [Feminismos a partir de Abya Yala: ideias e propostas das mulheres de 607 povos em nossa América] (2012), às figuras dos povos nativos que foram centrais nesse esforço e mencionou Lorena Cabnal, feminista da comunidade maia-xinka; as poetas queqchi Maya Cú Choc e Adela Delgado Pop; Julieta Paredes, feminista da comunidade aymara; Silvia Rivera Cusicanqui, historiadora boliviana; Blanca Estela Colop Alvarado, pedagoga maia quiché; Gladys Tzul, intelectual quiché; Manuela Alvarado López, líder quiché; Dorotea Gómez, antropóloga quiché; Virginia Ajxup, pesquisadora maia quiché; Marcia Quirilao Quiñinao, feminista autônoma mapuche; Liliana Ancalao, poeta mapuche; Araceli García Gallardo, uma mesquita nicaraguense; Judith Batista Pérez, socióloga zapoteca; Sylvia Pérez Yescas, ecologista zapoteca; Natalia Toledo, escritora zapoteca; Juanita López García, ativista chocholteca; Avelina Pancho, educadora e diretora nasa; Isadora Cruz, comunicadora nasa; Aída Quilcué, zeladora da cultura nasa; Elizabeth González diretora qom; Aura Estela Curnes Simón, feminista cakchiquel; Enuna Delfina Chirix García, socióloga cakchiquel; Ofelia Chirix, antropóloga cakchiquel; Filomena Shaslin, membro da comunidade bri bri; Maribel Iglesias López, líder camponesa bri bri; Mónica Chuji Gualinga, comunicadora kichwa; as maias Francisca López e Estela Ajucum; Luz Gladys Vila Pihue, líder quechua; Mildred Escobar, feminista aymara; Norma Mayo, líder kichwa panzaleo; Neli Marcos Manrique, líder feminina ashâninca; Linda Solano Mendoza, poeta e psicóloga wayuu; e Érika Poblano, líder nahua.

 Entre as iniciativas mais significativas de *Abya Yala* está a realização de uma série de julgamentos contra o patriarcado que atua no sistema de justiça de diferentes países latino-americanos. Como sustenta Claudia Korol em *Juicio a la justicia patriarcal. Hacia una justicia feminista, antirracista, originaria, comunitaria y popular* [Julgamento para a justiça patriarcal. Rumo a uma justiça feminista, antirracista, original, comunitária e popular] (2019), esse grupo decidiu realizar processos que mostrassem outras formas de fazer justiça, pôr em jogo o próprio sistema de dominação popular, para que pudessem ser exibidos os canais racistas e classistas que têm caracterizado a atuação da justiça nas sociedades latino-americanas. O grupo costuma nos lembrar de que os Estados-nações se baseavam em linhas abjetas de violência, e argumentou que o reconhecimento da pluralidade dos povos preexistentes e também daqueles que ingressaram na escravidão é essencial, tornando-se necessário admitir "Estados plurinacionais". Em 2017, foi criado o Tribunal Ético Popular Feminista com a integração de mulheres de diversas origens que se propuseram a ouvir as vítimas e que, como afirma Korol, possibilitou reler a lamentável situação vivida, "não como um infortúnio individual, mas como parte de um sistema de opressão que tem um vínculo decisivo com o sistema de justiça". Eles aspiravam que esse dispositivo fosse "um momento de 'cura' para mulheres que não eram ouvidas e eram sistematicamente maltratadas e revitimizadas...".

Assim, foram organizadas uma série de audiências em diversos locais, uma em Montevidéu, outro em Assunção e o restante em território argentino, na maioria das vezes em praças ou outros locais abertos. A organização das "sentenças" respondeu a várias tipificações, incluindo o desaparecimento de adolescentes e mulheres jovens, feminicídios e feminicídios políticos. Ali foram incorporados os casos de Berta Cáceres, Marielle Franco, Macarena Valdés (Chile), María Esther Riveros (Paraguai) e as mulheres do Curdistão assassinadas em Paris; assassinatos de meninos e meninas, travesticidas, criminalização sofrida por defensoras da terra, presas políticas (como Milagro Sala e suas companheiras detidas em Jujuy, norte da Argentina), presas por ações em autodefesa, vítimas de assédio e abuso sexual, vítimas de violência institucional, violência contra migrantes, processo por aborto, violência racista e hostilidades contra grupos específicos (mulheres camponesas, pessoas trans, afrodescendentes).

Os trabalhos do Tribunal permitiram visibilizar as dolorosas passagens pelas vias da justiça que aumentam a vitimização, desde a negligência às formas mais hostis, num arco que combina o abuso da linguagem com formas de castigo físico, tortura e cumplicidade aberta com perpetradores, pois existe uma cadeia de articulações para se obter a mais completa impunidade, como no caso do tráfico de pessoas. As decisões do Tribunal Feminista voltam seu olhar para as cumplicidades da mídia, as fórmulas repetidas para a criação de causas e modos de punição que estão nas mãos de poderosas intenções midiáticas, uma malha perversa entre aqueles que perseguem determinados interesses políticos e econômicos, empregam os canais influentes de informação pública e condicionam quem opera nos tribunais. As conclusões da Corte que atuou em nome da corrente feminista *Abya Yala* são, em todo caso, um poderoso chamado de atenção para que os serviços de justiça se transformem radicalmente na América Latina, que abandonem a aquiescência patriarcal e sejam intérpretes efetivos dos direitos conquistados. Alegam que tais serviços expressam efetivamente o Estado de direito, e não a exceção.

A CRUZADA CONTRA A IDEOLOGIA DE GÊNERO

No início da década de 1990, já se espalhava pela região a postura reacionária contra o conceito de gênero, o que certamente deve se diferenciar por completo dos debates sobre *gênero* na própria bacia feminista que foram travados, entre outros, por Teresa de Lauretis e muito especialmente Judith Butler. Recordarei o aspecto central dos debates: o sexo revelava os mesmos condicionantes de linguagem do gênero, visto que era tão sociocultural quanto este último conceito e, em todo caso, o que foi decisivo foram as conformações dissimilares da sexualidade. É preciso lembrar que Sandra Harding, em *The Science Question in Feminism* [A questão da ciência no feminismo], de 1966, falou sobre a "provisionalidade" do conceito, por considerar que se tratava de uma aproximação e que a crítica feminista era particularmente intensa em torno da noção. A própria Judith Butler, em *Undoing gender* [Desfazendo o gênero], de 2004, reexaminou o discurso inflamado a respeito do uso do gênero quando, em seu texto claramente político, admitia com sua lucidez costumeira que as noções deveriam ser utilizadas como instrumentos de combate, e que "gênero" era mais repulsivo para comunidades reacionárias do que a palavra sexo, depois de ter observado as reações aos discursos feministas na Conferência Mundial de Mulheres de Pequim (1995).

Na Argentina, em meados daquela década, a especialista Gloria Bonder, seguida por uma equipe que incluía Graciela Morgade no Ministério da Educação, propôs mudanças curriculares orientadas para a perspectiva de gênero, e foram atacadas pela alta hierarquia da Igreja católica, em particular pelo atual papa, que desde 1997 atuava como arcebispo adjunto do arcebispado de Buenos Aires. A rejeição da Igreja ponderou que "gênero" implicava desrespeito às regras da natureza impostas pela transcendência divina. Não pode deixar de ser mencionado o significado crucial que teve para a Igreja católica o papado do teólogo Joseph Ratzinger, sob o nome de Bento XVI, e que havia sido regente da Congregação para a Doutrina da Fé, centro de onde foram impostas condutas que condenam a ideologia de gênero. A equipe de Bonder teve de renunciar sob o ataque. A autoridade católica alertou, em todo e qualquer lugar, sobre o desvio moral que o conceito de "gênero" significava, e tomei o exemplo da Argentina para ilustrar a intransigência com que essa corrente confessional se expressou em latitudes muito diferentes, sobretudo na América Latina.

Mas talvez de maneira mais antagônica, pronunciaram-se as "novas Igrejas cristãs", que fazem parte daquilo a que chamamos "evangelismo", com raízes particulares nos Estados Unidos, embora se deva dizer que não são homogêneas. A partir do fim do século XIX, essas igrejas — que diferiam do tronco histórico da Reforma protestante — desafiaram suas próprias comunidades sobre a racionalidade com que abordaram a teologia e os ritos de culto. Foi uma reação contra a crescente modernidade cujo turbilhão transformador ameaçava o mandato uníssono da orientação religiosa. Exigiam a experiência generalizada de *multidimensionalidade* a que o sujeito cristão aderiu, propiciando o retorno à centralidade da vida religiosa e a uma submissão à "interpretação literal dos textos bíblicos", renunciando assim a qualquer interpretação metafórica que comprometesse a *unidade de sentido* que se devia outorgar aos textos sagrados. Surgiu, assim, uma expressão identificada como *fundamentalismo*, uma palavra que só foi assimilada em língua espanhola na segunda metade do século XX. A literalidade da palavra bíblica não deixou margem para dúvidas, de modo que a *teologia em uso* restabeleceu uma ligação semântica estrita aos termos, tornando as interpretações metafóricas inadequadas; daí que, por exemplo, a entidade "diabo" tenha adquirido uma existência tão tangível e inequívoca como Deus, cuja figura era infalivelmente visível. A rigorosa literalidade tornou anacrônicas as referências a comportamentos e processos do passado, de modo que se poderia argumentar que na pregação religiosa quase não existe uma interpretação atualizada dos textos bíblicos.

Nas novas Igrejas cristãs, desenvolveu-se um verdadeiro credo destinado a reverenciar a *natura naturanda*, de modo que Deus parece muitas vezes subordinado a esse prodígio inescrutável que se comporta como *sobrenatural*. As liturgias de exorcismo são, de todo modo, as mais relevantes, um sinal da abdicação do diabo, mas cuja potência por vezes parece ceder ao próprio Deus. De qualquer maneira, a experiência religiosa é articuladora das outras dimensões do sujeito.

É em contextos de ameaça da modernidade — ou hipermodernidade — que surge a armadilha fundamentalista, diferente do milenarismo medieval (embora tenha havido tentativas de experiências milenares no século XX). O fundamentalismo, então, é de origem cristã, embora mais tarde tenha se estendido à consideração de experiências de integridade religiosa/étnica/política a outros grupos não cristãos ocidentais e não ocidentais. Sem dúvida, então, outra fonte significativa que combate a ideologia de gênero na América Latina vem da religiosidade evangélica, que sustenta a ordem natural dos sexos, a inexorável demarcação biológica, as características concedidas pela anatomia e fisiologia, e representa novamente a orientação sexual dissidente e qualquer mudança sexo-genérica como uma *abdução demonológica*. Essas atitudes e condutas têm sido geralmente caracterizadas como "antidireitos", um termo mais apropriado do que o anterior "pró-vida", porque sintetizava de forma imprecisa sua perspectiva antiaborto. Nas atuais circunstâncias de nossas sociedades latino-americanas, com a extensão dos direitos humanos — para além das situações regressivas vividas em alguns países —, as pressões antidireitos vigoraram, especialmente diante das demandas de prerrogativas para as mulheres e para a diversidade de gênero. Na Colômbia, posições adversas à ideologia de gênero foram relevantes para a perda do plebiscito relacionado à paz (2016), foram em certa medida responsáveis pela queda de Dilma Rousseff no Brasil (a bancada "evangélica" representava 17% no momento do *impeachment*) e foram também significativas na eleição de Jair Bolsonaro. No Chile, a conjunção de católicos e evangélicos antidireitos se expressou com particular energia quando o país sancionou as causas para o aborto (2017). As manifestações antidireitos na Argentina fizeram particular barulho quando o país aprovou o casamento igualitário (2010), a lei da identidade de gênero (2012) e tomaram as ruas para se opor — por vezes com muita agressividade — ao debate sobre a lei do aborto, especialmente entre abril e agosto de 2018.

Às correntes ideológicas católicas e evangélicas — e às reservas existentes em outros credos, como o judaísmo e o islamismo — que se opõem às concepções defendidas pelo feminismo, e que intimidam as diversidades sexuais e sociais e os coletivos que se pronunciam pela conquista de direitos relacionados à dimensão de sexo e gênero, deveriam ser acrescentados outras que não podem ser assimiladas aos confessionais. Trata-se de mentalidades reacionárias, embora "civilistas", apesar das dificuldades para caracterizar essa relação de parentesco. Com efeito, é possível observar discursos cuja natureza matricial não poderia ser assimilada como confessional, ou nos quais a identidade religiosa dos emissores não é dominante, mas em que há uma manifestação de sentimentos e sensibilidades conservadoras, uma primazia dos valores arquetípicos da Natureza, cujos princípios são partilhados e que impedem a absorção de outras perspectivas. De fato, há comportamentos entre os médicos fiéis ao aforismo da "objeção de consciência" que dificilmente correspondem a um regime religioso de ideias. Estas são reservas conservadoras cujos fundamentos se encontram na disciplina médica, na defesa da vida, e especialmente na regra sobre o corpo, que rege seus princípios.

Em nível internacional, as forças que se opõem à ideologia do gênero ganharam impulso para influenciar e distorcer as orientações, especialmente nos organismos internacionais. Segundo o relatório *Direitos em Risco* 2017, produzido pelo Observatório sobre a Universalidade dos Direitos (AWID), as principais fontes de recursos financeiros provêm de organizações sediadas nos Estados Unidos, no Vaticano e em alguns países islâmicos. Dentre as principais organizações que detêm o poder nas esferas da ONU para fazer recuar as convenções que garantem direitos estão o Congresso Mundial da Família (Family Watch International, que pertence aos mórmons), a Aliança Mundial da Juventude (World Youth Alliance, que é transreligiosa), o grupo C-Fam (de identidade católica), a Igreja ortodoxa russa e, sem dúvida, o Vaticano.

Há algumas novidades em sua estratégia. Ao contrário dos ciclos anteriores, seus esforços atuais são particularmente cuidadosos para fazer com que suas formulações pareçam ser apoiadas por respaldo científico, e não por atos de fé. Com efeito, a maior parte da comunicação utilizada, e a divulgação com que desejam atingir determinados setores sociais, tenta uma formulação "objetiva" baseada em dados fornecidos pela ciência, tais como as apreciações da evolução fetal em caso de aborto ou as inexoráveis características neurais e de personalidade baseadas em repertórios biológicos inquestionáveis. Os desvios podem ser curados, tal é a certeza das intervenções científicas promovidas a partir de vários púlpitos. Na Argentina, uma das cruzadas antidireitos usa inclusive rapazes homossexuais para obrigá-los a condenar a "ideologia de gênero", um verdadeiro paradoxo, ou melhor, um grave prejuízo para a integridade do sujeito. Em suas concepções e nas de outros profetas antidireitos, trata-se de denunciar a perspectiva de gênero como "a verdadeira forma de subversão da esquerda" no mundo de hoje. E alega que comporta uma espécie de "pornomarxismo" — assim se refere um dos intérpretes, ofuscado pela ameaça do conceito de gênero — ou uma forma renovada de totalitarismo. Seria uma configuração hilária não fosse o fato de dar origem ao ódio, à perseguição e até à morte, com o pressuposto de que a sucessão da (extinta) revolução marxista é acompanhada pelo perigo da revolução de gênero que será imposta.

Há um autor que contribui de forma exacerbada contra as políticas de gênero na Argentina, mas veio a público que ele está impedido de dar palestra em alguns âmbitos católicos devido a denúncias sobre seu comportamento sexual com crianças. Se examinarmos essas vertentes de oposição ao feminismo, às diversidades e às condutas autônomas como um todo, há uma assimilação dessas vertentes às seguintes questões principais: a) fundamentação das diferenças sexuais, inadmissibilidade das orientações sexuais dissonantes em relação à biologia; b) condenação do conceito de gênero como uma ameaça à desagregação social; c) apreciações culturais autoritárias que ultrapassam a dimensão dos sexos e da sexualidade. A paranoia sobre a mudança de orientação sexual, a presunção de que é insustentável a aberrante a mudança de identidade de gênero porque a humanidade estará sujeita a um cataclismo.

De minha perspectiva, as principais preocupações em torno da cruzada contra o gênero são organizadas em torno de uma série de questões. Uma primeira diz respeito à propagação da saga antidireitos a grupos mais amplos com problemas de segurança social, especialmente os setores populares. No momento em que várias nações latino-americanas experimentam políticas de ajuste, e o Estado negligencia sua responsabilidade de dar cobertura aos segmentos mais fracos e excluídos, as Igrejas evangélicas fundamentalistas tendem a ocupar seu lugar. Suas preocupações em afastar as crianças e adolescentes das drogas são dominantes, e propõem formas alternativas de segurança e contenção que podem ser eficazes nos setores populares. A penetração dos cultos fundamentalistas nas próprias estruturas do Estado, tais como prisões e penitenciárias, onde concentram esforços para a "redenção" daqueles que praticaram crime, precisa ser analisada. Há pavilhões em muitas cadeias cuja liderança, e não apenas espiritual, está nas mãos de pastores que fornecem muitas formas de apoio que também se estendem às famílias dos presos. O fato de agirem como substitutos das obrigações de proteção e assistência do Estado torna particularmente difícil a atuação de várias manifestações evangélicas fundamentalistas.

Outro aspecto das organizações antidireitos é a efetiva politização das redes que tendem a estabelecer, a formulação no campo estrito da política, pois existe um risco crescente de uma escalada na formação de "forças partidárias", especialmente considerando as fontes de recursos financeiros que gerem. Em alguns países — sobretudo no Brasil — as "Igrejas eletrônicas" são agentes de angariação de fundos de milhões de crentes que depositam enormes somas de dinheiro. A Igreja Universal do Reino de Deus é uma das organizações econômicas mais fortes do país e, em geral, as várias denominações evangélicas têm dominado as emissoras de televisão e rádio, a tal ponto que recentemente se afirmou que mais de 60% da música difundida no Brasil é de natureza denominacional. Esse enorme aparelho cultural está voltado para a esfera do partidarismo político, de modo que a bancada conquistada é de cerca de 20% dos representantes.

Uma terceira questão a observar é o vínculo crescente com os governos de direita na região: a predileção de que gozam os segmentos antidireitos, de todas as filiações confessionais, na atual conjuntura dos governos neoliberais (na verdade, conservadores com abundantes tons autoritários). Assiste-se à transferência de recursos concedidos por várias forças governamentais na América Latina a grupos que militam contra a ideologia de gênero, politicamente funcional aos seus interesses. Em conclusão, seria possível dizer que existe uma sinergia entre as posições neoliberais e uma maior aptidão para expandir as fórmulas antidireitos. Tem base nossa interpretação que liga de modo não essencial governos com conotações patriarcais exacerbadas a fórmulas econômicas que conduzem ao reforço da concentração da riqueza, expulsando mecanismos distributivos, em que sobressaem políticas regressivas que afetam sobretudo os segmentos mais expostos, as mulheres — especialmente as de classes populares —, as pessoas trans e, em geral, alteridades diversas.

Em conclusão, as posições recalcitrantes contra a ideologia de gênero se estenderam pela América Latina, embora pareçam mais prevalecentes nos setores da população que mais sofrem com a ausência de proteção estatal, onde cresce a insegurança sobre o futuro e onde as deficiências fundamentais na saúde, educação e habitação são enormes. Embora os fundamentalismos religiosos sejam uma saga central na cruzada contra o feminismo e as dissidências sexual e social, e suas manifestações incluam tanto vários grupos dentro da Igreja católica como as congregações evangélicas mais recentemente formadas, eles não são os únicos atores que gravitam na oposição aos direitos relacionados a corpos e sexualidades. Existem vigorosas conformações mentais que, mesmo partidárias do civilismo — do princípio do poder do Estado de agir sem o consentimento da Igreja —, constituem pedreiras resistentes que são centralmente patriarcais, que se opõem à consideração igualitária das mulheres e que condenam as derivações sexuais. Muitos membros desse segmento certamente exibem uma enorme hipocrisia moral.

De modo sintético e para finalizar, os três problemas fundamentais nos quais se aloja a possibilidade de a cruzada antidireitos ser bem-sucedida e significar uma ameaça aos direitos fundamentais são: sua extensão determinada entre os segmentos populares, seu fortalecimento como partidos políticos, e seu espaço privilegiado nos regimes de direita tão prevalecentes na atual conjuntura da América Latina.